東アジアの出版と地域文化
―― むかしの本のものがたり ――

磯　部　　　彰　編

汲古書院

講演収録集『東アジアの出版と地域文化』を
出版するに際して

　平成12年（2000）から平成16年（2005）までの５年間、私たちは文部科学省の科学研究費・特定領域研究という研究活動費によって、「東アジア出版文化の研究」という課題に取り組み、世界各国の人々と意見の交換をしつつ、東アジアの印刷や出版の歴史、書物の流布による文化形成などを研究して来ました。今回、その研究でわかったこと、考えたことなどを多くの人々と共有したいと考え、平成17年度から２年をかけて文部科学省「研究成果公開発表(A)」によるシンポジウム「東アジアの出版と地域文化」を企画し、平成18年８月に横浜で研究成果公表会を開きました。パシフィコ横浜で開催した公表の場では、東アジア諸国の文化交流、時代や国ごとの考え方の違い、出版技術の移り変わりなど、過去から連綿と受け継がれた出版文化から見えてくる多様な人間活動をシンポジウム形式で紹介しました。

　特定領域研究の成果は多岐に亘るため、限られた時間では、すべての内容を紹介することは出来ません。しかし、今回の企画はその一部ではありましたが、我々の研究成果をわかりやすく、かつ楽しい形で伝えることが出来たと思います。アジアの本をめぐる話、或は、土の中から出てきた古代の本から中国の思想史で常識と思われていたことにひびが出ていること、中国の文化大革命の時代に出た本がかかえる政治性、出版物から見た明治大正期の東アジア文化交流など、盛りだくさんの内容から成るシンポジウムでした。

　東アジア世界での出版という事業は、人間の活動の中でも重要な位置を占めています。例えば、近代の出版が、古典芸能をうまく伝承させたということもありました。当日、その一端を伝えるべく、筑前琵琶日本旭会の総師範でいらっしゃる熊手旭宸師並びに旭会門下の森泉御夫妻のご足労をいただき、平家ものがたりの演奏や古典芸能史での出版の役割についての解説などをお願いしました。筑前琵琶の大家による古典のしらべは、ハマの暑い一日をすがすがしく感じさせたと思います。東アジアの文化に興味を持ち今回のプログラムに参加された方々には、実にたのしい時間ではなかったでしょうか。

講演収録集『東アジアの出版と地域文化』を出版するに際して

「研究成果公開発表(A)」シンポジウム「東アジアの出版と地域文化」とは別に、日ごろ研究資料として使っているアジアの本と版画の展覧会も開きました。「アジアむかしの本のものがたり」展です。「アジアむかしの本のものがたり」展では、今から千年前から三百年前までさかのぼる本や版画の展示、また、印刷物そのものではありませんが、かつての中国文明の担い手であった皇族や高級官吏の礼服である龍袍(ロンパオ)や当時の絵画、版木、明清時代の紙幣などを文化史料として展示しました。一部の展示資料は、手に取ることによって、過ぎ去りしむかしを追憶できるようにしました。

本は、同じ書物であっても時代や国によって内容が変わったり、綴じ方や表紙、紙が違うなど、様々な特色が生まれます。今回、附設した展覧会では、中国の各時代・各分野の本のほか、東アジアのむかしの写本、木版や活字の印刷本、絵巻などを展示し、印刷文化の特色が鮮明に出るように工夫しました。その中には、宋代の木版経典や元代の「詩集伝」、チベット文字の横長の本や、有名な小説「三国志演義」の原本も含まれていました。

この他、慶應義塾大学三田メディアセンターが中心となって制作したハイビジョンによる「東アジアの出版史」の放映、或は台東区立書道博物館による中村不折関連パネル展示、研究メンバーによるポスターセッションなども加え、多角的な展示空間を構成し、来場の方々を迎えました。時が経ち、真夏の日の出来事も、夢の彼方に行こうとしています。当日の文化的賑わいに運悪く参加できなかった方々に対し、その一端を改めて伝えるべく、講演収録集発刊の企画を致しました。文部科学省平成19年度科学研究費補助金（研究成果公開促進費）「研究成果公開発表(A)」（講演収録集）の助成を受け、本日皆様にお届けする本がそれです。8月6日・7日とは別の熱気みなぎる内容をお楽しみいただけたならば幸いです。本書の刊行をもって、3年間の「研究成果公開発表(A)」プロジェクトは完了いたしました。

末尾の失礼を顧みず、ご支援をいただいた文部科学省並びに横浜市経済観光局、㈶横浜観光コンベンション・ビューロー、慶應義塾大学三田メディアセンターの方々に心よりお礼申し上げます。また、複雑な出版を担っていただいた汲古書院に感謝の言葉を申し上げたいと存じます。貴重な資料の掲載をご許可下さいました大倉集古館、宮内庁書陵部、慶應義塾大学附属研究所斯道文庫、国立公文書館、財団法人東洋文庫、称名寺並びに神奈川県立金沢文庫、台東区立書道博物館、東京国立博物館、天理大学附属天理図書館、日光山輪王寺宝物殿、広島市立中央図書館、藤田美術館、法隆寺、

薬師寺、及びフランス国立ギメ東洋美術館各位に深謝申し上げます。多くの善本写真の掲載をご許可下さいました東北大学附属図書館にもお礼申し上げます。今回のプロジェクト運営にご参加いただいたメンバー各位、書道博物館の方々のご尽力があってすべて順調に運ぶことが出来ました。「東アジア出版文化の研究」は、黄河の如き研究の大河を溯り、辛苦の末に土に埋もれた古都汴京で誕生した文化に光をあてつつ第１の堰を過ぎ去り、右手に仙人の楼台を仰ぎ、そして左手に史官の墳丘を望みつつ、研究第２の堰龍門を前にして、正に多様な方法論を取りまとめ、飛躍の基点を形成しようとしています。そして、出版文化研究の拡がりを更に天球に求めようとしています。今後とも、皆様には重ねてのご支援を仰ぎたく存じます。

　本書は、文部科学省平成19年度科学研究費補助金（研究成果公開促進費）「研究成果公開発表(A)」（講演収録集）の交付を得て刊行されたものである。

　　　　　特定領域研究「東アジア出版文化の研究」
　　　　　研究成果公開発表(A)「東アジアの出版と地域文化」
　　　　　ＡＡＰ「東アジア出版文化国際研究拠点形成及びアジア研究者育成事業」

　　　　　　　　　　　　　　　　　　　　　代表　　磯部　　彰

目　次

講演収録集『東アジアの出版と地域文化』を出版するに際して
　　　　　　　　　　　　　　………………………磯　部　　　彰　　i

講　　演
　　西遊記成立とさし絵――アジアの出版文化――　………磯　部　　　彰　　3

基調講演
　　新出土資料から見た書籍の流通　………………………浅　野　裕　一　　51

東アジアの出版研究をめぐる成果討論会
　　Ⅰ．東アジア近世編「〈古典籍〉の資料価値と知識人」………………　81
　　　　　　　　　司　会　若　尾　政　希
　　　　　　　　　パネリスト　高　橋　　　智
　　　　　　　　　　　　　　横　田　冬　彦
　　　　　　　　　　　　　　吉　田　　　忠
　　　　　　　　　　　　　　二階堂　善　弘
　　Ⅱ．中国現代編「紅衛兵時代の出版物とその保存」………………　125
　　　　　　　　　司　会　岩　佐　昌　暲
　　　　　　　　　パネリスト　陳　　　仲　奇
　　　　　　　　　　　　　　鱒　澤　彰　夫
　　Ⅲ．日本近代編「明治大正における印刷・メディアの役割」…………　163
　　　　　　　　　司　会　原　山　　　煌
　　　　　　　　　パネリスト　岡　村　敬　二
　　　　　　　　　　　　　　陳　　　　　捷
　　　　　　　　　　　　　　五　代　雄　資
　　　　　　　　　　　　　　鍋　島　稲　子
　　総　　括　………………………………………………金　　　文　京　　201

パネル報告

  図書館・文書館における東洋書籍の保存状況

      ――予防的保存という見地から――……………………吉　川　也志保　207

東アジア出版展覧会　　展示説明 ………………………………………………　213

                    磯　部　　　彰
                    磯　部　祐　子

東アジアの出版と地域文化
──むかしの本のものがたり──

講　演

西遊記成立とさし絵──アジアの出版文化──

磯部　彰（東北大学東北アジア研究センター）

このたび、横浜で東アジアの出版をめぐる発表会を主催します東北大学の磯部と申します。東北大学は仙台市にありまして、いまごろは七夕かざりで町はにぎわっています。

　私は、東北アジア研究センターで文化研究という部門に所属しておりまして、比較文化、東アジアの出版をめぐる研究等を行なっております。主にフィールドはアジアでございますが、最近は東西比較文化研究にまで手を延ばしています。文化というのは概念が幅広うございますが、それに関していろいろなことを手広くやっております。パシフィコ横浜４階での展覧会も、今回の講演に合うような形で東アジアのめずらしい本を広げていますが、これもその一つの業種、手広く広げた私の営業種目の一つになっております。

　皆様にプログラムをお渡ししているかと思いますが、「西遊記成立とさし絵──アジアの出版文化──」というタイトルで、簡単でございますが、お話をさせていただきたいと思っております。今年（2006）は『西遊記』の年にあたりまして、いろいろな番組ができています。

　西遊記全体のめずらしいことを紹介しますと話が１週間かかりますが、大事なところをピックアップして、西遊記1000年の歴史と本のさし絵や印刷について90分でまとめてみましょう。

　本日は、中国を代表する四つの小説の一つ、西遊記の成り立ちをお話しします。

　先に小説のさし絵についてふれてみましょう。

　本日の話の題目はさし絵となっていますので、きょうは紙芝居、それもエレクトリック紙芝居、パワーポイント使用の電気紙芝居という形で話を進めたいと思います。

第１　中国の小説とさし絵の歴史について

　西遊記のさし絵、つまり物語の絵は、作品の内容を的確に伝える役割をします。しかし、その一方、それは半ば独立した芸術であり、絵画であり、版画でもありました。

講　演

芸術の中には絵画、版画というジャンルも含みますけれども、むかしの本のさし絵とは、芸術に関わる幅広い文化の結晶でもありました。

　中国では、書物に収められたさし絵の歴史は古く、唐代の末ごろのお経には釈迦の説法図が付いております。小説では大体元代、モンゴルの元朝時代に、いまの福建省の北東に位置する建陽市というところがございまして、そこの版元での活動に遡ります。あまり日本の人にはなじみがないかと存じますけれども、ウーロン茶のとれる土地と言えばおわかりでしょうか、福建省の建陽市というところで出された小説が、今のところさし絵のある一番古い小説原本と言えましょう。

　明代に入りますと、小説とともに戯曲にもさし絵が入ってまいります。ただ、明の前半期、明といっても我々にはぴんと来ないかもしれませんけれども、足利義満が日明貿易をした、あるいは策彦和尚が中国へ行ったということでご存知かと思います。その時代から秀吉が朝鮮に兵を進めたあの時代も、明の後半に入ります。大体日本の室町時代が、中国では明という国です。

　その明の前半期には、さし絵のある本はそれほど多くは残っていませんが、明の後半に入りますと、中国の年号でいいますと嘉靖という年号、それから萬暦という年号の時代に多く見られるようになります。陶器が好きな方であれば、この嘉靖とか萬暦という年号をご存じでしょう。萬暦の場合、特に赤絵というのがありまして、陶器の裏側を見てみて、もしも大明萬暦年製なんていうのがあると、もうびっくり、これ１個売れば、寝ては暮らせませんけれども、１日ぐらいは寝ていられる、というものが作られた時代です。

　その萬暦時代、商業出版が中国ではすごく盛んになってまいります。そうすると、戯曲や小説の豪華本が多数出されるようになります。そして、中国の南京・蘇州や華南の出版元も、特徴のあるさし絵を多数そこに入れてまいります。そして、小説の一つの飾り、あるいはチャームポイントになって、同時に版元の利益のもとにもなります。一方では独自の芸術品という役割を持つようにもなります。

　さし絵につづいて小説全般について簡単にその位置づけを申しましょう。

　かつて、中国の小説というものは、士大夫という貴族・文人・官僚という人たちが読むものではなくて、庶民が読むものだというふうになっていました。戯曲は、一般の大衆が見る芝居であると言われていました。ところが、中国の一般の人は、一般という言葉はあいまいですけれども、今日で言う庶民に当たる下層の大多数の中国人は、

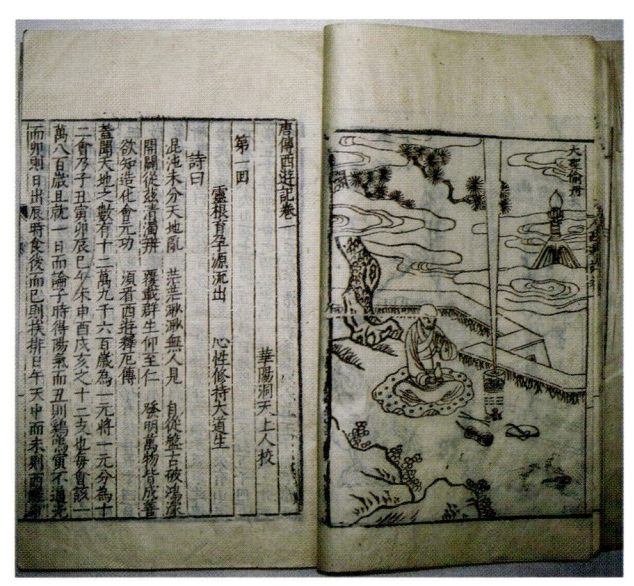

図版1　唐僧西遊記（日光山輪王寺宝物殿蔵）

図版2　黄表紙　寿金太郎月（東北大学蔵）

字が読めませんでした。彼らは、もちろん、お金の余裕もありませんでした。だから、本屋さんの出した小説や戯曲を買って読むなどは高望みでした。それでは小説を含む本というものは一体だれが見ていたか、ということになりましょう。それは、実は高級官僚、あるいは豪商といった社会の上層階級に位置する人が読んでおりました。ただし、表向きは机の上では読むものではない、つまりねころがって気楽にこっそりと読むもので、知識人はさも知らないというようなふりをするというものでした。

　したがいまして、さし絵というものは、そういう本を読む極めて特異な限られた層に受け容れられていた可能性があります。この点、江戸時代の後半の日本とは、かなり違うのです。日本の江戸時代に出た黄表紙などは、ページ全体に広がるさし絵に、

おまけのように文字、それもひら仮名がついています。ひら仮名が多少わかれば、さし絵を見ながら本を「読む」ことができました。中国の場合、日本の江戸時代と同じようにさし絵が、小説にも戯曲にも、儒教や仏教の経典にまで入ってきます。しかし、清朝になるとさし絵の質、レベルが下がってきます。そしてもう絵とは言えないものが出てまいります。つまり、もとになった絵、小説の場合は、初版本や先行のテキストを見て、初めてそういう絵であったのか、といったさし絵になってきます。さし絵はそえもので、やはり主役は漢字でした。つまり、書物にさし絵が入っても、対象はやはり士大夫と言われる人々に向けられていたように思えます。これは西遊記の小説でも同じです。

さて、小説に取り込まれたさし絵、これからお話します本題の西遊記とさし絵の話になりますが、その作品が素材としてきました絵画というのは、後にさし絵に、極端に申しますと物語が完成した後、その作品が完成した後に、素材の絵はさし絵に転化していきます。つまり、もともと作品をつくるときに、特に西遊記の場合でございますと、もとになった原典である仏画、仏像とかいうものは、後にそれがさし絵に変わっていくんですね。だから、我々は素材とさし絵という二つの関係に対して、西遊記の場合、極めて密接な関係があるということに気づくかと思います。

本日は、先ほど申しましたように三蔵法師にまつわるさまざまな絵画や彫像、そして伝説やうわさをもとに、小説西遊記が誕生するまでの歴史について、素材の仏画・仏像が物語への進化をたどる過程でさし絵に変わっていく点をにらみつつ、お話しようかと思います。

プリントについては、今日特別に、私がつくりましたさし絵の入ったプリントがございますが、それには本の書名を書いてあります。中国の資料というものはやたらに名前が長く、そして覚えにくい。ですから、ちょっと耳に聞きにくい事項があれば、暗号解読表ではありませんけれども、そこに記述されるものやスクリーンに映写される事項・書名を見ていただければわかるかと思います。

第2　西遊記のさし絵の源流は何

では、まず最初のお話。
先ほど申しましたように紙芝居形式でまいりますので、写真をパワーポイントで画

面に出して説明を加えて行きます。

　まず、西遊記ということですが、皆さんがご存じの西遊記は、恐らく原本ではありません。まず、この点を本日の聴き得①といたしましょう。

　日本人が知っている西遊記というものは、本当の原典ではない話なんですね。今日でも、原典を読んだ人はほとんどいらっしゃらないかと思います。我々が知る西遊記の一番古いのは、江戸時代の中ごろに出た『通俗西遊記』という書名で出ました。ちょうど松平定信あたりが出てきて、世の経済改革をし始めて失敗したという、今の時代の先行を行くような時代ですけれども、そのころに中国版『西遊記』の訳が始まります。西遊記の訳は100年かかって、文化文政時代に終わります。最初の西遊記の訳は、『通俗西遊記』といいます。その時、さし絵については、清で出された原本そのままをリプリントしています。その和訳西遊記に、独自のさし絵を入れて、さらにダイジェストした結果、絵本西遊記というものが、今から180年前ぐらいにできます。最後の部分は、先の通俗西遊記という本の結末の訳も兼ね、二つの西遊記の訳が一つの形になって完成するのですけれども、日本人が知る西遊記というのはこのダイジェスト版絵本西遊記です。つまり、原典まるごとではなく、今から180年前のさし絵がふんだんに入ったダイジェスト版を知ったわけです。つい最近まで完訳がありませんから、我々はイメージとして西遊記をとらえるのは、どうしても江戸時代の西遊記のイメージになっております。ですから、主人公の孫悟空と猪八戒・沙悟浄ですが、例えば沙悟浄は、沙漠の坊主という意味ですけれども、日本人の場合、沙漠のお坊さんという

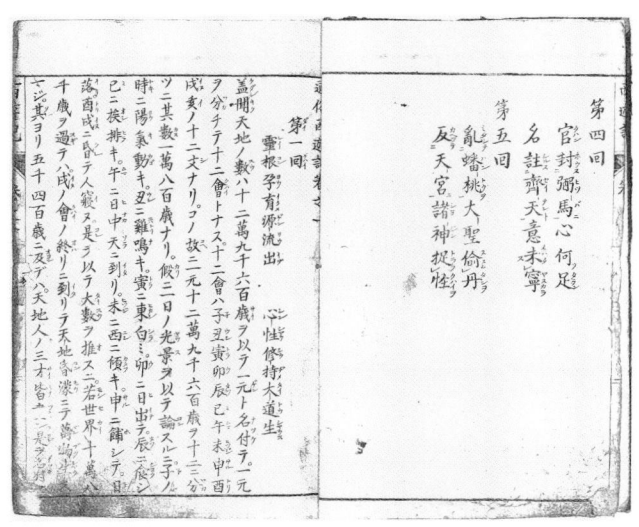

図版３　『通俗西遊記』初編（個人蔵）

講　演

図版4　絵本西遊記（個人蔵）

イメージがわかりません。それで、ある人が、いつごろの出典が最も古いかわかりませんけれども、かっぱに近いのではないかと見なし、沙悟浄をかっぱに当てて理解するように、と宣伝しました。ですが、沙漠にかっぱがいましたら、当然日干しのかっぱですから死んでしまいます。つまり、日本人の理解は、中国人とはかなり隔たりがあることがわかります。猪八戒も猪と書きますけれども、これは後で申しますけれども、中国の音ではチュで、意味は豚なんですね。十二支でも猪というのがありますけれども、あれはもともと豚でございます。そういうような作品に対するイメージの差が日中間にはあります。ところで、先ほど中国小説を読む人は誰かということにふれました。一般的に、西遊記は、皆様は子供用の小説、子供が読むものだと思っていらっしゃる方が多いかと思います。

　むしろ、李白とか杜甫を取り上げると、すごく中国文学らしいと思われますけれども、西遊記も中国文学の代表的芸術作品なのです。同時に、階層を問わず上下の人々に幅広く知られているものです。中国において孫悟空の名前を知っていれば、まず中国人とコミュニケーションがとれます。三国演義の関羽について中国の人と話せば、少し中国文化を知っているというふうに話がしやすくなります。逆に、李白とか杜甫といっても、今では教育が広く行き渡っていて違いますけれども、昔ですと、ひょっとすると、ちょっとこの人外国人のくせに知ったかぶりをしているな、と思われて疎遠な関係や気持になる可能性があったかもしれません。

　ですから、例えば、もし中国へ行って道に迷ったら、私は孫悟空を知っていると、日本語で言ったら通じませんが、中国語で孫悟空を知っている、あるいは関羽を知っ

ていると言えば、ひょっとすると中国の人が、共感をいだいてくれて、あるいは助けてくれるかもしれません。李白の名前だけだと、どうも酒飲みだけぐらいにしか思われず、避けられてしまうかも知れません。

　そういう中国においては国民的文学作品、そして世界の文学作品である西遊記のもとはいつごろできたかと申しますと、NHKふうにいいますと、「そのとき」はおおよそ650年ごろになりますから、はるか昔になります。その650年ごろの時代ですが、そのころの物語というのは今日ではほとんど残っていません。玄奘三蔵も、実際の玄奘がどういう人であったかということは、ほとんど知ることができませんけれども、幸いにも三蔵法師の伝記が残っております。それで、我々は、幾つかの三蔵のイメージを描くことができるかと思います。聴き得の②は玄奘三蔵の素顔とその神秘化についてお話をし、西遊記の源流に入りましょう。

　今、正面に掲げていますのは、三蔵法師の行脚図という形で、一番よく知られている図です。ただ、これは日

図版5　玄奘三蔵図（東京国立博物館蔵、重文。Image：TNM Image Archives. Source：http://TnmArchives.jp/）

本の鎌倉時代に描かれているので、随分と和風化されていますが、一応三蔵法師の神格化された一つの姿をイメージするにはもってこいの絵なので、最初に持ってまいりました。この絵は、単なる肖像画ではなく、既に物語の世界に入っております。

　今まで、美術史家の説明ですと、この絵は宋の画風を継いでいて、多少和風の味わいがあるという評価ですけれども、中国文学の立場からすれば、それ以外の説明をすることが出来ます。例えば背中に背負っているつづらがあります、リュックサックですね。三蔵はお経を持ってきましたから、その中には、当然お経が入っています。しかし、その形は巻子本という丸い軸物になっています。三蔵がインドから持ってきたお経は、貝多羅経という横長のもので、1枚ごとにめくるものですから、こういう形態ではありません。だから、これは当然そのことを知らない日本人（或は中国人）が軸物にしたと見られましょう。三蔵法師の首にかかっているネックレスがあります。最近こういう姿の男子大学生もよく見るようになりましたし、イヤリングもつけてい

講　　演

る金パツ兄さん方もいますけれども、これは後で申しますが、実は三蔵法師の前世のしゃれこうべ（髑髏）なんですね。ヨーロッパの版画に比べると、しゃれこうべとは思えないしゃれこうべですけれども、しゃれこうべになっています。

　この絵が日本画の一つの特徴であるのは、右の下に棒が出ています。これは日本刀です。つまり、絵画では、三蔵法師がインドへ行ったときに、護身用に日本刀を持っていたということになっているわけです。これは当時、この絵が描かれた鎌倉時代、日本から輸出する最大商品の一つが日本刀で、欧陽修という詩人が日本刀の歌という、よく切れて中華料理にもいいよ、と言ったか言わなかったかはわかりませんが、そのような話を書いているような詩があり、日本刀が中国でも知られていたとは思いますが、どうもそれとは関係なく、これは日本で描かれて日本刀を携えた、玄奘三蔵の肖像絵になっています。

　三蔵法師は一般的な僧衣を着て足元は靴を履いて描かれています。おそらく、インドから中国に帰ってきた三蔵法師はこういう格好をしたのでしょうけれども、身なりにかかわらずこの姿には既に神格化された三蔵像ということを窺うことができます。

　三蔵法師についての、今申しました画像は、当時、本人のありのままの尊い姿を留めるという意味での記録画像として考えられていたようです。

　ところで、画像としての三蔵法師像に先立って、三蔵についての伝記は、『大慈恩寺三蔵法師伝』という本がございまして、この中に詳しくご一代記がとどめられております。三蔵が亡くなった直後につくられた本ですけれども、既にこの紀元650年あたりから、三蔵は既に神格化が始まっています。

　日本では鎌倉時代に『大慈恩寺三蔵法師伝』をもとにして、絵巻を描きます。これは法相秘事絵巻とも言われますが、今は玄奘三蔵絵と言います。これも絵画は鎌倉時代のものですけれども、『大慈恩寺三蔵法師伝』という三蔵法師の一代記に基づいた絵になっています。唐代初期の玄奘三蔵の伝説や史実を紹介するのに便利ですので、この絵巻を用いて『西遊記』の源流についておはなしをいたしましょう。三蔵法師伝には、冒頭に早くも伝説が出てきます。三蔵のお母さんが三蔵を産むとき、あるいは生まれた直後にいろいろ不思議な体験をする。例えば、三蔵法師が生まれたとき、三蔵のお母さんは生まれた子供がインドの方へ行く夢を見るんですね。三蔵法師自身もインドへ行く前に、西域へ行く夢を見ていて、気がついたら大海を渡って、そしてシュメール山という山に飛び乗っているなどと。これは絵巻にも描かれていて、ちょうど

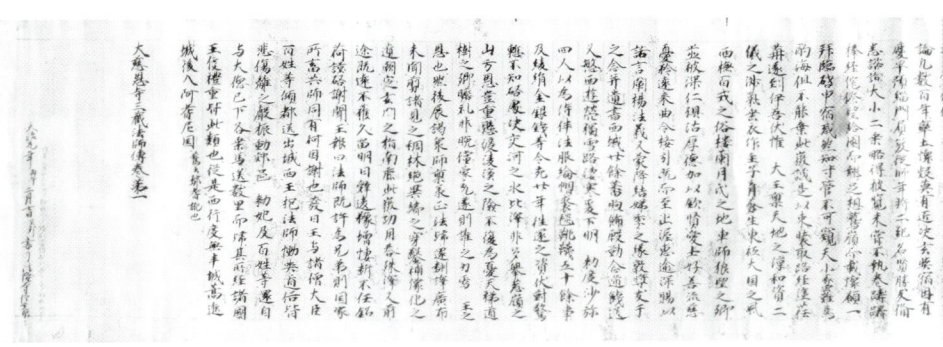

図版6　『大慈恩寺三蔵法師伝』（法隆寺蔵、写真／小学館）

動く紙芝居のように表現されています。絵巻右では三蔵法師が蓮華の上に乗って歩いています。そして、場面は移り、真ん中の山の中央に三蔵が飛び乗っている。小さくて見えるかどうかわかりませんけれども、飛び乗っている。そういうシュメール越えをした夢を見ていて、そして、三蔵法師は夢占いに符合するように、インドに旅立つというふうな話になっています。

　ただ、当時の絵巻の書き手もふざけていまして、左に雷様、海の中に雷様がいるという、決してまじめ一方に絵巻を作り上げるのではなく、当時の書き手に遊び心があ

図版7　玄奘三蔵絵（藤田美術館蔵）

ることが見て取れます。私も資料として日本の絵巻をよく見ますけれども、絵巻の書き手は偉そうに見えますけれども、結構パクリもやっています。日本では、今日、そのもとになった作品がわからず、オリジナルというふうに思っていますけれども、たまたま中国のさし絵を見ると、そのさし絵をパクリにしていたことがわかるような絵巻、僻邪絵という絵巻もあります。話は脇道にそれてしまい、ちょっと本題とは関係ありませんけれども、これはそういう遊びが入った絵巻です。

　次の場面は、三蔵法師伝にある史実と言われるものです。三蔵が沙漠に行ったときに、タクラマカン沙漠に行ったときに水がなくなって倒れます。ここで死んでしまうと、本日の話はここで終わりになりますので、ここで助かるんですね。要するに、沙漠で水がないのになぜ助かったかというのは、ご本人から聞いた奇跡にすべて帰結してオチにします。大体この時代の伝説はそういう面で神がかり、仏がかりになります。絵巻を見て下さい。三蔵法師は夢で、この危急のときに毘沙門天に助けられます。絵巻で三蔵の左手に立っているのは毘沙門天で、当時日本では毘沙門天信仰が始まったこともあって、毘沙門天が描かれています。毘沙門天は、こんなところに寝ていると日干しになるぞと言って三蔵を起こし、三蔵はその馬とともに水のありかにたどり着いて、この沙漠の難を乗り切ることができる、というふうに伝記では書いてあり、絵巻もそのように描きます。

　後に伝説では、毘沙門天は、間もなく手下の深沙神という仏様に代わり、三蔵が沙漠で、その仏様と出会う話に変わっていきます。そして、これが第1の弟子として出てくる深沙神（沙和尚）の話になって行きます。

図版8　玄奘三蔵絵
　　　（藤田美術館蔵）

大体、唐の前半期には、伝説という形でさまざまな形の西天取経のものがたりがあったかとは思いますけれども、それがどういう形でまとまっていったかというのはわかりません。唐の中ごろ、750年ごろ、ちょうど玄宗皇帝と楊貴妃が2人でデートをしているころに、三蔵法師の伝説は、当時盛んであった密教というものと結合して西遊記の原型、原型というか、西域取経ものがたりの筋ができていきます。もちろん、西天取経の絵に関して言えば、この辺までは、まだ物語絵というわけではなくて、神像という信仰の対象としての仏のすがたを記録した絵、あるいは神像そのものとして描かれています。ここでお見せしていますのは、時代が後の鎌倉時代の絵です。それでは、なぜ中国のものを出さないか、とお思いになる方もいらっしゃるかと思いますけれども、この講演がタダだといって決して出し惜しんでいるわけではありません。これには、理由があるのです。

　中国では唐の末期に廃仏毀釈というのが行なわれまして、徹底的に仏教を弾圧します。そのときに長安にあった有名な寺はほとんど、勅額寺院以外は土台から破壊されまして、仏像もすべてたたき壊されるなどすべてが破壊されます。かろうじて遣唐使の時代に日本の坊さんが持ってこられたものだけが日本の倉庫に残っていたので、それでその資料が残り、ここに出ているというわけです。

　唐代の「西遊記物語絵」と申しますと、法相宗（慈恩教）祖師像のような肖像画が最も古いのかもしれません。『智証大師請来目録』には、「大遍覚法師画賛一巻御製」を持って来たと書いてあります。中宗皇帝が玄奘三蔵に「大遍覚」の称号を与えました時、肖像画が描かれていたと推察されますし、また、それ以後、間断なく描き続けられたこともはっきりとしています。智昇の『続古今訳経図紀』には、大慈恩寺の翻経院に、迦葉摩騰から大唐三蔵までの仏典を訳すのに携わった高僧が描かれていたとあります。『広川画跋』には、更に一歩進めて、その壁画とは玄奘の西天取経路程図であったと言っています。盛唐ごろまでの玄奘三蔵画が史実に沿った画像か、或は虚構が入ったものかははっきりしませんが、この時期を境といたしまして、それまであった祖師の記録画像が、これ以後、玄奘三蔵画は「唐三蔵画」、つまり「西遊記物語の絵」という形で描かれるようになります。この背景には、唐三蔵伝説が作られていたからでしょう。

　唐代の中頃の取経伝説は、弘法大師が持ってきたと言われる釈迦十六善神図というものからうかがえます。今日見られる仏画は、多少、後世の坊さんがアレンジしたも

講演

図版9　釈迦十六善神図
（個人蔵）

のだと思います。弘法大師のときの絵は、16人の仏様しかいませんでした。真ん中にいるのはもとからのお釈迦様で、後世、それにおまけをくっつけた絵にアレンジされています。これを業界用語では釈迦十六善神図、別名般若十六善神図と申します。普通、仏教、あるいは美術史家の人ですと仏画として見るんですけれども、この中にはもう一つ別のデータが入っております。正面の一番下、左に赤鬼みたいなのがいますけれども、これが後で申し上げる深沙神という仏様。右に重そうなリュックを担いでいる荷担ぎの坊さんがいます。これが玄奘三蔵法師です。この仏画の基本型では必ず真ん中に釈迦如来、そして普賢と文殊と置いて、左右に16の神将を置きまして、その下に深沙神と三蔵法師を対で描く形式になっています。

　これは一体何に使う仏画かと申しますと、大般若経の転読会という、大般若経を読むときにお守りとしてかける仏画になっています。大般若経といいますと、大蔵経で一番長いお経ですけれども、そのお経をインドから持ってきて訳したのが玄奘三蔵で、先ほど申しましたように、旅行中に沙漠で死にかかった三蔵法師を助けたのが、この左の赤鬼、深沙神という仏様です。

　ただ、この絵は仏教界で言われるそういう持ちつ持たれつの良い関係ではありません。

　この赤鬼は、実は、悪業を働いていた神様でございまして、三蔵法師の取経の旅では、幾度となく出て参ります。三蔵法師は、実は1回だけインドに行っただけではないんですね。大体、1回だけというのは、中国では誠意がないということになっていまして、最低3回は同じことをしなければならない、としきたりで決まっております。ですから、何か役職につくということになっても、1回、2回でその辞令に飛びつくと、この人は卑しいということで、その職は必ず回ってこない。それで、わざと2回までは、がまんして断る。3度目にして、無理に押しつけられて、仕方がないということで出馬することになっています。時折、不適任と見なされると、話が2回しか来ないときもありますが。

三蔵の場合は、3回でもちょっともの足りなかったらしくて、後世の物語ですと9回インドに行ってそのうち8回は失敗したことになっています。その失敗した原因というのは、この左の赤鬼が沙漠にいて三蔵法師を食べてしまうという。食べた後どうしたかというと、当然、肉食動物ですから、骨は残します。それで、その骨を捨てるかというと、次の三蔵が来るまでに退屈なので、その骨で数珠をつくりまして、それでじゃらじゃら遊んでいる。深沙神はその数珠を首にかけている。左側の深沙神は、その数珠を首にかけた形で三蔵と向かい合っています。つまり、この絵はもう既に中国、この絵自体はもちろんメイドインジャパンですけれども、中国において神格化された三蔵が、既にもう物語の世界に踏み込んだことを示しています。お寺の和尚様方は西遊記とは関連業界ですが、直接は関係ありませんから、そこまではきっと絵解きはされませんけれども、この絵をつくった人にはそういうことが念頭が入っていて、三蔵も偉いけれども深沙神も偉い、深沙神も偉いけれども仏教も偉い、仏教が偉ければお釈迦様はもっと偉い、という物語あり宗教ありのもりだくさんな形で、この絵は使われていたものだと思います。

　取経伝説から言えば、これは既に物語画像として、信仰の対象の画像としての枠を超えたものとして絵を見なしております。これはとりも直さず、中国において、当時の密教と関係して、西遊記の原型が構成され始めていたことを物語る資料であるかと

図版10　深沙神王像
　　　　（称名寺蔵、神奈川県立金沢文庫保管）

講　　演

思います。次に、聴き得の③として、三蔵法師の最初のお弟子についてお教えしましょう。

　これが今お示ししました深沙神、これが単独画像でございます。平安時代には仏様をたくさんつくり過ぎ、整理しなければならないようになりました。そのため、日本では密教の画像集というのができ、どの仏様が偉いかという順序立てもしました。そういう図像集を平安時代のお坊さんはいっぱい画像ノートにし、留め置きました。これは横浜市の金沢区にある称名寺に残っていた平安時代の図像集の転写本の深沙神王。この深沙神王こそが、ありがたや、三蔵法師の最初の弟子なのです。この神王は、よく見ていただくように、膝から象さんの顔が出ていて、そして手にヘビを持ち、お腹のへそには童子の絵がある。首にはしゃれこうべ。ちょっと昔、全国的にはやったにこにこマークというのがありますけれども、それにちょっと近いようなしゃれこうべ。つまり、沙漠の妖怪であることを物語っています。これは玄奘が直接見聞したことを記録した『大唐西域記』にも、沙漠に曠野鬼という鬼がいる、ということは書いてあります。恐らくそれに基づいて発展してきた仏様で、今ではポピュラーではありませんけれども、千年前、東アジアでは結構人気のあった仏様でした。お腹のへその童子の絵は、深沙神が変化するときに、童子に姿を変える、ということで描かれています。時にして、この深沙神は、蓮華の座に乗る姿で描かれてもいます。

　釈迦十六善神図とともに、西天取経伝説が唐代末期の中国にできていたことを窺わせるのが、次に紹介する宝勝如来図という仏様の絵でございます。いままでの資料は、特に仏画資料はすべて日本のものでしたが、これは、大体860年ごろの作品で、中国西方の敦煌で発見された仏画です。敦煌で発見された資料は幾つもありまして、その一つ、これはペリオという人が持ち去ったもの。ペリオさんという人は、中国学の学者でございましたので、先に来たイギリスのスタインという人が持っていったものはさし絵の乏しいものばかり、絵のないものを多く持っていったのに対し、敦煌にあった選りすぐりの資料、特に絵のあるものを、自分で全部吟味して持っていきました。ですから、当時中国の仏画としても最高のレベルに達するもの、それをフランスに持って行きました。この宝勝如来図は、ちょっと傷んでいたので、上をちょんと切って額装にかえたものです。これは絵にある題名から宝勝如来図として伝えられました。右の方、ちょっと上が切れていますけれども、ちゃんと宝勝如来と名前が書いてあります。しかし、宝勝如来仏というのは、実際こういう形はとっていません。これは見た

西遊記成立とさし絵

図版11 「虎をつれた行脚僧（宝勝如来仏）」画（フランス・ギメ東洋美術館蔵）
ⓒ Photo RMN/Thierry Ollivier/AMF/amanaimages

とおりわかりますように行脚僧であって、虎を連れている姿となっています。ここで敦煌文書の由緒について、横みちにそれて少々お話をしましょう。

　今から百年ちょっと前、1900年頃に、中国甘粛省の敦煌県にある莫高窟の洞内から、管理人の道士王円籙によって、数万巻の、1000年以上むかしの古文書などが発見されました。1907年、スタインが探検した折、ここで1/3を手に入れ、次いで翌年ペリオが来て1/3を持ち帰っています。

　ヨーロッパの人々が紙くずを宝に変えたと知った王道士は、もうけた金を持って逃亡してしまいました。と言うのも、北京の朝廷から、当地の役人に命令が来て、発見された古文書をすべて北京に持って来るようにと指令されたからでした。国宝を外国の紅毛人に売った主犯になってしまった王道士は、逃げざるを得なかったのでした。一方、チリ紙交換屋ならぬペリオは、自らの戦果を写真に収めて、選りすぐった資料をフランスへもたらしたのでした。敦煌から北京へ移された残りの文書は、ほとんどが仏教の写本で、玄奘には悪いのですが、残りカスのようなものでした。しかし、残りの文書と言っても、長い旅の中で、途中、いくつもの写本が逃げ出し、海を泳いで日本などへも現われています。敦煌の文書が有名になりますと、さっそく有限な会社

講　　演

　敦煌商事が出来まして、有限ならぬ無限の敦煌出土文書と称するものが売られるようになりました。古いお経を買って来て、中国の昔の年号を入れたり、土に埋めたり、日に干したりして、その熟成を待つことになります。サッカーＷ杯の切符くらい、すぐになんとでもしてしまう国です。

　横道に入った話をもとの取経の道に戻しましょう。

　ペリオさんが持ち帰った宝勝如来仏はどういう像かと言えば、これには描かれていません。行脚僧の背中からかちかち山のタヌキのように煙が出ていますけれども、これは別に煙が出ているわけではありません。これは五彩のめでたい雲が出ていて、その雲の先に宝勝如来という仏様が描かれていたものと思われます。この坊さんの絵と最初に見せました玄奘の絵とは、ほとんど形式が一致しましょう。これと同じような絵が、さすがは中国、敦煌のものはなくなりましたが、今度は最近、遼という1000年前の時代のお寺から出てきた資料にも同じような絵が使われます。中国の北方に遼という国ができたのは紀元1000年ぐらいの時代のことです。この構図は、東アジアの行脚僧、つまり旅をする徳の高い坊さんを描くときに、行脚僧として描かれる一つのパターン化していたことを示唆すると思います。遼の「採薬仙人」画は、「毛女図」と呼ばれる女仙を描くパターンへと流れていったようです。

　先ほどの玄奘とか、遼代の絵、つまり鎌倉時代の絵の源流が、この宝勝如来の絵、あるいはそれに先行する絵に行きつくもので、それからこの絵や、同じ構図の絵がつくられたと推測されます。この絵は、虎を連れている姿で描かれています。玄奘が虎を連れていたという記事はありません。物語では残っていません。しかし、これがなぜ玄奘かといいますのは、先ほど申しましたように、当時、玄奘三蔵は唐三蔵法師と呼ばれていますけれども、その三蔵法師の伝説は東アジアでは結構知られていたこと、そして仏画にもいろいろ描かれていました。そして、後の時代になってですけれども、玄奘がインドから猫を連れてきたという伝説も宋代にあるんですね。虎と猫とは違いますけれども、その辺に結構ふてぶてしく活躍している猫を見ると、まるで虎のジュニアみたいなのもいますから、この絵が変化して作られたものと見て、その伝説の存在を考えても構わないと思います。

　遼の絵は背中につづらを背負った薬草とりの仙人が、手に払子あるいは杖を持っていますが、この形式は全く一致しています。偶然の一致ではなくて、共通の絵画があったからだと思います。

もう一つ、宝勝如来という如来様がいます。密教では一番大事な仏様は、大日如来という名の仏様。その大日如来を囲む仏様の一つが宝勝如来。

　この宝勝如来は、後に玄奘三蔵が取経の功によって生まれ変わった仏様であると思われることを示す記事もあります。

　宝勝如来は、お施餓鬼という餓鬼道に落ちた者を救うための祭祀に祀られます。その仏様がなにゆえ、三蔵法師と関係するのか、という点をご説明しましょう。唐の次の宋時代になると、玄奘は、随分食べ物にいやしい坊主として描かれるんですね。何でも食いたがる坊主として描かれます。宋代の大唐三蔵取経詩話という物語では唐三蔵はインドへ行く途中、おさるの行者（猴行者）をつれて蟠桃という仙人用のもものなる池のほとりにやってきます。そこで、三蔵はももが食べたくなり、おさるの行者にぬすんでこいと命じます。するとさるは、むかし、こっそりぬすもうとしたところ、つかまってしりたたきの刑にあったのでこわいと拒否しました。しかし、三蔵は上司の命令だといってぬすませます。さるがもってきた桃を見ると赤ん坊の姿をしていたのでビックリ、三蔵はおどろきにげて食べませんでした。おさるの行者は、これを食べると永生きできるのにと言って、パクリと食べ、道中ずーっとくちゃくちゃしていたそうです。取経の帰り道、四川省でたねをポッ！と吐き出したところ、後で、これが朝鮮人参になったそうな。これでおはなしはおしまい、まるで日本むかし話ですが、このように三蔵はくいしん坊だったのです。どうも玄奘の成仏後は、餓鬼を救う宝勝如来と関りがあるらしいのです。また別に、唐の時代では、三蔵法師の前世が賓頭盧というお釈迦様の弟子でもあったらしいのです。お寺の入り口に坊さん姿の仏様がいますけれども、それが賓頭盧で、それがお釈迦様の説法のときに居眠りをするんですね。我々の授業のときにもよく眠る学生がいますけれども、それはそれで御仏の慈悲をかけて寝たままにさせます。しかし、お釈迦様は結構厳しくて賓頭盧を現世に追放する。賓頭盧は玄奘に生まれ変わり、現世でその罪を償うために旅をしてお経を取る。ただ

図版12　十六羅漢賓頭盧尊者（称名寺蔵、神奈川県立金沢文庫保管）

講　演

ストレートに取るとそんなにありがたみはありませんから、要するに取経の旅試験では２浪して、つまり２回深沙神に食われてしまいまして、やっと３回の再受験の挙げ句に合格して、そして宝勝如来に出世してインドに戻るということになりました。その話が、先ほど申しました釈迦十六善神図にとどめられていまして、その一端が、唐の宝勝如来図にとどめられているかと思います。賓頭盧も含めて、すべて食べ物にまつわる仏さま、腹のすいた人にご飯を与える仏さまに関係していた物語でもありました。

　なぜこの時のお伴が虎であったかといえば、それは、仏教の寅（虎）が関係していたためと思われます。それは、十二支の虎（寅）です。護法の神様として、仏教では虎は大事にされる。どうもインドに旅に立ったとき、これはまだはっきりとはしていませんけれども、深沙神は別として、最初に玄奘の助っ人になったのは虎であって、猿でも豚でもかっぱでもなかったと思われます。

　ただ、この敦煌で出てきた二つの資料ですけれども、これ以外には虎を連れた資料はありません。

　唐の時代の伝説については、先程申して来ましたような断片的なことしかわかっていません。もちろん、虎をお伴にした理由も定かではありません。

　ところが、中国が五代十国の戦乱を経まして宋という時代になってくると、ちょうど紫式部と清少納言の時代になりますけれども、この当時、出てくる三蔵法師、あるいは登場人物は、地域密着型のヒーローとして形成されてきます。したがいまして、ここあたりから仏画、先ほど出てきた素材の仏画は、英雄画像として読みかえられてきて、物語に大きな貢献、そして再生産されてさし絵に転化していくことになります。

　三蔵法師の伝説ができたのは、唐の時代は大体唐の長安を中心にして作られていました。ところが、宋になってくると話が少し違ってまいります。

　それまで玄奘三蔵のお墓は、長安の近くにある興教寺というお寺がありますけれども、その興教寺に唐三蔵墓がございます。しかし、黄巣の乱という乱がありました当時、三蔵の墓があばかれそうになりました。可政という坊さんがそれを恐れまして、三蔵のしゃれこうべ、その頂骨だけを持ち去って南へ逃げてまいります。南へ逃げてきて五、六十年たって、そのままどこかのお堂に祀ってあったらしいんですけれども、この北宋の天聖丁卯という年、大体紀元1000年ぐらいですけれども、南京の報恩寺、当時の名前では天禧寺というお寺に改葬します。南京郊外、今南京のちょうど南のところに中華門がありますが、明当時は聚宝門といいました、その入り口の正面向かっ

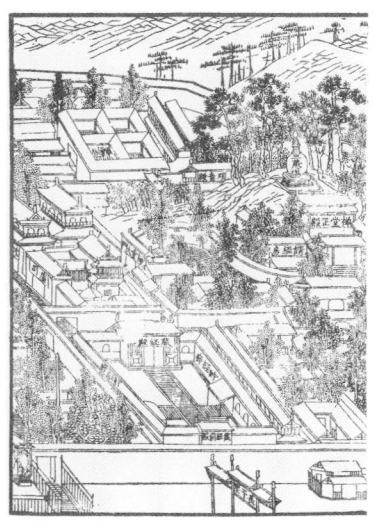

図版13　西安興教寺三蔵塔（左）　南京報恩寺唐三蔵墓（右、『金陵梵刹志』）

て右側、つまり北側へ向かって右側のところに天禧寺という寺に安置したわけです。そして大きなお堂というか、お墓をつくりまして、三蔵の骨を祀る。三蔵法師は江南に来たことはありませんが、このお墓の移転によって江南と深い関係を持つようになります。このお墓は、宋の時代、有名な観光地になりまして、結構南の人には人気があったところです。

　次の元、そして更に明の時代、三蔵墓の改葬が行なわれ、金と銀と水晶の容器を収めた石の棺桶に入れられまして、大切に守られていました。

　この墓が西遊記のものがたりの成立にとってどういう意味を持つかということになりましょう。ここからが大事なところでございまして、我々は三蔵の伝説と申しますと、大体紀元7世紀から9世紀までは長安を中心とした資料に窺うことが多いのです。ところが、11世紀に入りますと、三蔵の話はだんだんと南の江南の方に移ってまいります。実際に西遊記の物語の原型ができるのは、この宋代になってです。しかも南方の伝説を多く取り入れて作られるようになります。その際、南京の唐三蔵墓が物語形成の土壌を提供することになります。この点を少しくわしく説明いたしましょう。宋代の唐三蔵西天取経ものがたりは、正式な名前を大唐三蔵取経詩話といいます。この本は、初めて物語としてのストーリー性に富み、後の西遊記の骨になります。そしてお弟子の猿が出てきます。この大唐三蔵というのは三蔵法師、取経というのはお経を取るという意味、詩話というのは、この作品には最後に必ず詩が、ここにもありますけれども七言絶句なんかが書かれるんですね。それで詩話というふうになっています。

講　演

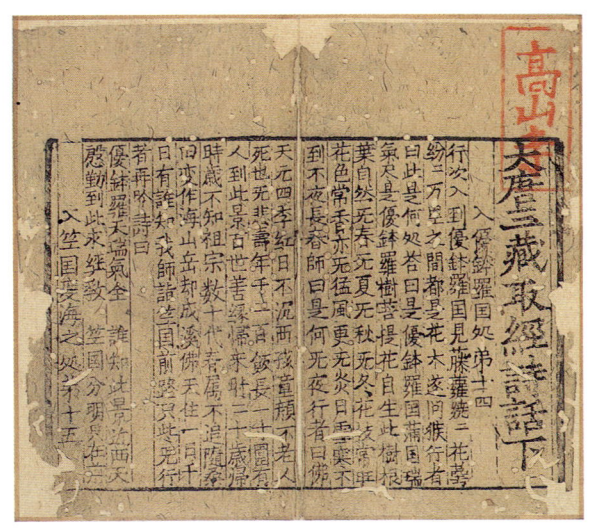

図版14　大唐三蔵取経詩話
　　　　（大倉集古館蔵）

　この作品成立の背景には、どうも江南の文化を吸収したということがあったらしいのです。つまり今まであった三蔵の伝説が融合しつつ、当地の文化を吸収してここで物語が形成される。そのときの下地になった伝説に、この江南で特に有名だった、お猿の話があります。孫悟空のご先祖にもかかわる大切な伝説です。画像には出ませんけれども、今の杭州、ハンチョウというところの西湖のほとりに霊隠寺というお寺がありまして、そこには霊隠寺をつくったお坊さんの慧理というインド人が住んでいました。そのインド人は、実はインドから中国へ来るときに、猿を２匹連れてきて、向かいの山で修行させているというふうにみんなに言っていました。慧理というお坊さんは、六朝時代の人で、三蔵法師よりもっと前の人ですけれども、その慧理という坊さんが猿を連れてきて修行させているという。どうやって連れてきたかというと、インドにあった一つの山をすっ飛ばしてきた。山を飛ばすというと、火山だったらわかりますけれども、ここは火山ではなくて普通の山を飛ばしてきた。向かいにある山がそれだといって、今飛来峰と呼ばれている山を指します。さすがに白髪三千丈といって虚構の好きな、うその大好きな当時の中国人も、山が飛んでくるところまで来ると、それはまゆつばで、結構インド人もうそを言うね、というふうに言った。ところが、その慧理という坊さんはもちろん真剣ですから、では証拠を見せようという。あの山には、インドから来る前に白猿と黒猿をその中で修行させているので、今呼んでみるという。そこで、山の前の洞穴で猿を呼びます。そうすると、中から、白猿と黒猿が出てきて、お師匠様、お久しぶりですと言ったと。いかにもうそっぽい話ですけれども、本当だと昔から言われています。それを見て当地のみなさんは、この坊主はやは

り偉い坊主であったといって、それ以来尊敬するようになった。その後、霊隠寺というお寺には、猿はなくてはならないものになりました。この話は六朝から唐には既に語りつがれ、そして宋では有名なことでした、ここの住職は必ず猿を飼うと。今の我々のペットブームの走りです。そういう中国にはなかった修行する猿というものを、この江南では親しみのある話として持っていたのです。

大唐三蔵取経詩話はだれがつくったかわかりませんけれども、多分お寺の坊さんが以前からあった三蔵法師の取経伝説をまとめたときに、その猿の話を、先ほど申しました南京にあった唐三蔵墓を目指して全国から集まっていた伝説群にこき混ぜて作り上げたのではないかと思います。五代から宋にかけて江南地方で、本来玄奘三蔵と関係のないその猿の話を取り込み、この物語ができたと思われます。

猿は、取経詩話ではただ単に猿という名前ではなくて、お猿の行者こと猴行者という名前で出てきます。

後に孫悟空になりますけれども、そのお猿の行者が出てきます。猿というのは、今申しましたように、インドから坊さんの慧理がつれて来た白猿と黒猿だけですと、帰化したと申しましても、どうも中国人にはなじみのうすい猿でしょう。しかし、それとは別にもう一つ、なじみのある猿を借用して定着を図ったようです。つまり、虎と同じく十二支の中には猿（申）というものがあります。十二支は、もともとは薬師十二神将といって、薬師如来、つまり病気とか怪我から人を治す仏様を、十二の方角から守る護法神です。その猿はどこに住んでいるかというと、東方に住んでいる。東方に住んでいて、白い衣を着ていて、仏様を助けるというふうになっています。物語の猴行者も白い衣をつけて、東からあらわれて三蔵の弟子になります。

そういうなじみのある猿、仏教の猿の要素も取り込んで、インド産のさるに合体させ、後に孫悟空になるお猿の行者というキャラクターをつくったと考えられます。

この物語では、三蔵法師がインドへの取経の旅をし

図版15　薬師十二神将の申将（称名寺蔵、神奈川県立金沢文庫保管）

講　演

て、途中深沙神に食われそうになりますけれども、今回はセーフで、かつ、猿が道案内をしてインドへ行ってめでたしになるという、単純な物語になっています。このときに、この物語のバックボーン、お話の展開を支えたのは毘沙門天をめぐる民間信仰でした。毘沙門天は、先ほど申しましたように、深沙神という沙漠の妖怪の親分だったので、その加護を得た三蔵は今回は食われないという、そういう設定になっています。

　これが十二神将の絵で、やはり鎌倉時代に描かれたものです。こういうなじみのある、当時の民間信仰でなじみのある絵を用いて、物語のキャラクターをつくっていった一つの例かと思います。そのような誕生の仕方は、そのキャラクターが、そのイメージを含めて今度は逆に後世の人々に違和感なく浸透して行った下地になったかもしれませんね。

　今申し上げた大唐三蔵取経詩話には、さし絵があったかどうかわかりません。西遊記の最古のさし絵というものは、もう明になってからのものですけれども、古くからさし絵があったことを窺わせる絵が南北にあります。これは福建省の、先ほど出てきましたウーロン茶のとれる福建省。その福建省の泉州に開元寺というお寺があり、石づくりの五重の塔があります。東西の塔がありまして、そこには全部レリーフがはめ

中国泉州開元寺西塔浮離「猴行者」（宋代、G. Ecke and P. Demiéville "The Twin Pagodas of Zayton", Harvard Univ. Press, 1935）

開元寺東塔遠景（筆者撮影、1989）

開元寺西塔近景「唐三蔵・梁武帝」（同左）

図版16

こまれています。描かれているその彫刻が、実はすべて物語になっています。西側にある西塔の北の方のところにここにお示しするレリーフがはめこまれています。レリーフには何も書かれてはいませんけれども、顔を見ればよくわかるように、猿になっています。猿が刀を持って、ひょうたんを持って、お経を下げて、この長靴みたいなものをはいて行脚をしている。

　この西塔の正面には、梁の武帝という人と唐三蔵が向かい合って描かれているレリーフもあります。時代は、もちろん梁の武帝は、時代は唐三蔵よりは前、南北朝の梁代の人ですけれども、仏教信仰の世界の物語では、仏教を大事にした皇帝なので併せて描かれたと言われています。

　この中には白馬も描かれています。今まではこのレリーフは孫悟空というふうに言われていましたけれども、この宋の時代というのは、先ほど申しましたように西遊記のタネ本であった大唐三蔵取経詩話という物語ができた時代、だから、これはお猿の行者（猴行者）という物語の主人公、キャラクターでありまして、ちょっと見にくいのですが、右肩の上側に仏様が添えられています。この塔にある仏像レリーフは、すべてお坊さんの絵に添えて仏様を描くという絵になっています。敦煌の宝勝如来図も同じパターンでしたが、これはみんなすべて、レリーフの主人公が現世の功で来世に仏になったことを意味する。この猿も、恐らく修行か何かの功で仏になったということを意味しています。

　『大唐三蔵取経詩話』という本を見ますと、この泉州の近くの港から輸出されて日本に来たらしい本なんですね。日本では鎌倉時代、当時のみなさんは、中国からお経を取ってくるときは福建省から持ってまいります。だから、国際ターミナルである福建の人たちは、当然そういう物語があったことは知っていた。猿というもので、取経とか三蔵法師と関係するものはお猿の行者しかいませんから、泉州開元寺西塔の猿のレリーフは、とどのつまりは取経ものがたりに登場する猴行者の像ということになります。猴行者といいますけれども、日本語で言えばお猿の行者。当然、これは後の孫悟空になるものだと思われます。

　福建出身の文人の劉克荘は、「攬鏡六言三首」の中で、鏡にうつる自らの老いさらばえた姿を

　　背傴みて、水牛の泗澗にあるがごとく
　　髪は白く、氷蠶の絲を吐くがごとく

講　演

　　貌の醜きは、猴行者に似て
　　詩は、鶴何師(ママ)より瘦(ほそ)し　　　　　　　　　（第一首）（『後村先生大全集』巻二四）

と詠いました。劉克荘が泉州開元寺の猴行者レリーフを見て、老境の己の姿に重ねたとも、もしかしたならば、別にさし絵入りの『大唐三蔵取経詩話』があって、その物語を見てこの詩を詠ったのかもしれません。

　もう一つ、この当時取経物語に絵が存在していた可能性を示す絵があります。西夏という国があった土地で発見された壁画です。楡林窟という西の方、「元二の安西を旅するを送る」という王維の詩で有名な安西という方面にあった、敦煌と似たような楡林窟という洞窟にあった絵です。この壁画を見れば、皆さんもはっきりわかるかと思いますけれども、真中が三蔵法師で、左側が猿で、ちょっと歯が黒くなって、歯槽膿漏っぽい猿ですけれども。同じく左側に白馬がいて、風呂敷包みがあって、そこから煙が出ている。こういう煙は、当然絵としては、五彩の輝きを示すもので、三蔵法師の周りの丸形は、仏様の世界に入ったことを示す円形の光背。今残っている、先ほど示しました大唐三蔵取経詩話という物語の中には、海を渡ってインドからお経を取ってきたというタイトルがあります。しかし、物語の中には海を渡った話がないんですね。ところが、この絵を見ると、ここの目の前は海になっていまして、この向かい側には普賢菩薩がいる絵になっています。海か大河かは判別しにくいのですが、一応インド洋を念頭に入れましょう。これは、30年ぐらい前に発見された壁画でして、当時の人はそれほど注目はしていませんでしたけれども、後にこれが西遊記の絵だということで注目されるようになります。

　ここで注目すべきは、主人公が三蔵法師、もう一つは猿がついて

図版17　西夏楡林窟壁画　唐三蔵・猴行者（模写）

る。白馬と言えば、当然お経を背負ってきたのは、インドから仏教が来たときからすでに白馬と決まっています。黒い馬ではないんです。白馬は必ずつきものです。その一方で、猿がついてる。つまり、宋代当時の小説と一致する壁画になっています。

　深沙神、後の沙悟浄になる深沙神はなぜいないかというと、さっきの物語でもそうなんですけれども、西天取経伝説に第1番目弟子として出てきた深沙神というのは、沙漠で三蔵法師を助ける役目をする。しかし、インドには行かなかったんですね。そこで仏の道に入る。沙漠で何をしたかというと、前世では三蔵を食べてしまいましたけれども、現世になると沙漠に大きな橋をかけて、道路公団みたいなことをやりまして、大きな橋をかけて、もちろん経費のかからないただの金の橋を神通力でかけて、橋によって三蔵を沙漠を渡らせる役目をします。その後、深沙神は、物語では三蔵についてこなかった。きっと、橋の補修でもしていたんでしょう。或は、出身がキャリア組であり、三蔵を助けたことで、お釈迦様のもとへ天下りならぬ天上がりしたのでしょう。

　次に申します元代になってくると、状況はまた変わってきますけれども、基本的には、宋代の深沙神は三蔵の旅にはついてこない。

　三蔵法師が取ってきたお経は数千巻のお経になっていますけれども、このころはお経の中でもエッセンスと言われる般若心経だけを持ってきたというふうになっています。だから、この包みを見てください。本当にお弁当1個分です。

　ちょっと前、そうですね20年ぐらい前であれば、三蔵法師が持ってきた5000巻のお経は当然この包みでは収まりませんから、誰が考えてもこれは般若心経のような大事なお経1点だろうというふうになるかと思います。今みたいに、例えばCDやフラッシュメモリーみたいに、コンパクトにすべてのものが入ってしまうと、100年後この点でまた学説が変わるかもしれませんけれども。今のCDの話は三蔵の取経ものがたりとは関係ありませんけれども、この絵の包みから考えると、当時の物語では、般若心経の一つあたりを持ちかえった、そのようなバージョンの話であったかと思われます。

　こういう似た物語絵が、西の西域は甘粛省と、南は福建省という、極端に離れたところから出てくるということは、両者に共通するさし絵があった可能性があります。ただ、たまたま今残っている本には、そのさし絵がないということで、はっきり、そのことを示すことはできませんが。

講　演

第3　仏画からさし絵へ

　今までの話は西遊記という話ではありません。その原型、タネ本でした。

　ところが、今から大体700年前、モンゴルの元の時代、1300年ごろ、初めて西遊記という名前で世の中に出てきます。元の時代の西遊記は今残っていませんけれども、朝鮮半島の高麗国の商人たちが、あるいは官僚たちが、中国語を勉強するための会話のテキスト書がたまたま残っていて、その中に西遊記平話というひとくだりがあります。それは、朴通事という中国語の会話教科書。高麗時代の初版は、「朴通事」という名前で、ハングルの注釈のない本でしたが、その本文のところに、初めて西遊記という名前が出てきます。そして高麗の次の朝鮮王朝の再版本には、西遊記の注釈のところに、三蔵法師は6年をかけてインドへ行ってお経を取ってきた、とあります。そのときに、三蔵法師は孫行者という坊さんと沙和尚、あと黒猪精の朱八戒、わかりやすく申せば黒豚の妖怪の朱八戒、そういうものをつれてインドからお経を取ってきたと。ここでは取経の旅は6年と短いものでした。

　この会話書の中では、西遊記はおもしろい話だと一人が言います。それに対し、相手方がどんな話だと聞くと、かくかくしかじかの話ですと、一つ有名な話を引っ張ります。それが車遅国という話。これは今の西遊記でも残っていまして、道教を大事にして仏教を弾圧する国の話。西遊記の44回から46回目の話になっています。それの原型がここに入っています。我々は、ここから初めて、西遊記に沙和尚と猪八戒が登場

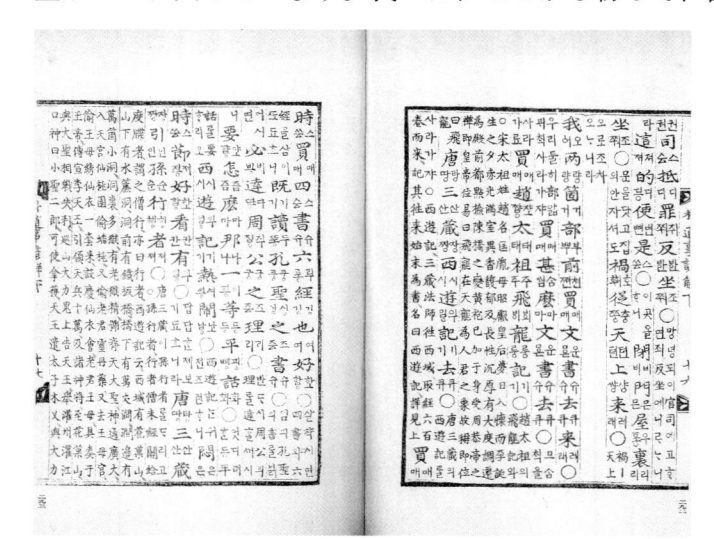

図版18　『朴通事諺解』（『奎章閣叢書』影印本）

してきたということがわかります。しかも、沙和尚が二番弟子で、八戒は三番目の弟子ということになります。

「(元本)西遊記」自体は散佚したので、図像が添えられていたかはわかりませんが、当時の小説の本である全相平話五種のいずれもが上図下文形式であったこと、「唐三蔵西天取経」のお芝居が演じられていたことを思いますと、画像の存在も考えられます。

この元の時代の西遊記ができるあたり、物語としてはまだどうも極めて不安定な段階で、地域によって、あるいは人によって、資料の残り方にも問題がありますけれども、かなり違うバージョンがあった可能性があります。ごく最近、おおよそ十数年前に発見された、唐僧取経図冊という絵巻があります。32枚の断片的な絵でして、全部は残っていませんけれども、物語絵になっています。物語なんですけれども、本文が残っていません。だから、本文がないということで、絵が意味する内容がよくわからない。例えば、この場面もよくわからない場面の一つになっています。ここに初めて猿が出てくる。これは、当然、孫悟空と見て間違いない。ところが、もう一つ、三蔵法師の脇に従者がいる、人間の従者がいて、もう一つここには女の人が描かれている。これは妖怪で、どうも子供を食べていた鬼子母という妖怪らしいんですけれども、それに出くわしたときの場面。ところが、取経の旅に三蔵法師が連れていったのは猿であって、人間は連れていかなかったというのが宋以降の話の定番です。では、なぜ猿と人間の従者がここに出てくるか。この絵巻だと、猿は1回しか出てきません。

絵の残り方にも問題がありますが、仮にすべてが残ったとした場合、唐僧取経図冊

図版19
唐僧取経図冊
(『国華』1163号)

講　演

は、今残っている西遊記、或は、もとになった原型である宋の大唐三蔵取経詩話などともかなり違います。

　この絵にはもう一つ特徴があります。元の時代の絵と言われていながら、深沙神が出てきます。深沙神は、先ほどの小説、西遊記と名前が変わった元の時代では、既に沙和尚と名前を変えていますけれども、明らかにこちらは沙漠の深沙神と描かれている。そして、沙漠の深沙神は既に護法神になっているという絵を示すのがこちら。この護法神は、ここにいる白蛇の前後を断ち切り、その白蛇からは血が出ています。恐らく、ここは沙漠の場面で、深沙神はここを三蔵が通るときに助けたという、そういう物語を示す絵です。ところが、朴通事に引用される元の時代の西遊記には既にこのキャラクターは存在しませんから、この深沙神の絵がなぜ元の時代といわれる物語絵に入っているのかが問題になります。これは、元代の西遊記を考える資料としての朴通事諺解が持つ問題、もしくは唐僧取経図冊の描かれた時代と関係しましょう。ここでは、次の時代を担う若い人たちに残した宿題といたしましょう。

　先ほどの「朴通事」（諺解）というものは高麗の時代の会話書ですから、明らかにそれは高麗の時代にあったものだということがわかります。それに比べてこういう絵は、年代測定が極めてあいまいではっきりしませんから、描かれた時代とその絵が反映する作品との間にはずれがある可能性がある。あるいは、地域によって、物語の流布の状況に温度差がある。つまり、猪八戒が出ている物語がある地域とない地域がある、そういうことも考えられます。木版印刷が盛んになったと言っても、今の出版とは比べものにならない狭い範囲でしたので、資料の不確実性が背後にあり、決定的な断言までは行きつけませんが、これが元の時代の西遊記の一つの特徴、或は、その研究の現状になっています。

　元の時代の三蔵法師ものがたりは、名前は「西

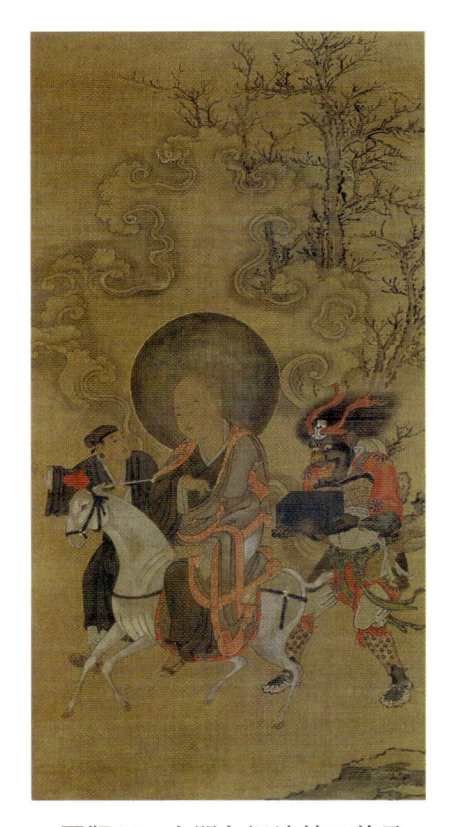

図版20　人間と深沙神の弟子
　　　　（薬師寺蔵「玄奘三蔵取経図」）

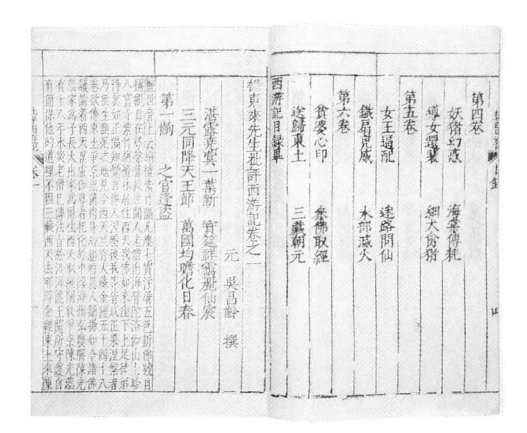

図版21 「楊東来先生批評西游記」巻1・巻6（宮内庁書陵部蔵）

遊記」と言いますが、今日残る『西遊記』百回本とはかなり話が異なっています。

例えば、元の時代の孫悟空は、三蔵法師の弟子になる前はとある国の王女さまをさらって奥さんにしていた悪ざるで、奥さんがいたなどという話があったらしいのです。

ところが、元から明に中国の王朝が交代するころになると、また「西遊記」ものがたりが書きなおされて、現在の形に近づいて行きます。例えば、猪八戒をちょっとHなブタとして、その登場由来を描いた本があります。それは、読む小説とは違って、お芝居の本で、「楊東来先生批評西游記」というやっぱり長いタイトルの本で、これは大体明朝の初めに作られた作品です。今残っている本は明の末期に再版された本ですけれども、芝居の1/6が猪八戒の話に当てられ、第3番目に弟子となる猪八戒が出てきます。

猪八戒ファンクラブの人には聴き得な話で、その⑤としましょう。

この話は流布した小説西遊記と大筋で同じもので、猪八戒は豚なのですけれども、村の娘さんに恋をして、それで若者に化けて現われ、二人は恋仲となる。美人の娘さんは、毎晩恋しい人に会いたいといって神に祈ります。

ところが、その恋人が後で豚とわかって、豚と結婚したということがこの劉さんのお嬢さんにはショックで、たまたまそこに立ち寄った孫悟空たちに助けを求めることになるんですね。悟空は一計を案じ、猪八戒を宴会に誘い出します。そして、孫悟空自身がこの女性に化けて、猪八戒と一緒にお酒を飲みます。酔ったところで崖に突き落とすことに。

しかし、その豚は妖怪ですから死にません。このときの孫悟空には、まだ神通力がそんなにありません。それで神通力がある二郎神、野球のイチローではありませんが、

講　演

図版22　『楊東来先生批評西游記』
　　　　　巻4

スマートでかっこいい兄さん神さまがいます。中国では長江の上流の四川省で祀られている治水の神様の二郎神に頼み込んで、その二郎神が飼っている犬で、この図はちょっと中国でよく食べられる犬の格好をしていますけれども、その犬が豚に食いついて捕まえるという算段になっています。

　これが猪八戒が最初に出てくるときの物語ですが、後に整理されると、二郎神と犬に捕まるのは、孫悟空に変わるんですね。ここから犬猿の仲になったらしいのです。その代わり、猪八戒には別な形で話がつくられていきます。

　お芝居では、三蔵法師もやさ男になって描かれています。沙和尚、もとの深沙神も既に沙漠の和尚というその名の通りの和尚さんの格好をした人物になっています。

　では、芝居の西游記で登場する猪八戒は、一体どこからつくられてきたか、ということに話を移しましょう。

　猪八戒の登場というのは、実は物語を充実させる主人公をふやすために、意図的につくられた主人公なんですね。だから、今までの深沙神が三蔵の因縁談として出てくる、あるいは孫悟空が伝説がもとになった地域密着型の猿として出てくるのとはかなり違います。虚構を意識した豚としてその性格がつくられてきます。

　先ほどの戯曲に、猪八戒が自分の素性を言う場面があります。自分は元々摩里支天菩薩の御車将軍だという。今の猪八戒は天蓬元帥というふうになっていますけれども、元々は摩里支天という仏様の御車将軍だという。ところが、中国でのお役人の役目を見ると、御車将軍とかいう官職はありません。実は、これは摩里支天菩薩が乗っている豚のタクシーの、そこからとってきた豚らしいんですね。これは日本の仏画、日本

の密教なので、チョという猪という字ですから、いのししに描かれていますけれども、元々は猪という字の意味は豚なのです。豚、豚というと、猪年の人に怒られますけれども、それは宿命なのでお許しください。

　文字は猪ですけれども、実はこれは豚なんですね。豚といっても、ちょっとした、そんじょそこらの豚ではありません。これが実は自分の身分を語らって、実際は物語の作者が語らって、車、つまり摩里支天さまがお乗りになっている御車護衛の将軍さまであった、と言います。密教系仏画では摩里支天菩薩は月に乗っているので、月を運ぶ豚さんなんだと言い、そういう仏教縁者であったものを取り上げてきたと、その出自を暗示したわけです。

図版23　摩里支天（称名寺蔵、神奈川県立金沢文庫保管）

　摩里支天菩薩は密教で、特に元の時代は信仰されます。密教で信仰される摩里支天は顔が３面、正面が普通の女性の顔をしていて、もう一つは菩薩の顔をしている、もう一つは豚の顔をしている。そういう３面の顔をとります。当時、元の時代は、唐代に盛んであった中国密教はもう既にすたれていまして、モンゴル征服者がもちこんだチベット密教の影響を受けています。チベット密教では、マリチーといって、摩里支天、両方ともサンスクリットの音訳だと思いますけれども、その摩里支天をチベットのラマ教、チベット密教では特に信仰していたようです。ラマ教徒は、明け方に必ず摩里支天の名を呼んで礼拝するということからもわかります。

　少しやや後に描かれた、山西省の宝寧寺というお寺で描かれた明代の水陸画という仏画としての摩里支天、これにもちゃんと豚を連れています。これが摩里支天菩薩のお姿。

　ある物語の一主人公が、こういうふうに特別な形から出てくるということは、当然それは個性という形、特殊化という形で採用されて、物語に登場してきたことを意味します。

　つまり、この猪八戒の場合は、ほかの２人の弟子とは違って、３番目に出てくるこ

講　演

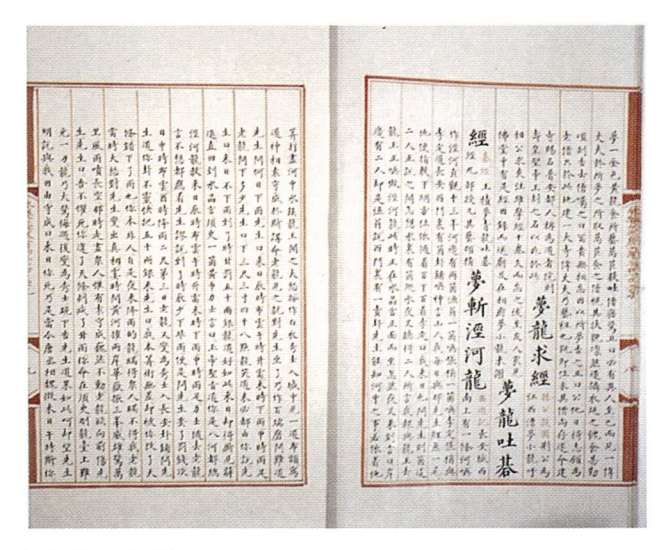

図版24　『永楽大典』（財団法人東洋文庫蔵）

の豚は、作品を楽しむ中での英雄像としてはめこまれ、絵として描かれるようになる。だから、その絵は信仰の対象としてよりは、むしろ既にアレンジされて、物語の主人公として、つまり楽しみの中の存在として描かれるようになる。だから、猪八戒はほかの弟子と比べて、かなりそういう面が重視され、おもしろおかしいキャラクターとして描かれるようになります。

　では、芝居ではなくて、小説西遊記はどうなっていたのでしょうか。

　展覧会でさわって良い本の中に、黄色で大きい『永楽大典』という複製本があります。本物が出来たのはおおよそ600年前ごろ、永楽帝が作らせた百科全書です。全部で約一万冊があり、全部手で書いたものです。その中の一冊に「夢」という見出し文字がある中に「西遊記」が引かれています。明の皇帝が大学者に作らせた本が『永楽大典』ですので、当時の皇帝や学者、役人たちが「ものがたり」を読んでいたことがうかがえます。『永楽大典』の「西遊記」は、太宗皇帝が地獄へ行く原因となった部分のみが残されていますので、その全体は不明ですが、今ある『西遊記』に近づいて来たことが知られます。

　『永楽大典』の原本は今は一冊もなく、約150年あとに嘉靖皇帝が写した副本が1000冊弱残っています。今紹介した本も、その時の副本で、これも写本です。大明国でもお金がなくて、木版印刷が出来なかったからのようです。なくなった9000冊は全く行方しれずで、イギリスやフランス、日本、ロシアなどの人々が手に入れました分と中国に残った分すべてあわせて1000冊弱あるだけです。もしみなさんが、どこかで黄色

い表紙で大きい本、表に「永楽……」とあったものを見つけたならば教えて下さい。すぐ、私がティシュー一箱もって交換に参上します。ご不満でしたならば、カラスの近づかない黄色のゴミ袋をおまけにおつけいたします。

　明代の中ごろから西遊記が発展して行く場合、主人公や登場人物に、地域にある民間土俗信仰などをいろいろひっつけて話にふくらみを持たせるようになります。孫悟空、元の時代に登場した孫悟空は意外にも両面的な性格を持つ猿で、取経の旅の前は悪い暴れ猿、奥さんもいる。ところが、三蔵に帰依するとまじめ一方の猿になる。そのまじめ一方の猿の性格を孫悟空の場合、特に大事にしていくため、元代よりは後の作者はやくざな部分、猿が持っていたやくざな部分を全部、猪八戒、つまり豚にくっつけます。だから、猪八戒は、女好き、博打好き、怠け者、寝るのが好き、食うのが好き、三蔵が持っていた食べることが好きだった性格、そういう要素もみんな猪八戒に押しつけられる。だから、猪八戒のイメージは、そういう形で、少し崩れた形が強調されるようになる。つまり、物語ではすべてマイナスとして描かれる存在になってきます。

　もちろん、それだけで猪八戒像ができているのではありません。当初の三蔵法師の物語が発展し、明後期の完成段階では、猪八戒は、例えば天蓬元帥という元帥のなれの果てだと言われる。天蓬元帥というのは、道教の護法神の一つで、こういう黒い顔をしている。先ほど申しましたように元代では、黒い豚の猪八戒として登場しましたので、黒い顔をした神様が猪八戒のイメージの拡充につれて、どうしてもくっつけられてくるようになります。結果として、猪八戒は摩里支天の御車将軍から少し昇格しまして、天蓬元帥という少し位の高い道教系の神様に変わっていきます。

　そういう猪八戒を神様的な面を強調する一方、もう一つは、性格を面白くするためにいろいろ汚れ役もさせる。例えば、物語では、猪八戒はよく死体を担ぐ役を仰せつかります。井戸でおぼれた王様の死体を運んでくるとき、猪八戒が裸になって井戸の中へ飛び込みますけれども、本来摩里支天の猪とは関係がありません。また、天蓬元帥とも関係がないようです。実は死体そのものと関係する開路神というのがあります。中国では、人が亡くなったとき、特に皇帝などが亡くなったとき、葬送の道の露払いをする、魔形を払い除き清めるための神様を作り出しました。道教の神様で、顔はこういう黒い顔をしている。普通は張りぼての人形をつくって、葬送の列の先頭に行進させます。どうもこれを猪八戒のイメージにくっつけたみたいです。だから、猪八戒

講演

は死体担ぎも葬儀の儀式にもたけた存在になるんですね。泣き屋になる場面も出て来る。小説の中でも、よく猪八戒は泣くのがうまいと言われますけれども、口がとんがっている豚が泣くのもうまいというのも妙ですが、その泣き屋も実は葬儀に欠かせない存在ですから、開路神とも縁つづきになるわけです。泣き屋という職業は、人が死んだときにその悲しみを世に示すために泣く専門業者で、中国に昔ありました。

さて、猪八戒の活躍を織り込んだ西遊記は、明の中頃、今残る西遊記の80％ぐらいが出来ていて、物語順序が少し異なる古い形で存在していたと思われます。取経の年月も、話が増えたので、12年かかってインドへ到着したとなっていました。この段階の物語は、山西省の田舎で行なわれていた奉納芝居の台本に引かれています。おそらく、もとの小説では、絵画、小説のさし絵を持っていたと思われます。

西遊記が萬暦時代に完成する直前、その中間的な本にもさし絵があったらしいことが、いくつかの資料でわかります。例えば、これは嘉靖の赤絵ですけれども、嘉靖年間に中国で焼かれたつぼにも、既に孫悟空の絵が入っています。嘉靖の時代は、西遊記が完成するおおよそ一つ前の時代ですけれども、物語がちょっと違うことがこの絵を見るとわかります。今日流布します西遊記では、孫悟空が降伏するのは観音ではなくて、例のお釈迦様の手によって調伏されるというふうになっています。しかし、これでは観音様によって調伏されるようになっています。前段階の旧本西遊記が既にこの時代には完成していて、こういう陶工の人たちも絵つけの題材にしていた。陶工というよりも、絵をかく人が参考にしていたということがわかります。

図版25 「五彩西遊記図壺」（『西遊記資料の研究』、東北大学出版会）

嘉靖時代の「五彩西遊記図壺」(「赤絵孫悟空図壺」)に先立つ孫悟空の姿を伝える資料は、先ほどの山西省宝寧寺水陸画にもあります。その一幅を構成する「一切巫師神女散楽伶官族横亡魂諸鬼衆」画つまり、亡くなった役者の姿を描いた供養の絵には、「孫悟空」役俳優像が描かれています。孫悟空役を務める俳優の姿と言いましても、実際は孫悟空そのものの姿です。飾り模様のある冠をかぶった孫悟空は、肩に芭蕉扇をかつぎ、黒い長靴をはいた三蔵帰依後の旅中における姿と思われます。

宝寧寺のある山西省には隊舞戯という巡回奉納芝居という演劇がありまして、西遊記物語はその重要な演目の一つに数えられていました(『迎神賽社礼節伝簿四十曲宮調』)。宝寧寺水陸画の孫行者像は、その隊舞戯で演じられた「西遊記」劇との関係が考えられるのです。

したがって、残された資料のイメージから考えれば、当時の古い西遊記にもさし絵があったことは当然推測できるわけです。

これは中国の秘密宗教の経典ですけれども、経典の中にもお経の権威を高めるために物語を取り入れます。経典にもさし絵があって、猪八戒はこういう頭の毛が逆立った豚の顔、孫悟空は人間の顔そのものとして描かれています。この経典には二種類の本があって、孫悟空が猿のものもありますけれども、人間の顔のものもあります。

この頃の取経ものがたりは、三蔵法師がインドへ行って帰ってくるまで13年間かかったといっています。今の西遊記は14年ですから、13年間は、あと1年、まだ足りないわけです。

第4　南京の本屋世徳堂が出した西遊記

もうそろそろ「西遊記」が完成する段階に入っていきたいと思います。

1592年、急に年代だけはっきり言いますけれども、万暦20年、1592年、ちょうど秀吉が朝鮮に軍隊を送って、東アジアが不幸な状態になった、そのときに、中国の南京で西遊記の完成版ができます。世徳堂という本屋さんが出した西遊記で、こういうさし絵が入っています。これは世徳堂という本屋さんがお抱えのさし絵師を雇って、本文の中に見開きの中に左右の1ページに、葉でいえば1葉ですけれども、入れる形になっています。これをキャッチフレーズとして本を売るようになります。

ただし、小説本文は全部中国語で書かれて、難しい漢字で書かれていますから一般

講　演

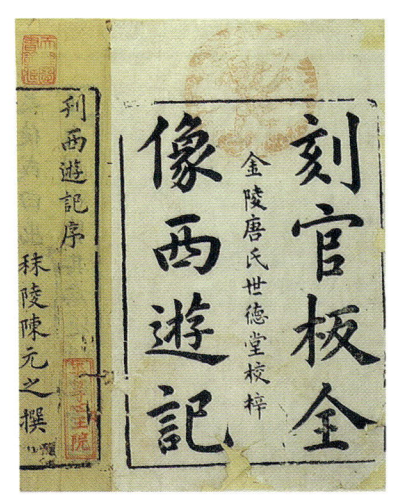

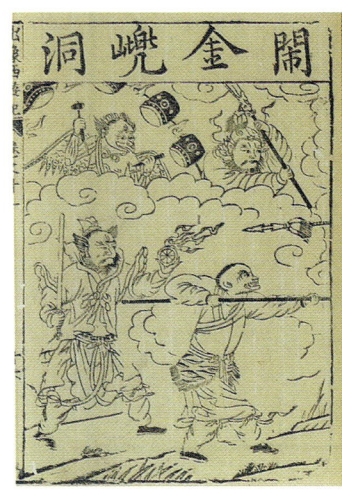

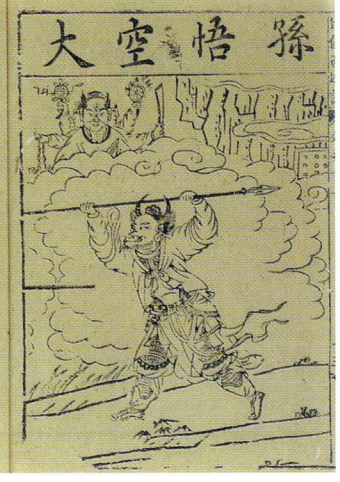

図版26　世徳堂刊西遊記（天理大学附属天理図書館蔵）

の人は読むことができませんし、この本の値段は当時のお金で、日本流にいえば、一つの目安ですが、おそらく小判が必要だったと思われます。儒教の経典と同じお値段なんですね。ですから、よほどの人でなければ買えませんでした。

　世徳堂によって印刷された西遊記の登場で、我々が知っている西遊記が、ほぼ完成します。そして、三蔵法師の一行に沙悟浄、そして猪八戒もそろいます。弟子の順序も改められて、孫悟空、猪八戒、沙和尚の順になります。ちょっと見にくいんですけれども、この猪八戒、よく見てみると、耳たぶが黒で描かれたり白で描かれたりしています。耳たぶが、豚にしては大きいんですね。中国の豚には大きいのがいるのかもしれませんけれども、普通は基本的には小さいと言われています。

　聴き得⑥、最新の西遊記研究最前線をお教えしましょう。世徳堂という本屋さん、出版社が印刷した本は、西遊記の本の中で一番古く、物語に詩や歌みたいなものが入っていて、当時の知識人によく読まれました。今日残っているものは３セット半で、いずれも日本にもともとありました。今までの研究では、１セットの版木から印刷されたと言われていましたが、どうやら２〜３種類の版木で刷られたらしく、さし絵がところどころ異なっています。初版らしきものは、半セットものである広島市立中央図書館本であろうと思われます。大名の浅野家が持っていた本です。

　世徳堂本が西遊記の完成版ですけれども、いくつかの難点がありました。それでもう一つ、後でまたさし絵を入れた、世徳堂本よりさらにいいさし絵を入れた決定版が出版されます。これは、李卓吾先生批評西遊記と申します。初版の本屋さんはよくわ

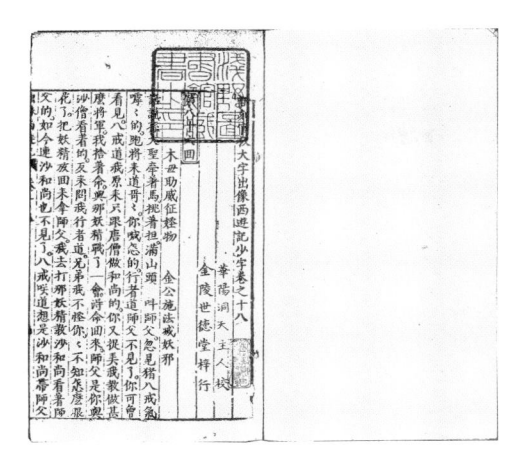

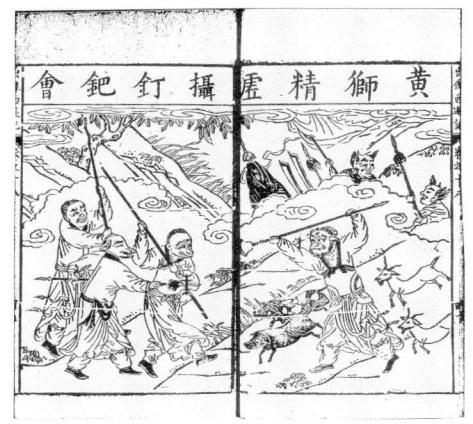

図版27 世徳堂刊西遊記（広島市立中央図書館蔵）

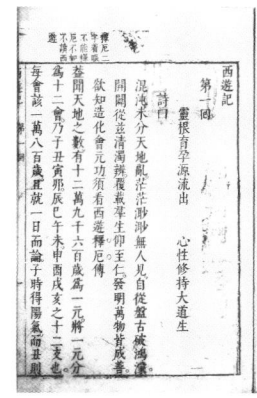

図版28 李卓吾先生批評西遊記（国立公文書館蔵）

かりませんが、南京では大業堂が重版しています。ただ、これは、やはり我々が知っている西遊記とは違います。第9回の部分の話が後で流布した西遊記と話が違うんですね。さし絵はすごく立派になっていまして、明朝の末期当時の有名な画工がさし絵をかいています。そして、絵の中にさし絵画家の名前を入れていまして、それを売りにしています。画工という言い方をしましたが、当時、版画、商業版画の下絵を描く人や彫る人たちは、芸術家として見なされていませんから、工人・工匠といったような扱い方をしました。今回は、絵が欠けた版本を展示しています。

　このさし絵もその一つです。これがはじめの方でふれた車遅国という元の時代からの物語が発展してきたものになっています。

　これは明の時代、いま申し上げた世徳堂という本屋さんや大業堂という本屋さんの絵ですけれども、よく注意して見ていただきたいのは、猪八戒とか沙悟浄なんかも含めてですけれども、みんな服装は明代の服装をしていて、きちんとした身なりをして

講　演

　います。今日、中国では、猪八戒は、腹を出してすごく下品に絵が描かれることが多いんですけれども、明の時代の猪八戒はへそは出さない、肌を出さない、立派な豚として描かれています。日本人はこういう明の時代の本を輸入して、さし絵から猪八戒とか孫悟空の姿を理解して、頭の中にそれ留めました。ですから、我々が懐くイメージは、明の時代の人に近いものがあります。

　こういうのが日本人の西遊記の絵の理解と言えましょう。時代が後になると、西遊記のダイジェスト版が出てきます。これは福建の安正堂という本屋さんが出した明の末期の本で、話を少し減らしてある少しお値段が安くなった本です。

　このころから本の形式が2通りに分かれまして、一つはさし絵が本文と交互に入っているものと、もう一つ、このように下が文章で上が対応するさし絵になっているものに分かれて行きます。あとのパターンの本では、さし絵の役割が少し変化しまして、一応絵を見れば筋はわかることになっています。しかし、詳しいことは下の文章を見なければわからないという形式になっています。これは中国の南方、華南地方の小説本の形式でして、華南、つまり福建省ではこういう形で本をさし絵入りで作って行く。ところが、北の南京、南京も南ですけれども、江南の地ですと、本文の中にさし絵を入れ込んで本を作っておりました。南京の本屋さんは作品の筋とともに、さし絵にこだわりました。一方の、福建の本屋さんは、さし絵の量にこだわる、というよりも、これを商売の目玉としたみたいで、絵は単純ですけれども、全部絵が入っていますよ、というキャッチフレーズで本を売る。つまり、さし絵が商業商品として価値づけられ

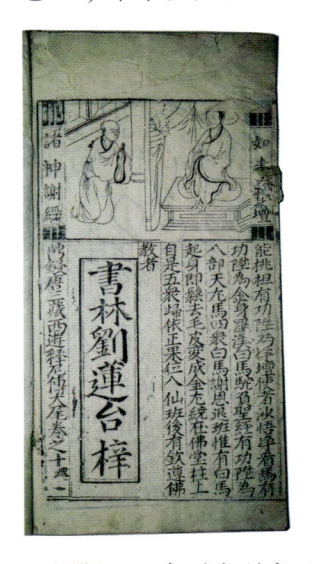

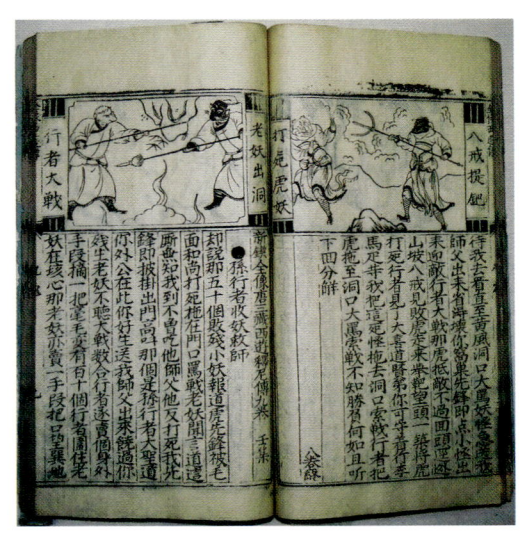

図版29　安正堂刊唐三蔵西遊伝（日光山輪王寺宝物殿蔵）

ていたと言えます。と申しますのも、本文はもう完成していますから、そこでは競えなくなった。つまり、さし絵世界で出版業界の生き残りをかけた戦いが始まってくる。だから、当然パクリも出てくるわけです。物語が完成してきますと、絵も競争になってきて、パターン化にしてくると、似たもの同志ということとなり、消費者の心をキャッチしにくくなる。すると、今度は、完成した物語に対して手を加えるようになる。ちょっとバージョンを変えた西遊記を売ろうという本屋が出てきます。それが安正堂の劉さんが出した本で、いろいろちぐはぐなよせ集めで本をまとめています。さし絵も数人の画工が描いたため、孫悟空がゴリラやチンパンジー、はたまた日本ざるの姿といった具合です。本当にサル真似です。

この本は、三蔵法師の出生にまつわる悲劇の物語を持ち、他刊本にはない物語上のセールスポイントとしていたのです。しかし、版本としては案外と粗末な出来ばえです。書名には『鼎鍥全相唐三蔵西遊伝』とあり、すべてさし絵入りの三蔵法師インド旅行ものがたりとしていますが、虚偽ではありませんが、決してセールスポイントとは言えるものではなかったのです。例えば、孫悟空の図像を見ると、先程申し上げましたように四種類に分けられるのです。孫悟空の姿を主観的に動物のさるの名を借用してみると、

　①ゴリラ型
　②日本猿型
　③オラウータン型
　④チンパンジー型

といった統一性のない絵になっています。この本屋さんは朱鼎臣という人の編集で短時間で仕上げ、『西遊記』ブームに便乗してひともうけしようとしたのでしょう。

これはなにも『西遊記』に限ったことではありません。三国志演義という中国の人が最も好む小説にもあてはまり、出版元は劉備や曹操といった主人公をさし絵で勝負するだけではなく、史実の関羽にニセ息子をつくり出し、父子対面の場面を設け、適当なところで亡くなったことにした本があると思えば、関羽の死後、孔明のもとを訪ねる本などがあります。ひどい本になると、一度死んだはずの関羽の息子が、いま一度復活することになったと展開する本もあります。三国志演義については、明日最後に登場される金文京先生が、この道の世界的権威ですので、ぜひまた来て下さい。小説がいくら虚構、フィクションとは申せ、前後のつじつまが合わない話は、もう物語

講演

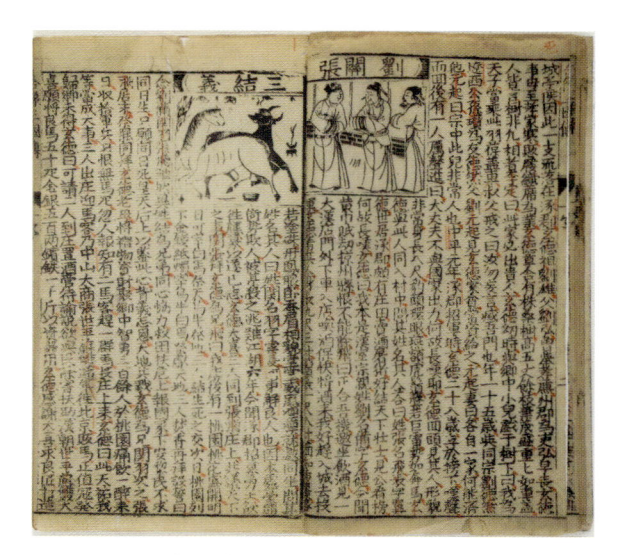

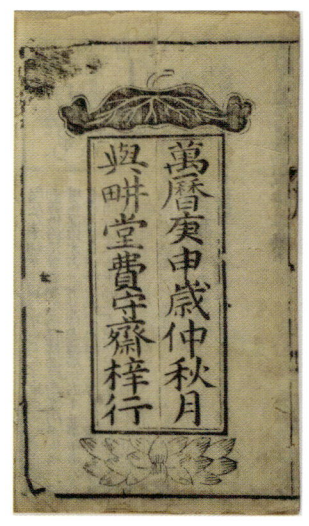

図版30 費守斎刊三国志伝（東北大学東北アジア研究センター蔵）

ではありません。しかし、勇気満々、何でもありというのが、今から400年前の福建省の出版社でした。

第5 さし絵の出張

明も末期になると、さし絵は一つの物語の制約をはなれて、他の物語に顔を出したりしますし、独自の世界を作ったりします。全く別の物語である東遊記、つまり『新刻八仙出処東遊記』にも、書林余文台と提携していたらしい画工の手になる挿入画が上段に描かれ、孫悟空である斉天大聖が八仙の味方として登場しています。これは南遊記、『刻全像五顕霊官大帝華光天王伝』でも同じで、『西遊記』画を意識した斉天大聖を描いています。一方、年画と呼ばれる単独の絵画にも小説のさし絵が出張しています。年画の一大産地であった蘇州では、王君甫という人が『説唱全本大閙天宮』という小冊子のぬき出し西遊記を出しています。これにはさし絵はありませんが、王君甫は別に「三蔵西天取経」と題する多色刷の年画も出しています。この年画は、中央上部に西天雷音寺で拝仏する唐三蔵・悟空・八戒・悟浄を描く他、右下に長安を出立する唐三蔵と侍者二人の徒歩姿などを描き、『西遊記』各物語が双六形式に描かれています。『西遊記』のもとである玄奘三蔵の西天取経伝説が、早くも唐代に寺院に描かれたことは最初に申しましたが、小説のさし絵が壁画のほか石に雕られるまでになっています。物語の性格から、『西遊記』の絵画がその作品の流布に従って寺院に描か

図版31　南山寺西遊記浮
　　　　雕（筆者撮影）

れるようになることは容易に想像されます。その一つ、仏教聖地五台山にある南山寺には、清代の西遊記壁画があります。南山寺の下寺、極楽寺の大雄宝殿に安置される元代十八羅漢の仏像群の背後に、西遊記壁画があります。内容は小説西遊記から取材したもので、各話の代表的場面が彩色で描かれています。大雄宝殿の西遊記壁画とは別に、南山寺の上寺、佑国寺には、レリーフの西遊記画が三国志演義画などともにございますし、普化寺にも、同類の石雕西遊記画がありました。

第6　西遊記ビックリうら話

　そろそろ西遊記トピックの時間になりましたので、西遊記の成り立ちについての聴き得シリーズはこれくらいで切り上げ、びっくり西遊記うら話に移りましょう。
　秘密の話、その①です。三蔵法師についてです。テレビなどでは、三蔵法師は優しい坊さんと描き、女性が演じています。もしかしたならば、みなさんも、三蔵法師が女性と思っている方もいるかもしれません。確かに、小説では、ちょっと太めのやさしい美男子と表現していますし、さし絵でもそのように描いております。ですから、妖怪たちも、太めの三蔵法師をむし焼きにして食べたい、なんて言っているのです。ところが、1400年前の実在のお方は、陳玄奘さんといい、砂漠で日干しになって死にそうになったり、インドへの途中の旅で、お寺で勉強して、外国語がペラペラになったりした冒険家で、おそらく日焼けした真っ黒な骨太の姿をしていたのでしょう。大きなリュックを背負って、弁当を食べながら地球の半分を16年かけて歩き回った人物

講　　演

でした。それに、お兄さんやお姉さんもいた人で、河南省の出身です。むかし、河南省を調査したとき、玄奘飯店という看板を出しためし屋を見たことがあります。横浜の中華街にある立派なお店とは格段の差がありました。もしかしたら、いまでは、西遊記ブームで、レストラン三蔵法師なんて言っているかもしれませんよ。

　秘密の話、その②。三蔵法師のお弟子さんについて、紹介しましょう。孫悟空というサルや猪八戒というブタさんについては、物語の成り立ちでお話をしていますので、ここでは沙和尚、沙悟浄についてみてみましょう。

　三蔵法師の弟子と申せば、サル、ブタ、カッパということになっていますが、歴史の上では、まず白馬、次いで虎という資料が残っています。なぜ、馬で、それも白馬かと申せば、玄奘三蔵がインドから帰るとき、お土産をどっさり持って来たので、馬に積んで来たのです。白い馬は、インドから初めて仏教が中国に伝わった時、お経を白馬に載せて来たことから、白馬と決まったのです。小説ではスーパー白馬、ちょっとJRの電車みたいですが、その白馬は龍の子供が変化したことでスーパー白馬になったのでした。

　白馬は弟子と言うよりも、運送係ですね。今では白馬は山の名前となってしまいまして、かわりに黒ネコやカンガルー、ペリカンが活躍していますが。

　敦煌では虎をつれた坊さんになりますが、荷物は三蔵法師がかついでいます。虎の背中に荷物を載せると、いばっていて、恐ろしくて力強い虎も、背骨が折れそうだと考えたからでしょう。虎が弟子であったかはわかりませんが、最初に弟子の礼をとる妖怪が現われました。沙悟浄のご先祖、砂漠に住む深沙神王です。

　深沙神王の由来をたどれば、話がくりかえしになりますが、玄奘三蔵がインドへの途中、砂漠の中で道に迷い、ミイラになりそうになった時、天の神さまが夢に現われ、ここで寝ているとカゼをひくよと言ったとか言わないとかありますが、その神さまが深沙神王、もしくはその親分筋の毘沙門天と言われます。もともと、本物の玄奘三蔵がインドへ行った時、お釈迦様の説法で砂漠にいる曠野鬼伝説が語られていた、とメモしているので、その夜叉と取経の旅で砂漠の中で見た三蔵の夢の話をもとに、後の人が仏教の仏さまの一人に深沙神を作り出し、三蔵法師の弟子としたのかもしれません。唐代の三蔵法師物語には、深沙神が出て来て、三蔵法師が大般若経を中国にもって来るのを助けたとあり、仏画の仲間に入っています。しかし、深沙神、なかなかの悪で、三蔵法師がインドへお経を取りに行くのを邪魔します。宋代では、２回深沙神

の妨害で命をおとし、今の西遊記では8回食われてしまいます。深沙神は三蔵を食べて、その残りの頭の骨は、首輪にしてあそんでいましたが、毘沙門天の守りを得た三蔵法師が来ると、降伏して、先ほど申しましたように、橋を砂漠にかけて無事通します。毘沙門天は深沙神の上司でしたから、今回は逆らうわけにはいかなかったのですね。

　元代になると、深沙神王という仏様の信仰が下火になりましたので、この時期の編集者は、深沙神王の沙字を取って沙和尚、つまり沙漠の坊さまと改名します。砂漠は中国の人々にとっては西方にありますので、そこの坊さんは、ちょっとイスラム風、アラビア風のイメージ、もしくはガンダーラ風味が少々色あせた姿にします。和尚という名から、沙和尚は妖怪というよりも、人間の姿になります。この自然なイメージによって、姿は人間、住みかは砂漠の中ということになり、孫悟空がサル、猪八戒がブタに比べると、イメージキャラクラーが作りにくくなります。宋代では、お猿の行者が三蔵の弟子となってお伴をしますが、深沙神は第一の弟子、もしくは別格の本山として扱われていましたが、元代に西遊記と物語が改名すると、二番弟子、そして、西遊記が完成する頃になると、猪八戒にぬかれて第3番目の弟子と、次々と格が下っています。そして、今では、三蔵の荷物の番人ばかりやるはめになりました。注意しなければならないのは、西の砂漠流沙河に住む坊さんということで、明の世徳堂本という完成体の話では、イスラム風とばかりに耳にイヤリングをした背の高いいがぐり頭の、はだの色は青でも黒でもない、水泳の得意の坊さんとしたことです。おそらく、中国の南に住んでいた人が、流沙河という河に住む人ということで、泳ぎが上手と考えたのでしょうが、陸に上ったカッパのような話で、砂の中では泳ぎも出来なかったでしょう。日本でも、江戸時代、初めて西遊記を読んだ人は、河に住む妖怪ということで、沙和尚のイメージをカッパにしました。つまり、砂漠でひからびたカッパ沙和尚ということになりました。当時の日本人もそうですが、中国の南方に住む人々は砂漠を知らないために、河という文字から水を連想したのでしょう。

　西遊記の最終完成者は、もともとスーパー坊さんであった三蔵法師のイメージを分解し、三人の弟子に与えました。勇気や智恵は、サルの孫悟空、人の心の弱い部分、つまり、ケチ、ずるい、ひねくれもの、手癖が悪いなどはブタの猪八戒に。そして、心の迷いや判断力の欠如、流されやすい性格は、沙悟浄に。もちろん、いつくしむ心、兄弟愛など、仏さまの説いた良心は、師匠の三蔵法師はもちろん、多少なりとも三弟

講　演

図版32　蓮華座上の深沙神（『大正新脩大蔵経』図像第5巻『覚禅鈔』）

子も持っていますが、その量です。三弟子に人が持つ様々な心が分与されたため、三蔵法師はすっかりカラッポな人間になってしまいました。ですから、西天へ到着するまで、いつも心に魔が生ずることになりました。

　沙和尚はちょっと中途半端な人間のようなイメージに仕立てられましたので、強烈な個性に乏しく、西遊記では目立たない存在になってしまったのです。それを心配したのが、日本の作家中島敦です。中島敦はフェリス女学院の先生でしたね。悟浄についての問題作二本を書いています。みなさんも、夏休みの読書感想文に中島敦を選んではいかがでしょうか。

　後で申しますけれども、孫悟空とか、猪八戒もそうですけれども、みんななぜ空を飛べるか。昔の人は考えて…。そうです、仏教世界では、空を飛ぶには、仏に成ったあかしとして唯一描かれる蓮華座に乗ると、空にも飛べるし、海にも沈まないという便利な道具、蓮華座がありました。そのような蓮華座をかいて、神通力を象徴させる場合もあります。だから、お釈迦様なんかみんな偉いから、蓮華の上に乗った姿で描かれている。もちろん蓮華の花というのはいろいろな意味がありますから、それだけではありませんけれども、そういう意味も、絵にはあります。

　最後に念をおさせていただければ、唐代の三蔵の取経ものがたりは断片的な伝説が多く、とりわけ密教エキスを吸って成長しはじめたこと、三蔵の弟子はある時はかたきの深沙神か虎であったらしいこと。

　宋代になると短いながらも物語となって、さるの行者が弟子になり、深沙神も弟子になったらしいこと、さし絵があったらしいことなどが注目点です。

元代では物語が初めて西遊記といい、サル、沙和尚、八戒の順で三弟子がそろったこと。

　明の中頃まででは、孫悟空、沙和尚、猪八戒という弟子順で現在の西遊記の80％が出来ていて、やはりさし絵があったので人々にイメージが広がったと思われること。

　そして、明の萬暦20年の西遊記で今日の西遊記が完成し、全さし絵入り本が出来たことなど、記憶に留めて下さい。

　小説のさし絵について申せば、美術品という以外にも、多様な歴史的データが埋め込まれていますので、小説を読みながらさし絵の効果というものを考えて下さい。

　時間が長くなり、いささか沙和尚に的を当てて話をまとめましたけれども、これで終わらせて頂きます。

基調講演

新出土資料から見た書籍の流通

浅野　裕一（東北大学大学院環境科学研究科）

磯部　浅野先生は今、東北大学の教授でいらっしゃいまして、職業をご紹介するよりはご著書がたくさんありまして、最近では私も拝読させていただいた本として『孔子神話――宗教としての儒教の形成――』という、今までにない孔子の姿を紹介されまして、学会に衝撃を与えたということがあります。

　浅野先生は、ご専門は先秦という、今から2000年以上前の中国の「諸子百家」のご研究でほかに肩を並べる方はいらっしゃらないという、日本を代表する世界的な学者でいらっしゃいまして、今、中国で出土されている竹簡とか木簡のご研究をされています。

　今日は、そういう古くていちばん新しい出土文物の最前線のお話をいただくことになっているわけです。中国の人も同じような土壌で研究されていますけれど、浅野先生はそういう儒学的な研究のご教育も受けられていて、いろいろ多芸な方でもいらっしゃいます。現在はとりわけ古くて最先端のご学問を今やっていらっしゃいます。本日はまたちょっとご無理を願ってご講演いただくことになっております。いつも無理を承知で丁寧にお願いしていますので、今回も気がつけば浅野先生ご本人はここにいる、ということになりました。

新出土資料から見た書籍の流通

　ただ今ご紹介にあずかりました浅野と申します。今を去ること５～６年前だったでしょうか、東北アジア研究センターの廊下を歩いていましたら、向こうから磯部先生がやってきまして、「浅野さん、特定領域のなんだかかんだかに入ってくれ」と言われまして、なんのことだかよく分からなかったのですが、おそらく名義貸しで名前だけ貸せばいいのだろうというので「はいはい」と返事をしましたら、なんか特定領域研究のメンバーになってしまいました。あとで磯部先生から「名前だけではなく、本当に研究するんだ」と言われて非常に驚きまして、だまされたという思いが強かったのです。

基調講演

　数ヵ月前、東北大学の構内で建物の外に出てたばこを吸っておりましたら、向こうから磯部先生がやってきまして「8月に横浜でなんだかかんだかだ」と言うので、なんだかよく分からなかったのですけれど、金ももらってしまったことだしと思って、「はいはい」と返事をしまして「しまった」と思ったのです。だいたい磯部先生と構内で出くわすとそういうことになるので、なるたけ会わないように心掛けてはいるのですが、どうも肝心なところでばったり出くわしてしまいます。

　それで、レジメを切るときには、どういう方々が会場に集まってこられるのかよく趣旨が理解できませんで、おそらく一般の方々が集まってくるのだろうという、至って初心者向けのなめたレジメを作ってしまいました。あとでプログラムを見たら、特定領域に参加していた先生方の名前があちこちに出てくるので「しまった」と思ったのですが、今朝方、会場に来てみたら一般の方もおられるということで、なんとかこれを使ってごまかしてやろうというふうに安堵いたしました。このレジメは、以前私が書いた本の一部を切り張りして作ってきました。最初に張ったところが少し斜めにゆがんでおりまして、私の性格を反映しておりますけれども、少しずつ読みながらお話しして行きます。

　1970年代以降、中国では古代文献の出土が相次いでおりました。いちばん最初は1972年の銀雀山漢簡の発見。これは、2枚目の下の段に地図を載せて置きましたが、中国の北東部山東半島、昔の国名で言いますと斉の領域にあった墓から出土したものです。これはまっとうな考古学者が発掘したものではありませんで、土木作業員のような人がたまたま見つけて、つるはしでガンガン掘って中の物を取り出したということなのです。

　それをルポルタージュした本が岩波書店から今月の20日ぐらいに出ると思いますが、私も手伝わされました（岳南『孫子兵法発掘物語』岩波書店・2006, 8, 22.）。主に孫子をはじめとする兵法書でして、その孫子の竹簡本のテキストを使って私も孫子の注釈書を出したことがありますが、全くの切れ切れの断片でして、どうしてこんなにも保存状態が悪いのだろうと不思議に思っておりました。そのルポルタージュの原稿を読みましたら、ぜんぜん専門家でない人たちが発掘したものですから、棺の周りにあった副葬品を取り出すときに竹簡の束があったのですが、それをなんかワラ束か枯れ草だと思ったらしくて、わしづかみにしてガッとすくい上げたというのですね。そのとき真っ二つにバサッと折れてしまった。そのあと、地上に持ち出したやつを大八車にボ

レジメ1上

　一九七〇年代以降、中国では古代文献の出土が相次いでいる。一九七二年の銀雀山漢簡の発見、一九七三年の馬王堆帛書の発見、一九七五年の雲夢睡虎地秦簡の発見などがその代表的なものである。だが古代思想史研究の上で特に重要な意義を持つのは、一九九三年十月に湖北省荊門市郭店一号楚墓から発掘された郭店楚簡と、一九九四年に上海博物館が香港の骨董市場から購入した上博楚簡であろう。

　この二種類の戦国楚簡は、戦国中期（前三四二年～前二八二年）の後半、前三〇〇年前後の写本と推定されており、先秦の文献だと伝承されている書物が、本当に先秦に成立したのか、それとも秦・漢以降の成立なのかを判断する上で、貴重な手掛かりを提供する。

　また、あるテーマの思想が戦国中期以前にすでに成立していたのか、それとも秦・漢以降に成立したのかを判断する上でも、有力な手掛かりを提供する。したがって郭店楚簡と上博楚簡の発見は、これまでの古代中国思想史を大きく書き替える可能性を秘めているのである。

　本書は上博楚簡に関する論考のみを収録するが、郭店楚簡に関連する内容をも含むので、まず郭店楚簡について簡略に説明して置こう。湖北省荊門市博物館は、二度にわたる盗掘の被害を受けたのち、一九九三年十月に湖北省荊門市郭店の一号楚墓に対して、緊急の発掘調査を実施した。

　その結果、人骨や楽器・鏡・櫛・耳杯など多くの副葬品とともに、折東のように固まった状態で八〇〇余枚の竹簡が出土し、その中の七三〇枚に文字が記されていたが、その文字はいわゆる先秦の古文であった。郭店一号楚墓は、春秋・戦国時代の楚の都・郢（紀南城）の北方九kmのところにあり、辺り一帯は楚の貴族の墓陵地だった場所で、多くの墓が密集している。そして郭店一号楚墓の墓主も、楚の貴族だったと推定できるのだが、副葬品の中に墓主の下葬年代を特定できる直接的手掛かりは発見できなかった。

　しかし中国の考古学者は、さまざまな副葬品の様式変化に基づく編年から、その造営時期を戦国中期（前三四一～前一八二年）の後半、前三〇〇年頃と推定した。この推定は、一九八六年から一九八七年にかけて発掘調査され、副葬品の紀年資料から前三一六年の造営であることが確認された湖北省荊門市の包山二号楚墓を始め、江陵周辺の多くの楚墓から出土した副葬品の分析から得られた編年による年代推定である。このような豊富な資料を用いた考古学的編年に依拠した年代推定は、大枠で動かないと見てよいであろう。

　まず郭店一号楚墓が位置する楚の墓陵地に関しては、『史記』に次のような記載がある。

　　其の明年楚を攻め、郢を抜きて夷陵を焼く。遂に東のかた竟陵に至る。楚王亡げて郢を去り、東に走りて陳に徙る。秦は郢を以て南郡と為す。（白起王翦列伝）

　中国の研究者はこの『史記』の記述を踏まえ、前二七八年、秦の将軍・白起が楚都・郢を占領した時点で、楚の貴族集団は紀南城を放棄して東北に遷都し、紀南城周辺の墓陵地もまた放棄されて、以後南郡として秦の直轄支配を受けたこの地に貴族の墓が造営されることはなかったとする。こうした歴史的経緯を踏まえるならば、郭店一号楚墓の造営時期の下限は前二七八年であり、下葬時期をそれ以降に引き下げることは、物理的に全く不可能となる。

　出土した竹簡は、荊州市博物館や荊門市博物館の研究者の手によって解読・整理され、写真と釈文を収めた『郭店楚墓竹簡』が一九九八年五月に文物出版社から刊行された。それによれば竹簡は、竹簡の両端が平斉であるか楔形であるか、竹簡を繋いでいる編綫の数が三道であるか二道であるかといった形状の相違や、寸法の差異など、簡式上の特色や、書体の差異、及び内容などから、次の十六種類の文献に分類・整理されている。

基調講演

レジメ１下

この中、（１）と（２）は道家系統の著作、（３）から（12）の十篇は儒家系統の著作、（13）から（16）は短文から成る教育用の格言集だと考えられる。また（１）の『老子』甲・乙・丙は、完本を節録した三種類の抄本だと思われる。

この郭店楚簡の発見は、戦国時代の墓から思想関係の文献が出土した初めての例であり、その意味で画期的な意義を持つ。郭店楚簡は、戦国中期（前三〇〇年頃）の楚墓からの出土であるため、その中に成立時期をめぐって論争が重ねられてきた書物が含まれていたり、その書名が記されていたりすれば、その書物が先秦の古書であること確定するとともに、成書年代が前三〇〇年頃より前であることもまた確定する。郭店楚簡が持つ最大の意義はまさにこの点にある。

次に本書が扱っている上博楚簡について解説する。一九九四年に上海博物館は香港の骨董市場から一二〇〇余枚の戦国楚簡を購入した。この上博楚簡はフリーズドライの方法で三年かけて保存処理されたのち、一九九七年から解読と整理が進められた。最初にこの発見を報じた一九九九年一月五日付けの「文匯報」は、この戦国楚簡の総字数は約三五〇〇〇字で、儒家・道家・兵家・雑家などの文献八十数種にわたり、その大半は後世に伝わらなかった佚書だと記す。また八十数種の文献中には『易経』『詩論』『緇衣』『子羔』『孔子閒居』『彭祖』『楽礼』『曾子』『武王踐阼』『賦』『子路』『恆先』『曹沫之陳』『夫子答史籀問』『四帝二王』『曾子立孝』『顏淵』『楽書』などが含まれていると報じた。

このうち『孔子詩論』『緇衣』『性情論』など三篇を収めた『上海博物館蔵戦国楚竹書（一）』が二〇〇一年十一月に、『民之父母』『子羔』『魯邦大旱』『従政（甲篇・乙篇）』『昔者君老』『容成氏』など六篇を収めた（二）が二〇〇二年十二月に、『周易』『仲弓』『恆先』『彭祖』など四篇を収めた（三）が二〇〇三年十二月に刊行された。

また『采風曲目』『逸詩』『昭王毀室・昭王與龔之脾』『柬大王泊旱』『内礼』『相邦之道』『曹沫之陳』など七篇を収めた（四）が近く刊行されるとのことで、この上博楚簡の報告書は、今後第五分冊と第六分冊を刊行して、全六冊で完了する予定である。

上博楚簡は盗掘品であるため出土地点は不明で、副葬された時期もはっきりしない。もって中国科学院上海原子核研究所において、炭素14を用いた年代測定が行われた。その測定結果は二二五七±六五年前で、一九五〇年が国際定点であるから、上博楚簡は前三〇八±六五年、つまり前三七三年から前二四三年の間の書写となる。また出土地点に関して『上海博物館蔵戦国楚竹書（一）』前言は、湖北省からの出土とする話を紹介し、郭店一号楚墓から盗掘された可能性を示唆する。さらに副葬時期についても、竹簡や字体の分析、郭店楚簡との比較から、楚が秦の攻撃を受けて郢から陳に遷都する前、前二七八年以前と推定している。とすれば上博楚簡の書写年代は、前三七三年から前二七八年の間となる。

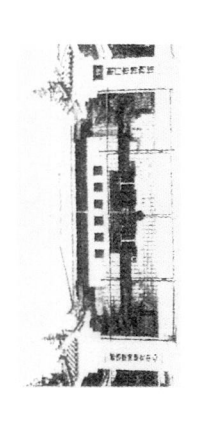

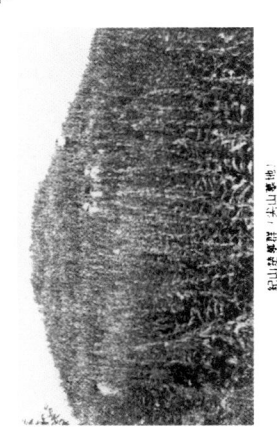

レジメ2上

大 一 生 木

魯 穆 公 問 子 思

略年表

西暦	事項
B.C.2500~B.C.2000	龍山文化(新石器時代、都市的集落が出現)
B.C.2000~B.C.1600	二里頭文化(青銅器時代の始まり、夏王朝と推定)
B.C.1600~B.C.1100	殷(文明化と自然破壊の発達、甲骨文字の使用)
B.C.1100~B.C.770	西周(都市文明が発達、『詩経』の一部が成立)
B.C.770~B.C.403	東周・春秋(後期に斉の晏嬰、孔子、墨子などが活動。また『老子』『太一生水』『恒先』などの道家思想が、春秋末から戦国前期にかけて形成される)
B.C.403~B.C.343	東周・戦国前期(楊子・子思、呉起、申不害などが活動)
B.C.342~B.C.282	東周・戦国中期(孟子、荘子、慎到、商鞅、尹文などが活動)
B.C.281~B.C.221	東周・戦国後期(公孫龍、荀子、韓非子などが活動)
B.C.221~B.C.207	秦(焚書、文字統一が行われ、『唯甲子』が弾圧される)
B.C.206~B.C.202	楚漢抗争期(項羽と劉邦が覇権を争う)
B.C.202~A.D.?	前漢(武帝のときに『唯南子』が編纂される)

基調講演

レジメ2下

魯邦大旱哀公胃孔=子不爲我圉之孔=含曰邦大旱毋乃遊者型與熹摩唯

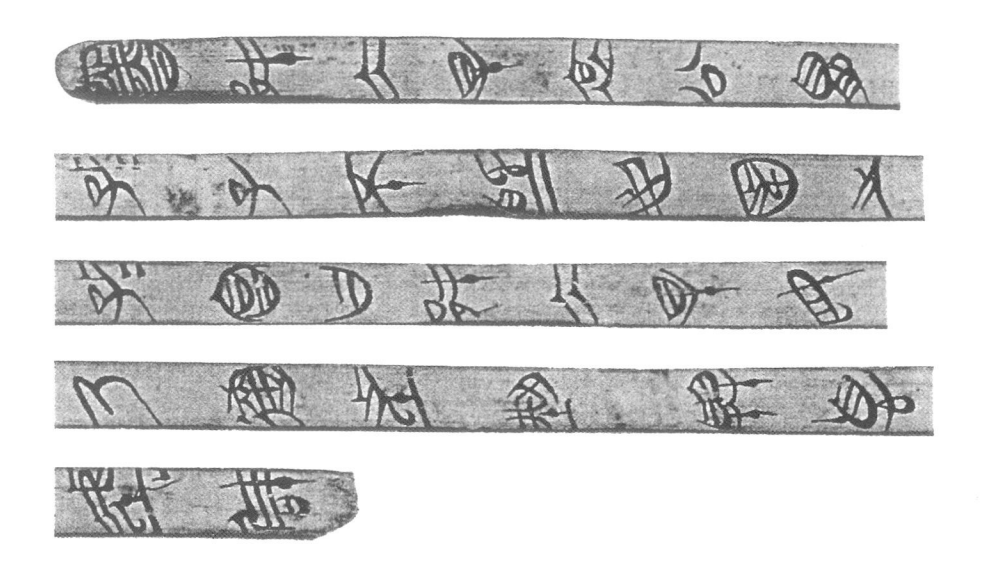

栗大王泊溥命龜尹羅貞於大頭王自臨卜王合曰而立王滄至

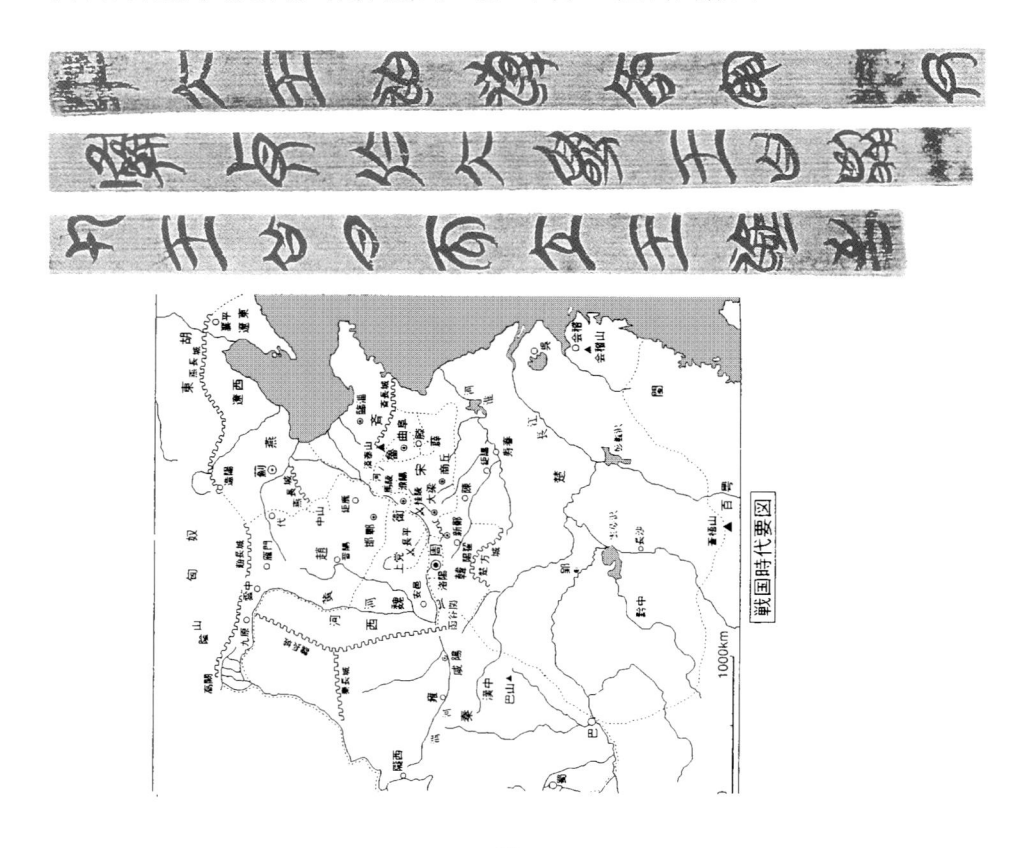

戦国時代要図

図版1．帛書が出土した馬王堆三号漢墓の墓坑

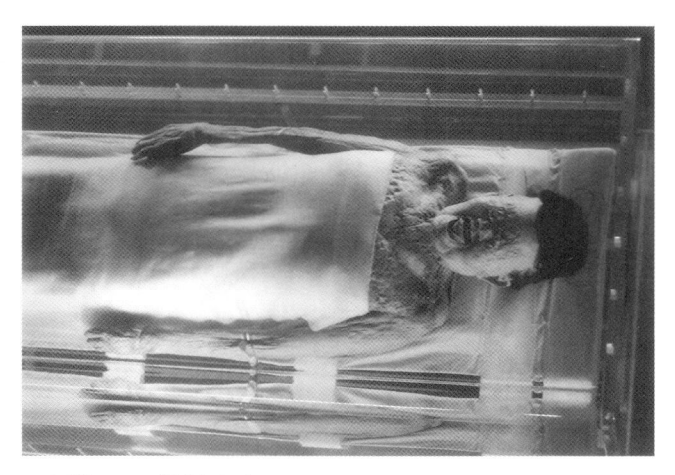

図版2．軑侯夫人のミイラ（湖南省博物館）

ンと置いたが、大八車を引いてる間にもバラバラに壊れてしまったとか、そういういきさつが書いてあります。なるほどそれで保存状態がこんなにも悪いのかと。

折しも文化大革命の頃でしたので、古代の文物は封建制を象徴するものだから抹殺しなければいけないという紅衛兵の運動がありまして、銀雀山の漢簡も危うくことごとく破壊される危機があったというようなことが、そのルポルタージュに書いてあります。これが最初の例です。

次が1973年の馬王堆帛書。これは、前漢ができたときに長沙王国という王国がつくられますが、日本風に言えば、その王国の家老の家柄であった軑侯・利蒼という人物の息子さんの墓が発掘されました。ここからは帛書（絹に書かれた書物）が大量に出て参りました。絹は非常に高いので、ノートブックに使うにしては大変高価なわけですが、長沙王国の家老の息子さんだということでお金持ちだったのでしょう、すべて帛に書かれておりました。軑侯の奥さんの墓も発掘されまして、奥さんのミイラが出てきたので、ご記憶になっている方も多いかと思います。それから3番目は、1975年に鉄道線路脇の溝から秦の時代の竹簡（秦簡）が発見されました。墓主は秦帝国の官僚組織の中では下層クラス、官僚とは言えない官吏の墓でして、主に法律関係の文書が出て参りました。

そのあとちょっと間があったのですが、古代思想史の研究で非常に重大な発見がありました。それは、1993年10月に湖北省荊門市の一号楚墓から七百数十枚の竹簡が発

基調講演

見されました。これはすべて思想関係の書物で、郭店楚簡と呼んでおります。それから、1994年に上海博物館が香港の骨董市場から千二百余枚の竹簡を購入しました。これは上博楚簡と呼んでおります。こういうふうに発見が相次いでおります。

この２種類の戦国楚簡は、戦国中期の後半（紀元前300年前後）の写本と推定されております。したがって、そこに入っている書物は先秦に成立したということが確定するわけです。従来、中国の古典とされているものが始皇帝の統一以前に成立していたのか、それとも漢代になってから成立していたのかということが激しい議論の的になっておりましたけれども、それに決着をつける非常に重要な手掛かりになる発見でした。

「本書は」と書いてあるのは切り張りしたからです。「上博楚簡に関する論考のみを収録するが、郭店楚簡に関連する内容をも含むので、まず郭店楚簡について簡略に説明して置こう。湖北省荊門市博物館は、二度にわたる盗掘の被害を受けたのち、1993年10月に湖北省荊門市郭店の一号楚墓に対して緊急の発掘調査を実施した」。中国の墓は、まず地面を下に向かって掘ります。この縦穴を墓といい、そこに棺を収めて槨室を密封します。今度は地面の上に丘のように土を盛って墳丘を作ります。ですから、地面の上が墳で、下が墓で、併せて墳墓。ですから古墳は確かに墳墓なのですが、今頃の日本式の墓は、墓だけあって上に墓標が立っているに過ぎませんから、あれは墳墓とは言えないのです。

近隣の農民が墳丘の土を削って自分の畑にまいたというのですね。畑の土にするのに非常に良いというので、削って行くうちに墓壙が現れてしまいまして、棺の一部がむき出しになったのです。「ああ、大変だ」と思っているうちに、誰かが棺のケツに穴を開けて、手を突っ込んで副葬品を盗んだというのです。「これは大変だ。そのうちなんとかしなきゃいけないな」と思っているうちに、二度目はもっと大きい穴を開けられて、もっと副葬品を盗まれたという至ってまぬけな話だと思います。

「これは大変だ」というので緊急の発掘調査をしました。そうしましたら、多くの副葬品と一緒に730枚ぐらいの文字が書かれた竹簡が発掘されたというのです。そこに書いてある文字は、いわゆる先秦の古文です。紀元前221年に秦の始皇帝は中国を統一しますが、その後、紀元前213年に文字統一をやります。いわゆる先秦時代の始皇帝が文字統一する以前の文字を古文（古代の文字）と呼んでいます。始皇帝が統一した後の文字を今風の文字、現代文字という意味で今文と称します。

これはいつの時点が基準になっているかと言いますと、漢の時代を基準にしていま

す。漢の時代の人は、自分たちが使っている文字を今の文字という意味で今文と呼びました。自分たちがもう使わなくなった文字、一時代前の始皇帝以前の文字を古代の文字、古の文字という意味で古文と呼びました。郭店の楚簡に記してあった文字は古文でありました。

　古文はどういう文字かということですが、2枚目の上の段に『太一生水』という書物の竹簡の写真を一部ですが載せて置きました。ここに記されている文字がいわゆる古文です。第1簡目の先頭から少し読みますと、大一、太いという字の意味ですが、点がありません。大というふうに表記されています。一は分かりますね。生もまあまあ似ています。水というのは、今の字とはかなり形が違っています。こっちの字体の方がいかにも水が流れているようで、よろしいのではないかというふうに思われます。

　「大一生水」、太一が水を生じた。この水の下に二というマークが付いていますが、これはリピート記号（重文記号）で二度読むという意味です。したがって次は繰り返して読みますから、次の文字は反対の反という意味でして。私は大学の教員を30年しておりますが、こういう機械（オーバーヘッド）は一度も使ったことがありません。まったくのローテク、アナログ人間なのでご迷惑をおかけしております。「大一生水」、水を繰り返して二度読みます。次の字は反という字なので、「水反りて太一を輔け、是を以て天を成す」と読んで行きます。一種の宇宙生成論、宇宙がどのようにして出来て行ったのかを記した書物です。

　皆様が持っているいわゆる今文の知識で読めるものもありますが、水のように非常に形が変わっているものもあります。「大一生水、水反輔大一、是以成天」、天の下にもリピート記号がありますから、「天反輔大一、是以成地」というふうに文章が続いて行きます。ただしスペースの関係で下の数文字を私がちょん切りましたので、続けては読めないようになっています。これが古文と言われるものです。

　隣にあるのは『魯穆公問子思』と命名された文献でして、一番上が魯という文字です。「魯穆公問於子思曰」の下から二番目、子思の思という字は下にハートが書いてあります。こちらのほうが心臓の原形に近いので、今の今文の心という字よりはこちらの方がいいのではないかという気もします。

　こういう字体が、始皇帝の文字統一以前に主に秦を除く東方の6ヵ国で使われていた古文と呼ばれている文字です。従来、『史記』や『漢書』に先秦の書物は古文で記されていたという記述はいっぱい出てきましたが、具体的にそれがどのような形をし

基調講演

た文字なのかは、文字資料がありませんでしたのでよく分かりませんでした。この郭店楚簡や上博楚簡の発見によって、初めて具体的に古文はこういう文字だったのだということが分かるようになりました。

もちろん読めない文字はいっぱいあります。それから、一応私が部分的に読みましたけれども、その文字はそういうふうに読むべきではない、そのように隷定すべきではないという意見もいっぱいありました。一つの文字に対して、こう読むんだ、ああ読むんだという異説が5も10も並び立つ状況です。ですから、完璧に古文が読める状態にはまだ至っておりません。

例えば2枚目のレジメの下の段、これは少し大きい写真ですが、これは元来1枚の竹簡であったものをぶった切って、横に並べて写真にしてあります。上海博物館の研究者が一応隷定した文字を脇に載せて置きました。「魯邦大旱」、魯の国に大日照りがあった。「哀公謂孔子、子不爲我圖之、孔子答曰」というふうに読みます。この場合、「孔」の字は孔と読んだあと、偏と旁のうちの偏（子）をもう一度読んで、「孔」一文字で孔子と読みます。「孔」の字の脇に二というマークが付いていますが、こちらはこの文字は二文字を一文字に合わせていますよという符号（合文記号）で、こういうのがいっぱい出てきます。

例えば夫という一文字だけ書いて大夫と読ませます。なぜなら、夫という字の中に大という字も含まれているからということなのです。よほどものぐさだったのか、ノートブックを倹約したかったのか分かりませんが、なるたけ字数を増やさないように増やさないようにしています。先ほどもお話ししたように、繰り返す場合にはリピート記号を付けて、そこの部分を二度読むというふうにしています。それを重文と呼んでいます。そういう書き方をしていたことが現物の発見によって分かって参りました。

例えば次は『柬大王泊旱』という文献ですけれども、楚の簡王を竹簡では柬大王と呼んでいまして、「柬大王泊旱、命龜尹羅貞於大夏。王自臨卜」と続きます。この先頭から五つ目の文字、非常に画数が多いのです。ところが、これは日照りという意味の字でして、前の『魯邦大旱』の4字目と同じ意味の文字です。なぜこんなに画数が多いのか不思議なわけですが、要するに「さんずい」のところを全部取りますと、この文字の一番右側のところに旱という日照りという意味の字が含まれているのです。したがって、これは旱という字に隷定されることになります。

文字数を非常に節約しようと一方でして置きながら、なぜこういう余計なアタッチ

メントをいっぱい書くのかは非常に不思議なのですが、古文では非常に多く見られます。非常に過剰に色々なものをくっつけるのです。もういらない「うかんむり」だの「しんにゅう」だの「さんずい」だの「てへん」だのをやたらにくっつけるという特色が見られます。そういう点で今文とは大きく異なります。そういう先秦の古文で書いてあります。

　中国の考古学者は、副葬品の様式変化に基づく編年から、その墓が造営された時期を戦国中期の後半（紀元前300年ころ）と推定しました。これは、隣近所にある周辺の多くの墓の発掘によって得られた副葬品との比較によって編年を作りまして、例えば髪をすく櫛ですと、時代が下るやつは櫛の目が非常に武骨で太く、時代が新しくなるにつれて櫛の歯が非常に繊細になって行くというように、パターンが変化して行きますので、それによって郭店一号楚墓はだいたいこのあたりだろうというふうに比定して行くのです。それでだいたい紀元前300年ぐらいというふうに考えています。私もそれが正しいだろうと思っています。

　ところが、わが国にはこういう戦国楚簡を研究するチームが二つしかないといいますか、二つあります。一つは東大のチームで、もう一つは私のチームです。東大チームのリーダーは「いや、そうではない」と。これはもう戦国も最末だということになるのでしょうか、意味不明なのですが、グーッと時代を引き下げます。そのとおりだとすると、この戦国一号楚墓と呼ばれているものは、戦国楚墓ではなくて漢代の墓になるはずです。私は激しく非難しまして、「それじゃ、漢代の墓になっちまうじゃないか。なぜ、それじゃ今文じゃなくて古文で書かれているんだ」というふうに口汚く罵っておりますが、相手はなんかゴニョゴニョと逃げ回って、はっきりしたことを言わないのです。

　台湾や中国に行ってその話をしますと、「そんなやつが日本にいるのか」と言って、周りの学者は失笑しています。私もしつこく非難を繰り返していますので、そろそろ改心して意見を改めたのかなと思いましたら、この会場の外に本屋さんの出店がありまして、そのリーダーの方の「帛書老子」の翻訳書がありましたので、買うのは嫌だったのでパラパラと立ち読みしましたら、後ろのほうに相も変わらず同じことが書いてありましたので、まったく反省の色がない（笑）。日本の学界の恥だというふうに思っていますけれども、地球上でそういうことを言っているのはそのチームだけなので、無視して構わないだろうと思っています。だいたい戦国中期（紀元前300年ころ）の墓

基調講演

だと考えて間違いないだろうと思います。

その後に、史記の白起・王翦列伝の一部を掲げて置きました。紀元前278年に、こちらの地図をご覧になっていただきますと、こちらの西の方に函谷関のちょっと西に咸陽という秦の都があります。この秦の都から真っ直ぐ南下しますと、川にぶつかります。ここで90度に向きを変えて東に進撃しますと、楚の都の郢にたどり着きます。秦の将軍白起に率いられた秦の大軍が、このルートを通りまして郢を攻撃しました。楚の軍隊は必死に撃退しようとしたのですが、戦いに敗れまして、楚の都の郢の一帯が秦の軍隊に占領される事件が起きました。

楚の王と貴族たちは、郢からほぼ45度の角度の東北の方に行っていただきますと陳という所があり、陳に都を移します。郢の一帯は秦の直轄支配地、いわゆる郡になります。南郡という新たな郡を作って、秦はここで占領行政を始めます。したがってそれ以降は、楚の貴族たちの墓が郢の近辺に造られることは全くなかったと言われています。したがって、郭店楚簡は278年以前に書写された書物だということが確定します。

それから、下の段に移っていただきます。少し省きます。1行空いているところです。「次に本書が扱っている上博楚簡について解説する。1994年に上海博物館は香港の骨董市場から千二百余枚の戦国楚簡を購入した。この上博楚簡はフリーズドライの方法で3年かけて保存処理されたのち、1997年から解読と整理が進められた」。

私もたびたび上海博物館を訪れまして、この文献の整理と解読にあたった馬承源館長以下のスタッフと懇談いたしまして、お話を伺いましたら、香港中文大学の張光裕先生という文字学者が、あるとき骨董屋の店先で変な物を見掛けて、なんだろうと思ったら、なんか竹簡状の物に文字が書いてあったというのです。よく見えなかったので、こうやって泥を払い落として写真に撮ったと。観察したらどうも見たことのない文字で、これは先秦の古文ではないかというので、FAXで上海博物館の馬承源先生に送ったと。

馬承源先生は青銅器の銘文などの専門家でしたので、見て「これは古文に間違いない。本物だろう」ということで買おうとしました。ところが骨董屋はものすごく高い値段をふっかけてきたというのです。とても博物館の予算では買えないので、上海市当局に要請して、かなりの財政支出をしてもらって買ったのですが、あまりにも高すぎて全部は買い切れなくて、金の工面がついた分だけを1回分として購入した。その

あとは、篤志家を募って、お金持ちに呼び掛けて寄付してもらって、お金を集めて2回目を買ったと。それでもまだお金が足りなくて、さらに寄付してもらって3回目を買ったというのです。3回に分けて買ったと。

　最初の発表では6分冊でもって刊行が終了するというお話でした。ところが、第1分冊には3篇しか収録されていなかったのです。全体で八十数篇あるというわけです。1分冊に3篇しか入っていなければ、6分冊だと3×6で18篇しか収まらないわけですから、それは不思議だなあと。6分冊ではとても全体の公表はできないのではないかというので、馬承源先生に何度もしつこく「6分冊では収まらないんじゃないですか」と伺ったのですが、「いや、大丈夫だ、大丈夫だ」という話だったのです。

　数ヵ月前に入った情報では、第8分冊で終了するという話でした。やはり8分冊なのかと思っていましたら、さらに数ヵ月後に第9分冊で完了するという話になりました。9分冊なら9×9＝81で、あと断簡などが多く、第9冊はほとんど破片ばかり収録されているという話なので、まあそうなのかなと思いました。

　第3回分として買った中に、いわゆる上博楚簡とは別ルートで入手したかなりの分量の字書が入っているという話も、博物館で聞きました。これは許慎が著した『説文解字』や『爾雅』などとは全く形式の異なる戦国時代の楚で作られた字書であるという話です。私も馬承源先生に「その字書はどういう形式の字書なんですか。見出し語があって、その文字の意味を下で説明しているような字書なんですか。それとも『千字文』とか『蒼頡編』のように類義語とか反対語などをゾロゾロ並べたような形式なんですか」と質問したことがあります。馬承源先生は一瞬答えてくれそうな気配で何か言い掛けたのですが、濮茅左先生が脇にいて「駄目だ！」と制止しました。濮茅左先生は「浅野先生、それは出ればわかる」ということで、ついに教えていただけなかったので、来月9月にもう一度上海博物館に参りますので、今度はしつこく聞いてみようと思っています。（9月に私が濮茅左先生から伺った戦国楚字書の内容については、『中国研究集刊』43号に福田哲之氏の報告が収録されている）

　非常に分量の多い字書だそうです。その内容が公開されると古文の解読に大きな威力を発揮するだろう。また、日本や中国の古文字研究、あるいは字書史研究に画期的な変化が生ずるだろうというふうに考えております。今からその発表が楽しみです。今まで、第1分冊から始まりまして、この本を書いたときには第4分冊が近く刊行されるというところまででしたが、第4分冊が出まして、その後第5分冊も出ておりま

基調講演

図版3．上海博物館で濮茅左先生から戦国楚字書の内容を聞く

す。次は第6分冊という順番になっています。

　上博楚簡は盗掘品です、墓を暴いたものです。馬承源先生の話ですと、日本でゴミを出すときに使う黒いビニール袋がありますが、ああいうやつに薪の束状に泥で固まっている竹簡をスポンスポンと入れて売りに来たというのです。盗掘品のため正式な考古学的調査は全く行われておりませんので、発掘地点も不明ですし、副葬品もありませんから、墓の造営時期も不明です。それで上海原子核研究所で炭素14を用いた年代測定を行いました。その測定結果は2257±65年前で、1950年が国際定点ですから、上博楚簡は紀元前308±65年、つまり前373年から前243年の間の書写である可能性が最も高いということになります。

　炭素14は放射性の元素でして、半減期があります。大気中に一定の比率で存在します。生物は呼吸や食物の摂取によって体内に炭素14を取り込みます。その濃度は大気中に含まれている濃度と同じになります。ところが、死んでしまいますと、もう食物を摂取したり呼吸したりしないものですから、炭素14を外界から補給することはなくなります。体内に蓄積されていた炭素14は、そのあと一定の割合で減っていきます。したがって、ある物の炭素14の含有量濃度を調べれば、これはどのぐらいの期間をかけて減って来たかということが分かります。

　もちろん大気中の炭素14の濃度は時代によって変化します。いつの時代にどのくらいの濃度だったかは突き止められておりますので、それに基づいて年代の補正措置を取らないといけませんが、その補正措置を取った値を出します。ただしプラマイがどうしても出ます。上海原子核研究所の調査結果は±65、幅がかなり大きいのです。

　日本ではもっと精密に測定できます。日本でいちばん技量が高いのは名古屋大学の

チームです。この前愛知万博がありまして、シベリアの永久凍土から掘り出されたユカギルマンモスが出品されました。同じ愛知県だったので、名古屋大学のチームに測定を依頼しました。あれの測定値は±10ぐらいです。ゾウは長生きの動物で50年、60年生きますから、±10などは生存期間の中に含まれるわけで、何年前に生きていたマンモスだというふうにほとんど特定したに等しいのです。それから、技量が高いのは千葉県佐倉にある国立歴史民俗博物館のチームです。これも非常に正確な測定値を出せるチームです。

ですから、日本に上博楚簡の破片を持って来て測定してもらえば、±10とか一桁の数値が出るのではないかと思います。「だからマテリアルをおれに貸せ」と上海博物館に言っているのですけれど、「駄目だ」と言われました（笑）。それから、郭店楚簡を収蔵している荊門市博物館に行って、そこの館長さんに「破片でいいから貸せ」と言ったら、やはり「駄目だ」と言われました。日本では考えられないことですが、槨室の材木で櫛などの土産物を作って売っていまして（笑）、槨室の木材でもいいから測ろうかなと思って、その櫛を買って来たのですが、槨室用の木材はかなり早い段階で切り倒して保管して置くことが多いので、誤差の幅が大きいと聞きましたので、あきらめました。

竹簡の竹はもちろん植物で生物ですから、やはり炭素14を吸い込みます。それから、炭ももともとは薪を燃やしたときにできるススが原料ですから、カーボンも植物ですから、炭素14の測定がききます。ですから、以前はかなりの分量がないと駄目だったのですが、今は測定の技術が非常に進みまして、ほんのわずかな破片でも十分測定できますので、「破片でいいからくれ」と言ったのですが、どうも日本にそういう測定を依頼するのは沽券にかかわるということらしくて、お断りをくいました。何かそういう点で日中の共同研究ができればいいなあというふうには思っております。

炭素14で測定した場合に結果が出ますが、もし国際定点を決めて置かないと、測った時点から何年前というふうに数値が出るわけでして、色々なものをさまざまな年に測りますから、その度に何年に測ったかということを調べて、そこをスタート地点に何年前というふうになって煩わしいので、すべて表示は1950年をスタートラインにして、そこから何年前と計算することにしております。

先ほどお話しした東大チームのリーダーは、そういうことをご存じなかったらしくて、測った時点からやったりなどしていました。私、6月に武漢大学の国際学会に出

基調講演

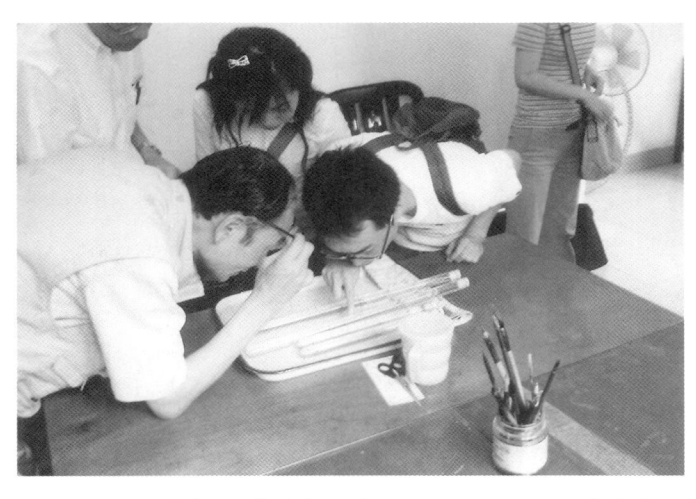

図版４．荊門市博物館で『太一生水』の実物を見る

て、中国の学者と議論をしましたら、中国の学者もほとんど炭素14の測定法などは知りませんでした。「浅野さんはなぜ1950年から測るんだ」と言うので、「いや、1950年は国際定点に決まっているんだ」と。「誰が決めたんだ」と言うから「いや、国際協約で決まっているんだ」と言ったら、変な顔をしていましたけれど、まだ国際スタンダードに乗っていない研究者が多いのです。

それで計算しますと、郭店楚簡とほぼ同じ、戦国中期（紀元前300年前後）のものだという結果が出ました。それから、泥で竹簡がぎっしり固まっていたわけですが、その土壌分析をしたところ、郭店一号楚墓のある江陵一帯の土壌の成分とほぼ同じであったと荊門市博物館で聞きました。「日本ではこういう状況で引き下げる人たちもいるので、その土壌分析をしたペーパーがあるでしょうから、コピーを私にください」と言ったら、グニャグニャと言って、ペーパーが有るような無いような話で、結局いただけませんでした。中国の学者に質問すると、途中までは機嫌良く答えてくれるのですが、話が核心に触れるとゴニョゴニョになって、なんだかよく分からなくなるという特色が今でもあります。

こういう郭店楚簡あるいは上博楚簡の内容をずーっと研究していますが、これは現在最もホットな研究分野でして、上博楚簡の第何分冊が出ますと、中国の学者はその日のうちに読んで、次の日ぐらいに論文を書きます。もちろん、論文といっても一晩で書いたものですから、なんだか初探といった類の極めて短い短冊ぐらいのやつです。それをすぐネットに載せます。何年何月何日何時何分、さすがに何秒までは書かないようですが、俺が一番先に言ったぞというような競争になっています。欧米の学者あるいは中国の学者あるいは台湾の学者は、もう寸刻を争ってしのぎを削って論文を書

きます。

　私も論文の早書きは人後に落ちないと思っています。だいたい3日、4日あれば40～50枚の論文を書きますから、大丈夫だと思っていたのですが、ネット上の争いではとても追いつかないですね（笑）。まず中国語に翻訳してから載せないといけないですから、どうしても後れをとってしまうということがあります。

　そういう白熱した分野なのですが、日本の場合には研究者がほとんどおりません。研究チームは二チームしかありません。しかもそのうちの一チームは、的外れな方向に誤った道をどんどん進んでおりますので、これはもう使い物にならないです。若い人たちもほとんどこの分野に進んでこないので、おそらく日本ではこの分野は絶学になるのではないかなというふうに私は心配しております。

　それで内容から分かったことは、例えば包山と呼ばれた墓が発掘されています。それから、望山という名前を付けられた墓も発掘されています。こういうところからも竹簡は出てきていますが、その内容は一つは実用書なのです。例えば占いに関する記録、『卜筮祭禱記録』というふうに呼ばれています。だいたい貴族の家にはお抱えの占い師がいます。年の初めに、貴族は占い師に「わが家の今年の運勢を占え」と言います。そうすると占い師は占うわけです。

　占って例えば凶という卦が出ても、おそらく占い師はごまかして、そういうふうには言わないのですね。だいたいパターンが決まっていまして、一年を通しておおむねは吉である、ただし何月ぐらいにちょっと危ないことがあると。奥さんが病気になる恐れがあるとか、家畜が伝染病にかかって死ぬ気配も出ているというような占いをします。そうすると、依頼主の貴族は「じゃあ、それはどうしたらいいんだ」と聞きます。占い師は「こうこうこれだけの供物を神にささげて、お祓いをしたらどうでしょうか。そうすると災難を免れることができると思います。お金はこのくらいかかります」というようなことを言うわけです。貴族が「いや、そのぐらいの費用なら構わないから祭祀をやってくれ」と言ったというような占いの記録が残されています。

　それから、病気になったときにどういう薬を飲んで治すかというような医学書とか、そういう実用の書物が副葬されています。もう一つは法律に関する法制文書、あるいは行政文書が副葬されています。これは貴族ですから当然、楚の国の官僚組織の中に位置しているわけで、何かの官職に就いているわけです。業務上、行政の任に当たるわけです。そのために作った公文書がありますが、公文書の控をおそらく作って置い

て、その人物が亡くなったときに、控用に作って置いた副本を副葬したというふうに思われます。そういう実用書と行政・法制文書の組み合わせが出土する墓は結構あります。

　思想関係の本が出てくるのはむしろ例外です。郭店一号楚墓、それからどこの墓かよくわかりませんが、上博楚簡が盗掘された墓からは、実用書が全く出てきていません。法制・行政文書も全く出てきていません。丸々思想関係の本だけが出てきています。そういうふうに見ますと、どちらかなのです。実用書と行政・法制文書の組み合わせか、思想関係かどっちかなのです。思想の本が出てくる所からは、実用書や行政・法制文書は全く出てきません。これは非常に不思議なことです。

　例えば馬王堆は長沙王国の家老の息子さんの墓です。ここからは、地図とか医学書とか、気功のやり方のガイドブックとか、馬の相を見る本とか、実用書がいっぱい出てきています。と同時に大量の思想の書物が出てきています。ただし行政・法制文書は出てきておりません。長沙王国の家老の息子でインテリなわけですから、おそらく思想に興味があったので思想関係の本を集めていたのでしょう。同時に貴族のボンボンなわけですから、当然実用書も使うわけです。ですから、それはそういう組み合わせで出てきたのだろう。その息子さんは若かったので、おそらく長沙王国の行政にはまだ関与していなかったのだろうと思われます。それで行政文書の類は出てこないのだろう。

　それから、銀雀山漢墓の場合はほとんどが兵法書でした。やはり実用書は出てきていませんし、法制・行政文書も出てきておりません。これは、『晏子春秋』一例を除いては、全く兵学書ばかりという特殊な出土の仕方をしています。したがいまして、墓主の立場によって出土する文献の中身が大きく異なるということが分かってまいります。

　もう一つは、だいたい思想関係の本の原産地はどこかということを考えますと、その大半が山東半島あたりで作られたものだろうというふうに考えられます。例えば２枚目のプリントの『魯邦大旱』、これは魯の国で大日照りがあったと。魯の君主であった哀公が孔子を呼び出しまして、「国家が大変な飢饉に見舞われている。このまま飢饉が続けば大量の餓死者が出る。おまえ、自分の国のためになんか考えたりはしないのか」というような言い回しで、孔子にプランを提出させようとしているわけです。こういう中身の文献は明らかに魯の国内で作られたというふうに考えられます。

『魯穆公問子思』も同じです。魯の君主である穆公が孔子の孫である子思に「どういうのを忠臣というのか」と尋ねたのです。そうしたら子思が「朝から晩まで君主を非難し続ける者を忠臣というんだ」と答えた。魯の穆公はその答えが不満で、「いや、君主が危機に陥ったときに、自分の命をかけて君主を守るのが忠義な臣下と言うんじゃないか。朝から晩まで君主に文句を突き続けるのが忠義な臣下という子思の答えには、おれは納得がいかない」というような中身です。これは明らかに魯の国内で作られた文献だろうと考えられます。

圧倒的に儒家関係の文献が多いのです。儒家の学団の根拠地はどこにあったのか。孔子が生まれたのは魯ですから、孔子の学団は魯の都の曲阜にあったことは明らかです。したがって、その後も魯の曲阜が儒家の学団の根拠地であったことは明白です。隣国の斉にもかなりの儒者が行っていますから、斉の都の臨淄も一つの中心地だったでしょう。だいたいこのあたりで文献が生産されて、はるか南の楚の都、郢まで運ばれて来たということが分かります。

そのように考えますと、上博楚簡とか郭店楚簡で見る限り、山東半島と楚の間には人とか物とか書物などの太い流通ルートがあったことが分かります。ただし、戦国楚簡は楚からしか出てきていませんから、反対の流通ルートがあったかどうかは分かりません。楚で作られたものも山東半島に運ばれたのかどうかは分かりません。少なくとも楚簡で見る限り、山東半島で作られたものが大量に楚に輸入されていたということは分かります。もし山東での発掘例もあって、そこに『柬大王泊旱』のように明らかに楚の国内で作られた文献が含まれていれば、相互に流通していたということになります。

不思議なのは、周の当時の都は洛陽ですが、洛陽の周辺に晋という天子を守るために置かれた畿内の大国がありました。この晋と楚を結ぶ文献の流通ルートが非常に確認しがたいのです。中原の晋で明らかに作られたと思われる文献が、郭店楚簡や上博楚簡の中に入っているかというふうに考えますと、ほとんどないのですね。非常に不思議なことで、楚は春秋・戦国を通じて超大国であって、楚は北辺に軍事都市を作りました。そこからしきりに北上して、中原に武力進出を図りました。したがって晋との間には深い交流ルートがあったはずなのですが、それにもかかわらず文献上、晋で作られた文献が楚に入った来た痕跡がほとんどありません。

最近出ました第５分冊の中に『姑成家父』と呼ばれている文献があります。これは

晉国の貴族である三郤の滅亡に関するもので、『春秋左氏伝』などに極めてよく似た文献です。晉国の歴史を記した文献が楚の墓から発見された最初の例です。

　ですから、そのうち見つかるのかも知れませんが、だいたい流通ルートとしては山東と楚との間に深い流通ルートがあった。孔子も就職活動の旅をしていますが、山東の魯を出発して、楚の方まで下って行って帰っています。孔子は生涯を通じて晉に足を踏み込んだことはありませんでした。あれほど周の文化に憧れていながら、周の都の洛陽に孔子は一度も行ったことはありませんでした。洛陽どころか三晉の地域に足を踏み込んだことすらありません。

　それから、孔子よりやや遅れて思想活動を開始した墨子という思想家がいますが、墨子の活動ルートを見ても孔子とほぼ同じでした。山東から下って呉・越・楚という所まで行って、北に帰って来ています。墨子も三晉で活動した記録が全くありません。北の方に足を伸ばして、今の北京のあたりにあった燕に墨子が行ったという記述はありますけれども、西の方に行った記録がありません。

　したがって、そういう思想家の活動ルートから見ても、どうも山東半島と楚の間に太いパイプがあったのではないか。むしろ西方に寄った晉と楚の間の文献の流通ルートは微弱だったのではないかというふうに考えています。あくまでこれは今まで出土してきたものを見た限りの話なので、今後出土例が増えれば、また違ってくるのかも知れません。

　ついでに写真も張り付けて置きましたが、この三つの写真の一番上が郭店一号楚墓のプレートです。私はてっきり人の背丈をはるかに超す立派なプレートが立っているのだろう思って行きましたら、予想外に小さなものでした。しかも藪をかき分けないとこの前に行けないようなお粗末なものでした。非常に湿地帯で、周りにどぶが走っていまして、私がそのどぶに下りて行きましたら、淡水性の貝がいっぱいいまして、イケチョウガイとかドブガイとかイシガイとかの類や、それからオオタニシがいましたので、記念にというのでズブズブ浸かりながらその貝を拾って来ました。

　拾って来たのはいいのですが、こいつらがものすごい悪臭を放つのですね（笑）。ホテルに帰りまして、ホテルでどうして洗ったものかなと。洗面所で洗うのは顔も洗うわけだからなと思って一計を案じまして、水洗トイレに入れてジャーッと水を流して、サンポールを持って来ればよかったなと思いましたが、水で洗って、日本に持ち帰って来ました。もうこのプレートが立っている数メートル離れた所に行きますと、

図版5．採集したヌマガイ（*Anodonta woodiana lauta*）とオオタニシ（*Cipango Paludiana*）

そういう淡水貝が採取できるぐらい、ものすごく湿り気の多い湿地帯です。それで竹簡がよく保存されたのだろうというふうに思います。

　その下の写真が発掘調査をした荊門市博物館で、非常に古い建物です。私が館長さんに聞いたところ、裏手に非常に立派な建物を建設する予定があるのだそうです。「出来上がったら大々的に国際学会をやるので、浅野さん、そのときにまた来てください」と言われました。今、建っているのは非常に古い建物です。館長さんは非常に若い人で、30そこそこでないかとお見受けしました。「なんでこういうあんちゃんみたいな人が館長なんだろう」と思って不思議に思いました。

　あとでいろいろ調べたら、郭店一号楚墓が発掘されたあと、こういうものは金になるという噂が広まったのだそうです。そうしたら、当時の荊門市博物館の副館長さん2人が、これは金になるというので、あちこちの墓にダイナマイトを仕掛けて爆破して、ユンボのような重機を使ってバンバンと墓を壊して、副葬品をガンガン取って、それを博物館の収蔵リストに載せず、片っ端から売り飛ばしたのだそうです。たまたま2人の副館長さんの姓がどちらも王さんだったので、二王の犯罪と呼ばれていたのです。

　副館長ですらそのありさまですから、郭店村の農民たちは農作業を止めて、もうあちこち墓荒らしに精を出したのです。そうしたら、公安に全員取っ捕まった。郭店村からは成人の男子がほとんど姿を消してしまったので、郭店村は別名「後家村」と呼ばれるようになったという話です。日本ではちょっと信じがたいことですけれども、そういうことだそうで、おそらく博物館でも人事異動があったのでしょう。

基調講演

　ですから、おそらく上博楚簡もそういう流れの中で誰かによって盗掘されたのでしょう。香港まで売りに来るのはかなりの元手がないと駄目ですし、輸送力がないと駄目です。途中検問に引っ掛からないようにするのも大変なことであって、だいたい大規模な盗掘をやるのは省の幹部の子弟が多いという話です。省の高級幹部のボンボンがおやじの権威を使って、金もあるし、手下もいるということで、そういう連中が盗掘をやることが多いというふうに聞いています。

　今、中国は盗掘ブームで、「金が欲しけりゃ墓を掘れ」が盗掘者たちの合い言葉だと聞いたことがあります。普通、「盗掘はいけない」と言わないといけないのでしょうが、誰かは知りませんけれど、その墓泥棒が盗掘してくれたおかげで上博楚簡が世に出まして、私はそれでいっぱい論文を書いたり本を書いたりしていますので（笑）、名前を存じ上げませんが、私は心の中で盗掘者にいつも手を合わせております。郭店楚簡も近隣の農民が畑にまく土を得るため墳丘を削り取ったおかげですし、二度盗掘した人がいますので、その人のおかげ、盗掘者さまさまというふうに感じております。

　私、会場がもっと狭くて、聴衆の方は10人程度だと思ったものですから、これで十分間に合うと思って持ってきたのですが、これは荊門市博物館の売店で売っていた『太一生水』のレプリカです。原寸大ではありません。もともとの物を70％ぐらいに縮めて作ってあるレプリカです。ただし、ここに書いてあるのは古文で、非常に見事な筆さばきで書いてあります。これは現地の若者がすばやく技法を身に付けて、一人で書いているんだそうです。

　私の知り合いで、清華大学で戦国楚簡の研究をしておられる廖名春先生が、そのあんちゃんが古文でレプリカを作っている現場を見て、「おめえは偉い」と言って激賞したという話です（笑）。おそらく地球上で古文をスラスラ書けるのは、そのあんちゃんただ一人なのだろうというふうに思います。私は古文の字体を拾って浅野裕一という印鑑をつくろうと思って、古文の字体を切り張りして、上海のはんこ彫り屋を回って「このとおり彫れ」と言ったら、一人も彫れませんでした。「古文は駄目だ。見たことがないから彫れない」ということでした。どうもそれを見ると、今のところはあんちゃんただ一人ではないかと思います。

　本当はこのレプリカは800元だと売り場のおねえちゃんは言って来ましたが、郭丹さんという女性通訳の大活躍で250元に値切って買って参りました。おねえちゃんは携帯で社長に「250元で売っていいか」とか聞いていましたけれど、社長がどうもい

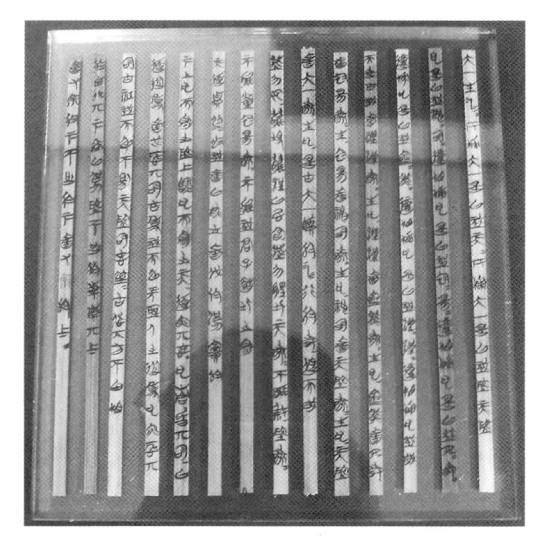

図版6．荊門博物館で購入した『太一生水』のレプリカ

いと言ったらしくて、首をうなだれて「250元でいい」と言うので、われら調査チームはワーッと買い漁りまして、かなり売れたのではなかったでしょうか。

　竹簡には最初あまり注目されなかったのですが、脇に小さな切れ込みがあります。契約の契を書いて口を書いて契口と読みます。これはなんのためにそういう切れ込みが入っているのかといいますと、糸で結わえるときに糸が下がらないようにするために、そこに引っ掛けて巻くのです。竹簡の右側に付いているやつは右契口といいますが、だいたい1篇の書物が右契口なら全部右契口、左契口であれば全部左契口です。これは当然ですね。こっち側から結わえて、あるいはこっちから結わえてということで、切り口の方向が決まっています。

　最初、研究者はそれに気が付かなかったものですから、竹簡はバラバラの状態で出土していますから、一応読んで、こういう順番だろうという配列案を示すわけですが、「いや、そういう配列ではない。第3簡は8番目にもってくるべきだ。第9簡は2番目にもってくるべきだ」というような配列の組み替え案が大勢の学者によって唱えられてきました。今もそうです。ところが、この切り込みのことを考えますと、例えば同じ書物の中で右契口の竹簡と左契口の竹簡がバラバラに入ることはありませんから、そういう配列の組み替え案は駄目だということが分かってきました。それで通用しなくなった論文が多数あります。

　それから従来、竹簡は革ひもで綴じられていたと長いこと言われていました。ところが、わずかに残っている破片がありまして、それですべて糸で綴じられていたということが分かりました。革ひもというのはやはり無理があると思います。革ひもをそ

んなに細くは細工できないだろう。これは糸の破片が残っておりましたので、糸で綴じられていたということが分かりました。

それから、竹簡に書き写された書物は、後ろの方からクルクルと巻いた状態で保管されます。そうすると、もし篇名・書名を記す場合には、巻き込んでこういうふうになったここのところに書名を記すことになりますから、第1簡目の竹簡の裏か、第2簡目の竹簡の裏に書名・篇名が書かれることが多い。じゃあ書名・篇名はすべての文献に書かれているのかというと、篇名があるものの方がむしろ少ないのです。

これはなぜかということですが、そもそもこの特定領域研究のテーマは「東アジア出版文化」ということですけれど、私がやっているのは出版文化が成立するはるか以前のことで、出版業はまだないのですね。書物というのは、手で写す以外に増えないわけです。人から本を借りて手で写す、あるいは文字のうまい人が専門に書写していたことが考えられますが、それはいわゆる商業出版ではありません。したがって、売り物ではありませんから、書名を書かなければならないとか、著者名を記さなければならないとか、発行年を入れなきゃならないとか、書物に是非こうしなければならないというルールは何もないのです。

今の本であれば、出版社がある本の半分だけ出版するなどということはあり得ません。本を半分だけ出版して、同じ値段で売るなどということはありませんね。1ページでも抜けていれば、落丁本はお取り替えしますということになります。ところが当時は、そういう商業出版がなくて全部個人の技ですから、ある大部の書物を見たとしても、その中の1篇だけを抜き書きすることは個人の勝手です。自分が一番気に入った篇だけを書写して、なんの問題もありません。今風にいえば、12曲とか24曲入っているぐらいのLPから自分が最も気に入った1曲だけを採ってきて、テープに録音するようなものです。こっちの歌手から1曲、こっちの歌手から1曲などといって、自分のお気に入りの私製のLPを作ることがありますね。そういう形で書物を集めるわけです。

したがって、書物は基本的に篇単位で流通することが分かってきました。だとしますと、伝世の書物の中で『韓非子』とか『墨子』とか『荘子』とか何十篇もあるような書物は、なぜ何十篇もあるのかということが問題になります。ああいうものを全巻セットでそろえるのは特殊な人たちだというふうに考えないといけません。そういうことをわざわざする人たちは、当然その学派・学団の内部にいた人たちです。ですか

ら、儒家の学団内であれば、孔子に関する文献を全巻セットでそろえて、それを書写し続けることはあり得るわけです。儒家の学団に関係ない人は、篇単位でしか集めない。これはある意味で当然だろう思います。

　それから、これも念のためお話しして置くのですが、書物は誰が書くのかということです。古代にあっては、後世とは違って、一般的な知識人が書物を書くことはありません。必ず特定の色に染まった学派・学団内の人物しか思想関係の書物を著しません。これも当然のことです。どんなに高級貴族でインテリだろうと、当時の一般的なインテリが書物を書くことはないのです。ですから、中国の古典といわれているものは先秦に成立した諸子百家の著作です。『論語』『孟子』『荀子』『荘子』『老子』『墨子』『韓非子』というふうに中国の古典と言われているものは、すべて特定の学派・学団内で著述されたセクトの文献です。

　それが一般に広まるルートはどういうことなのかというと、その学団内で教育を受けた人が貴族の子弟の例えば家庭教師になって行く、あるいはある国に雇われて高級官僚になって行く。赴任した先で、家庭教師ですから、教える対象の子どものために、教材として自分がセクト内で持っていた書物を筆写して与える形で普及して行くわけです。思想関係のもの、あるいは歴史・文学まで含めたものは、そういう形で特定の色の付いたセクト内でしか著述されませんが、それが一般に普及して行くのはなぜなのかというと、内容的にある種の普遍性を持っているから広まるわけです。行政文書だの法制文書はなぜ普及しないかというと、これは一回限りのものだからです。

　例えば包山とか望山の楚墓から出てきた法制文書・行政文書を見ますと、どこそこで強盗事件が起き、役人が捜査したところ、どこそこの場所で犯人を逮捕した。裁判を受けさせるために役所に連行して尋問した。その結果罪を認めたので、予備審査を行った。例えば「こういう判決がよろしいのではないかと我々は考えましたけれど、それでよろしいでしょうか」というふうに、上級の役所にお伺いを立てるわけです。上級の役所で「うん、それで結構だ」と言ったり、あるいは「法律の解釈が間違っているから、こういう判決文にしろ」とか下りてくる。それで判決が確定すれば、その事案はその時点で終了します。それは、他人が書き写して、ぜひ自分も読みたいというような普遍性を持っているのか。これは持っていません。役所内でその案件が終了すれば、それでもう捨てて構わないものです。

　今我々だって、どこか神戸のあたりで、なんの誰べいかが30kmオーバーのスピー

基調講演

違反で検挙され、簡易裁判所で判決を受けて、罰金2万5000円というような行政文書が作られたとします。「ぜひコピーして私も持っておきたい」などと思いませんね。そんなものはいらないということになります。それから、どこかの税務署でなんだか商事から固定資産税を何十何万円徴収したなどという税務台帳がありますが、そんなものは「ぜひコピーして愛読書に加えたい」などということはないわけです。そういうものは一回限りのもので普遍性がないのです。

思想だの歴史だの文学だのは普遍性を持っています。つまり、この世にいかに生きるべきか、賢者がその指針を書き記して置いてくれた書物とか、あるいは過去の歴史にこうこうこういうのがあって、これは今も反省材料として使うべきものであるとか、文学作品はもちろん普遍性を持っていますから、そういうある種普遍性を人々が感じ取ったものだけが繰り返し繰り返し転写されて、古典として流通して行くのだということが改めて確認されたというような無駄話をして、ちょうど時間が参りましたので、私のくだらない話はこれで終わりにさせていただきます。ご清聴どうもありがとうございました。

（拍手）

磯部　長い時間ありがとうございました。第1日目の発表予定は終了しました。明日は少し変わりまして、シンポジウム形式になります。明日は平日なので、皆さんお忙しいでしょうけれど、また明日は明日で横浜中華街の方が聞いてもためになるプログラムを用意しております。明日はパネルディスカッション形式なので、いろいろ出演される方も多いですし、テーマも、「古典籍」の価値という東アジア編から、あるいは文化大革命のごく限られた一時期の出版を取り上げた討論会、それからあと、日本の明治・大正期の社会動向やトピックと出版・メディアとの関係を討論する場を設けたいと思っております。

また、帰りましたら、あしたご近所の方に来られるように、ぜひここでの活動を宣伝下さい。こういう機会は、めったにありません。今日もそうですが、一般の方はあまり来られていないようで、惜しいことだなといつも思います。われわれは講演会等によく行きますけれど、そういうときはもっと簡単で、中身の少し薄い話で終わってしまうことが多いですけれど、今回は主催者が言うのも気がひけますが、日本の学界

の精鋭を投入しておりますので、聴き得だと思います。

　今回はそれ以外にも名手による琵琶などもありましたので、損得というのもおかしいのですけれど、皆さん今日来られて良かったのではないか、一生の思い出になるのではないかと言えます。お話しされている先生は、先ほどの浅野先生もそうですけれど、日本の学会を背負っている方で、普通は聞けない話ですから、またぜひあしたも来ていただければと思います。

　きょうは長い間お疲れさまでした。また明日いらっしゃることを期待しております。本日はこれで終わりたいと思います。

　（拍手）

東アジアの出版研究をめぐる成果討論会

Ⅰ. 東アジア近世編
〈古典籍〉の資料価値と知識人

司　　会　　若尾　政希（一橋大学大学院社会学研究科）
パネリスト　高橋　　智（慶應義塾大学附属研究所斯道文庫）
　　　　　　横田　冬彦（京都橘大学文学部）
　　　　　　吉田　　忠（東北大学名誉教授）
　　　　　　二階堂善弘（関西大学文学部）

Ⅰ．東アジア近世編

　磯部　私が主催者の磯部です。本日は朝早くからありがとうございます。これからパネルディスカッション形式で3セクション行われます。午前中は、若尾先生が司会される東アジアの「〈古典籍〉の資料価値と知識人」という、日本あるいは中国・朝鮮で出版された木版本やそれを読むことによって、文化形成に貢献した人々をめぐる事柄についてお話しいただきたいと思っております。

　あと、外には資料がいろいろあります。研究や勉強のために、こちらから差し上げる文献が結構ありますので、是非ともお持ち帰りいただきたいと思います。別にいらないわけではなくて、貴重なのですけれども、差し上げるものはいいものしかあげないという精神でお配りするわけです。少ないものもありますので、なるべく早くおとりください。もし、ご近所の方とか生徒さんに配りたいとお思いでしたならば、多めにどうぞお持ち帰りくださって構いません。社会に成果を還元するということを文科省から指示されています。貴重な研究資料を配るのも一つの事業なわけです。

　なおディスカッションですがもし時間に余裕がありましたならば、最後に皆さんからご質問などを正面のパネリストの方々に出していただきたいと思います。この件に関しては、また司会の方からご指示があるかと存じます。では、若尾先生よろしくお願いいたします。

　若尾　おはようございます。東アジアの出版研究をめぐる討論会の第1セクション、東アジア近世編を始めたいと思います。この冊子（当日配布）の6ページにプログラムがありますので、それをご覧いただければと思います。

　近世の東アジア世界では、木版印刷を中心とした印刷物を通し、中国・朝鮮・日本・ベトナム・チベット・モンゴルなど、それぞれ個性豊かな文化をつくり上げてきました。隣の部屋に展示と、慶應義塾大学のメディアセンターの方につくっていただいたビデオがあるのですが、それらをご覧いただければ、その一端に触れることができると思います。

　この近世という時代において、印刷物は一つの確かな情報、文化継承の手段などと

なり、知識人はもちろん、広範な人びとに広まり、人間の日常生活になくてはならぬものとなりました。商業出版が成立する前の、写本による情報伝承に限定されていた段階とくらべ、印刷による出版文化はその社会のあり方を大きく変えてきました。

　第1セクションの東アジア近世編では、パネリストの方々に「『古典籍』の資料価値と知識人」という主題について三つのテーマでご発言いただき、パネルディスカッションを行いたいと思っています。テーマ①古典籍とは何か、②資料的な価値観、③古典籍と知識人のかかわりあいという、この三点にしぼって議論を進めていきたいと思います。

　最初に、司会の自己紹介をすこしだけさせていただきます。私は日本の近世史・思想史を専攻していまして、近年は、近世の人々の思想形成とか人間形成に書物がいかにかかわるのか、それはどういう役割を果たしているのか、ということに関心を持って、研究をしています。そのような関心から、「書物・出版社会変容」という研究会を開催していまして、その呼び掛け人としてこの4年間で26回の研究会を続けてきました。研究会には、文学研究・歴史研究・民俗研究・宗教研究・書誌学・日本語学等々、非常に多様な分野の研究者が集まってくださいまして、4年間も続いてます。実はその始まりは、磯部先生が代表されている特定領域研究で、私がC班（出版環境研究）の班長になったことがきっかけでした。C班の成果のとりまとめとして行う研究会を、班内のメンバーにとどめず、（いわばオープンにして）書物や出版に関心をもつ方々に広く参加を求めて開催したところ、思いがけず、多くの方々がご参加くださり、現在に至っております。

　この研究会を通じて、書物・出版が社会変容と非常に大きなかかわりがある、社会変容が逆に書物・出版のありようを規定するというような、両者の相互関係的なあり方が見えてきたような気がいたします。ただし残念なことに、これまでは私の専門が日本であるからでしょうが、日本関係の報告ばかりで「日本における書物・出版と社会変容」となっております。きょうは東アジア全体の中でこの問題を考えることができるのではないかと、司会ではありますが、非常に楽しみにしています。

　パネリストの方々を紹介させていただきます。高橋智先生は、慶應義塾大学の斯道文庫にお勤めで、中国・日本の書誌学を専門とされています。横田冬彦先生は、京都橘大学にお勤めで、日本の近世の社会史を専門とされています。吉田忠先生は、東北大学名誉教授で、洋学・科学史を専門とされています。二階堂善弘先生は、関西大学

にお勤めで、中国の民間信仰を専門とされる傍ら、中国語あるいは中国語文献のコンピュータ処理についても著作をまとめられております。この4人のパネリストの方々とこれから約100分間、議論を進めていきたいと思っています。よろしくお願いいたします。

　早速ですが、まずテーマ①古典籍とは何かについて考えてみたいと思います。古典籍という語は、実は『日本国語大辞典』や『広辞苑』等の辞書には出てこない言葉です。「古典」と「典籍」は載っているのですが、身近な辞書には載っていない用語です。前近代の書物を指すことはわかるわけですが、非常に多様なジャンルを組み込んだ言葉のように思われます。これから、4人のパネリストの方々に、それぞれフィールドとされている地域や対象に即して、「古典籍とは何か」という問いにお答えいただきたいと思います。

　まず中国の場合について、高橋先生からお願いしたいと思います。

高橋　よろしくお願いいたします。慶應大学の高橋と申します。あまり時間もありませんので、画像で簡単に中国の古典籍のお話をザッとさせていただきたいと思います。隣の部屋の展示を見ていただければ、古典籍とはいったいどういうものかということがおわかりいただけると思います。

　中国の場合には、清朝以前、だいたい20世紀の初頭より以前の古い装丁によってなされた書物、そういう装丁を持った古い書籍のことを古典籍、あるいは中国では古籍というふうに定義付けております。古い装丁というのは、糸でとじてあるような、日本でいうと和本というふうにいいます。もちろん内容は多岐にわたりますので、文学があり歴史があり哲学があり、さまざまなジャンルがあります。特に中国では、古典籍と一般にいった場合には善本という観念がありまして、価値あるものをもうほとんど古典籍と呼んでいるといって間違いないと思います。それだけ中国は書物を大切にする文化を持っております。

　中国の書物文化の中で最も大切というか貴重視されているものが宋の時代の出版物でして、これは宋代に出版されました。だいたい12世紀、13世紀ぐらいですので、800年以上も前の書物ですけれども、例えば、『通鑑紀事本末』という歴史の書物です（図版1）。これを見ていただいて、まずいちばん最初に感じていただきたいのは、もちろん内容も優れているわけですけれども、今の活字本では考えられないような字の

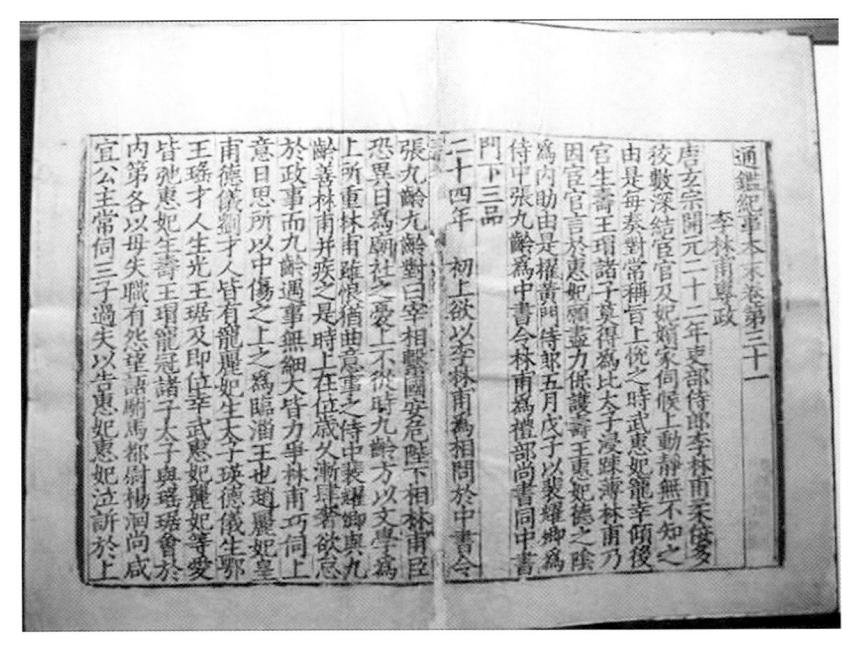

図版1

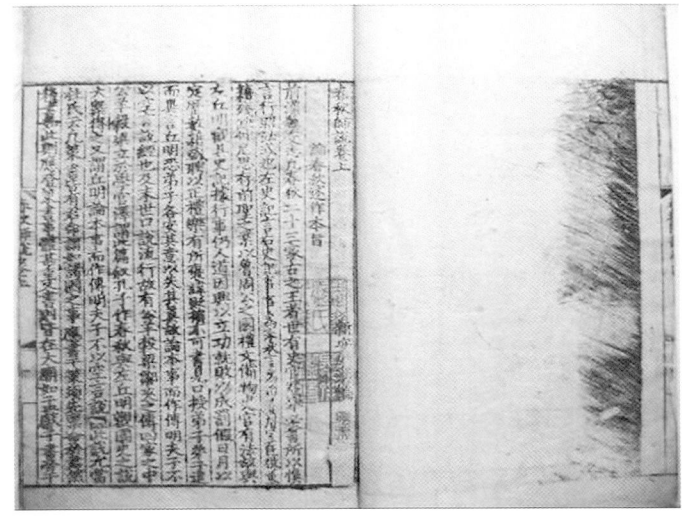

図版2

立派さです。宋時代の版本ということで宋版といっておりますが、これが中国の書物の王様であります。

その次の時代の元の時代になりますと、やや字が小ぶりになりまして、これも『春秋』という古い歴史書です（図版2）。元の時代になるとちょっと小ぶりにはなりますが、宋の時代の書風を受け継いでいます。これは元版といわれています。宋版と元版が、中国ではだいたい横綱、大関というふうにいわれております。もちろん書物は手書きで書かれた写本（鈔本）と印刷されたもの（刊本・刻本）と2種類あるわけですが、中国では印刷されたものがやはり彼らの意識の中では非常に位置が高いというこ

Ⅰ. 東アジア近世編

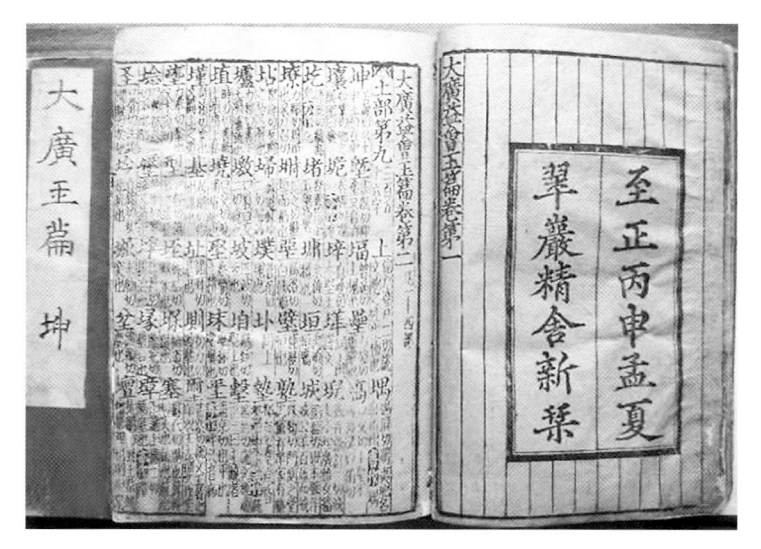

図版 3

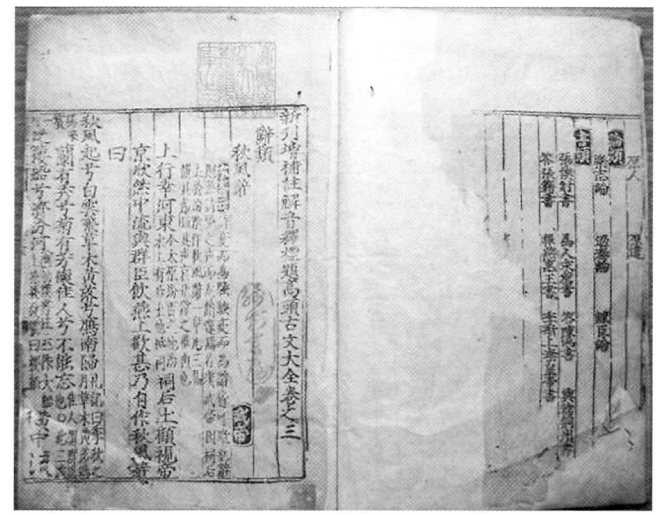

図版 4

とがいえると思います。これなども元の初めころの出版物で『大広益会玉篇』という字書です（図版3）。だんだんこういうふうに小ぶりになってまいります。実用的になってくるといってもいいかと思います。

　次の『古文大全』はだいたい明の初めぐらいの本ですけれども（図版4）、元から明の時代になると、ちょっと小ぶりになりますが、やはり宋の時代の書物の風格を伝えております。『古今源流至論』（図版5）も明の初めぐらい、14世紀から15世紀ぐらいです。こう見ていただきます。ここのあたりまでが、これは明のだいたい前期ぐらいの書物なのですけれども、中国の書物の中では貴重な、いわゆる古典籍中の古典籍といわれているものの分類に入る書物です。

　この『錦繡万花谷』（図版6）は類書といいまして、一種の百科事典ですけれども、

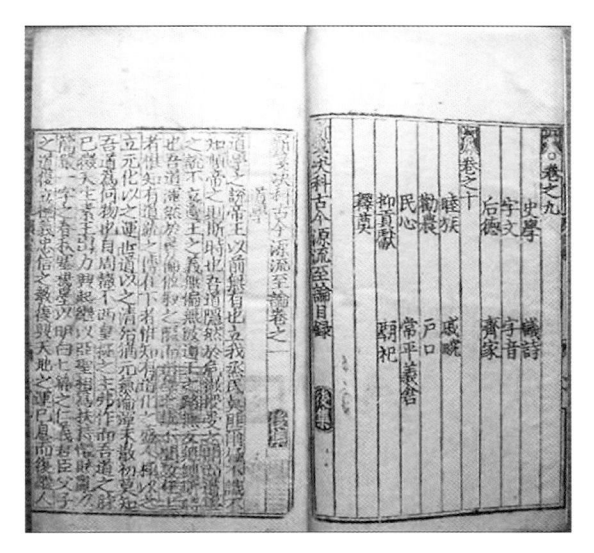

図版5

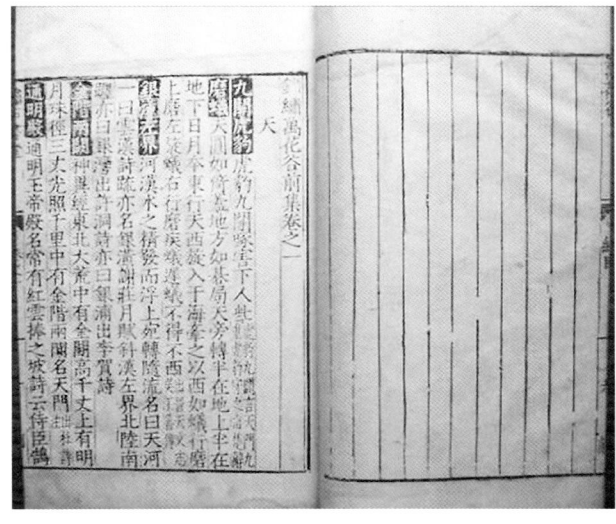

図版6

　だいたい明の中期ぐらいの本です。このあたりから中国の書物は様子が変わってまいります。それまでの時代までの風格から一変しまして、ちょっと新しい時代、われわれの時代に近いような字体といいますか、そういう風格が表れてまいります。これが明の中期ぐらいの出版物の特徴です。

　次に、これは『二程全書』（図版7）という哲学の書物なのですけども、書物というのは中国から朝鮮を経て日本に渡ってまいりました。これがだいたい古典籍の流れでございます。これなどは、中国で出版されて、朝鮮人の手を経て日本人に伝えられた書物です。表紙も朝鮮表紙になっております。ですから、わが国の書物文化は、中国の書物文化を朝鮮を経て、ワンクッション置いて受容しているということが一つの特徴かと思われます。

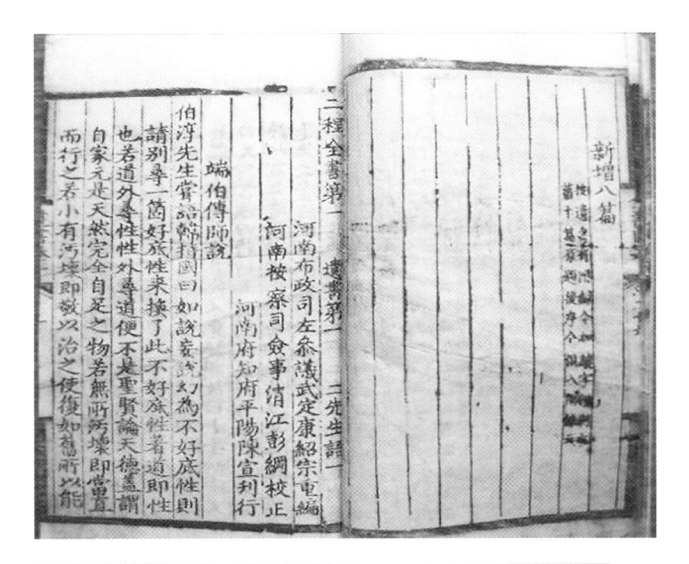

図版7

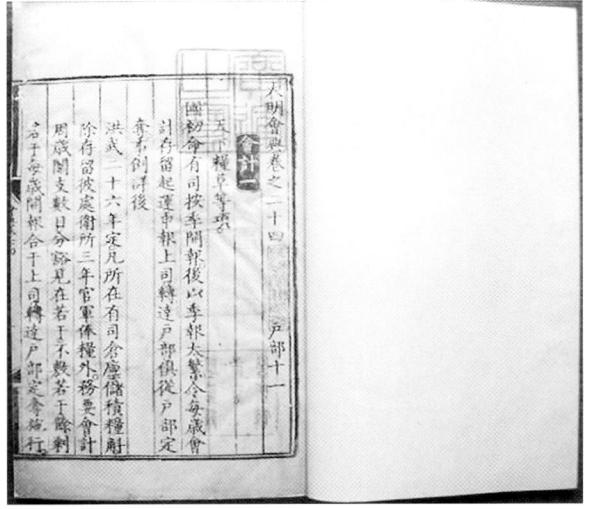

図版8

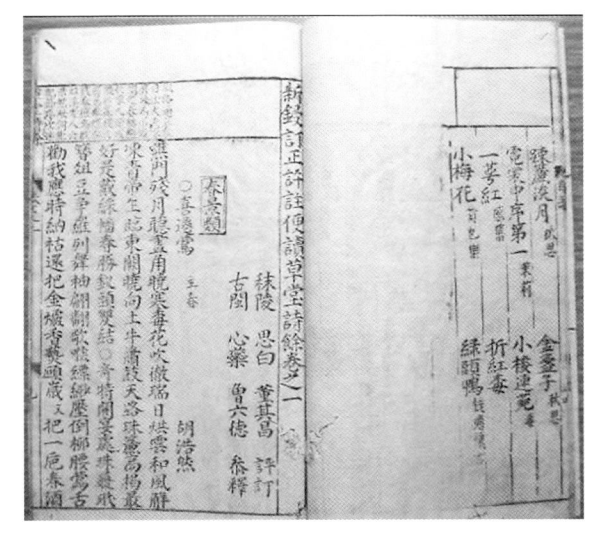

図版9

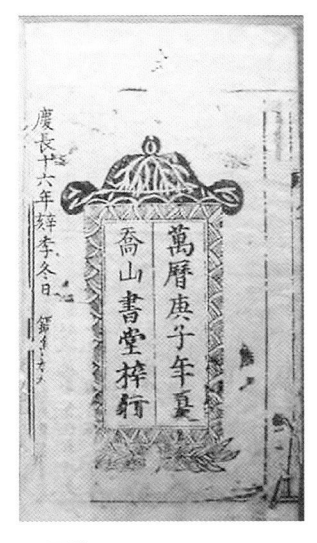

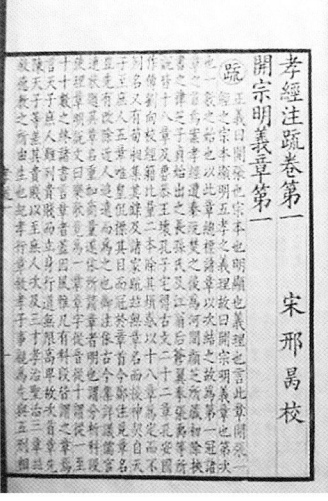

図版10　　　　　　　　図版11

　この『大明会典』（図版8）は、明の皇帝の命によって出版された、向こうの展示にもございますが、大振りの非常に立派な出版物です。この『草堂詩余』（図版9）は実は万暦という時代で、かなり江戸時代に近い時代になってまいりますが、このぐらいの時代のものになりますと、かなり書物が大衆化してまいります。これが明の後期の出版物の特徴でございます。これなどは、上欄に注釈がありまして、一般の人にも読めるような、先ほどのような皇帝が出したものとは明らかに形も様相も違ってくるということです。

　この本の刊記の横には日本の慶長時代に誰々が手に入れたという識語がございます（図版10）。この『孝経注疏』（図版11）などは、清の時代になりまして皇帝がつくらせた立派な本です。清朝という時代になりますと、書物が流布していく反面、皇帝の権力がまた絶大になりまして、皇帝の権力を誇示するような書物が出てまいります。

　中国の古典籍の流れと意識というものは、一種政治的な意味を持った立派なものをつくる方向と、それから一般の人たちに向けていく、大衆に流布していく形の二つの方向があり、どちらの方向にも発展していったのが一つの特徴だと思います。ですから、中国における古典籍というものの概念は、やはりそれは書物という一つの権威の象徴であったというのが定義だと思います。そしてもう一つは、やはり中国の文化の最も根底になる文化の基礎であったというとらえ方ができると思います。

　この『南華経』（図版12）は、明の後期の色刷りの本でして、今度は書物の美意識がだんだん出てきました。ザッと見ていただきますと、こういうふうな流れになるか

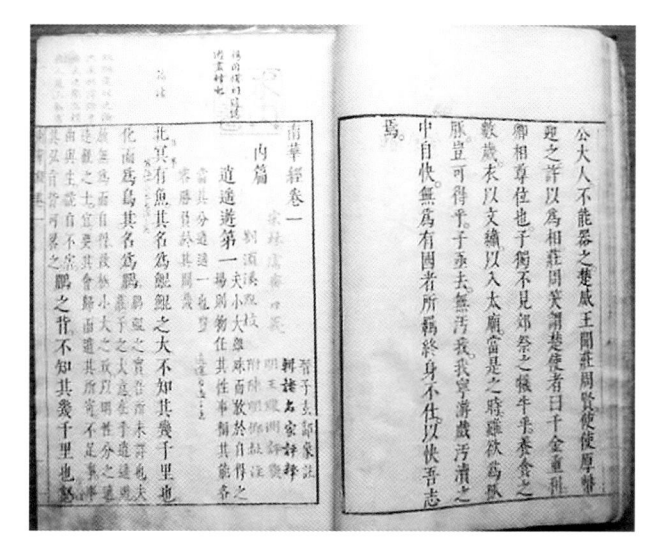

図版12

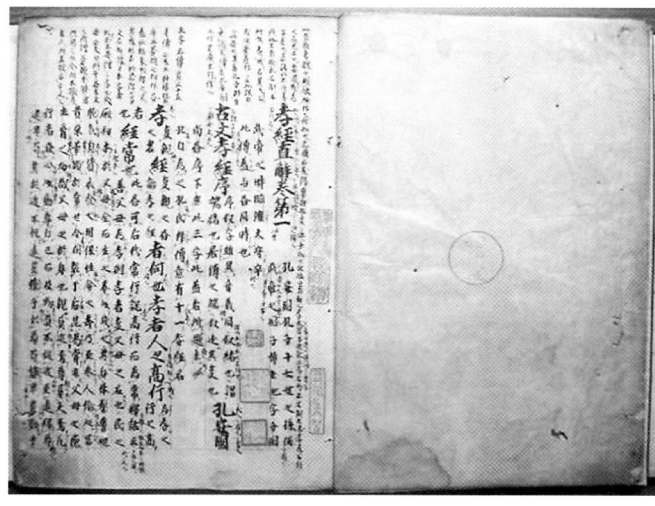

図版13

と思います。

　それから、ちょっと一つ付け加えますと、この『孝経直解』（図版13）は日本の室町時代の写本ですけれども、これは、中国の典籍を日本人が手に入れて、それを足利学校で写したものです。こういう受容を起こしていきました。この『東坡先生詩』（図版14）は実は五山版といわれている京都の寺院などで中国の書物を覆刻したものです。中国人を呼んで、中国人に顧問になってもらって、日本で出版した本です。ですから、これは宋時代の版本の日本における一種のレプリカなのですが、書物の受容が日本においては非常に大きな意味を持っていたと。これはあとで横田先生からお話があると思いますが、慶長時代の非常に優れた木活字版です。これはちょっとあとでまたお話しします。

そんなところで、中国における書物は、文化の基本であると同時に、美しさを基本に権威と大衆化という二つの方向に向かった、二つの価値を持った文化の遺産であったというふうに考えられると思います。

若尾　どうもありがとうございました。続いて横田先生から、日本の近世史というフィールドから古典籍とは何かについて、お考えになっていることをお話していただきます。

横田　横田でございます。たぶんここにおられる皆さん方は、日本の古典籍、まして江戸時代の版本は比較的よく見ておられると思いますので、私の場合はこういう写真がありません。また、私自身のこれまでの仕事の関心からして、どちらかというと、モノそのものよりも、それらの社会史的な背景の側から説明することになるかと思います。

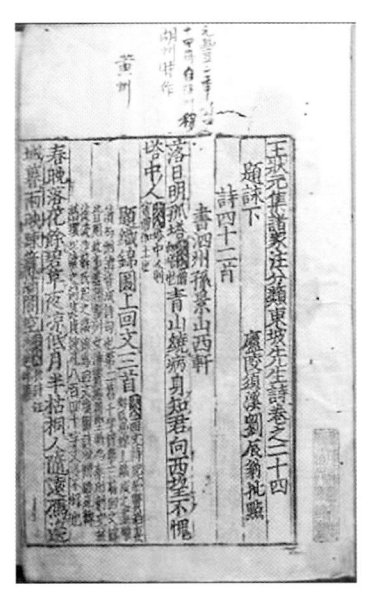

図版14

先ほど若尾先生が問題提起をされましたが、『日本古典籍書誌学辞典』（岩波書店、1999年）の中の「古典籍」という項目（松野陽一執筆）では、ほんらいは「古い書物の中で、特に内容・形態ともに優れているもの」という概念であったのだが、例えば『国書総目録』『古典籍総合目録』のように、明治以降の活版洋装本に対して形態・内容上の異質性が歴然とする「江戸末期以前の写本・版本全体」をさすものという二つの定義がある。前者から後者へ、「美術的価値から時代区分を含んだ学術的評価の用語に推移してき」ており、特に後者に「対象とする学の名称としての積極的意義」を認めたいと述べられています。

ここには、「江戸末期以前の写本・版本の全体」という古典籍の広い概念と、その中で内容・形態ともに美術的にも優れた価値をもつ古典籍という、そういう広狭二つの概念が提示されており、これは先ほどの高橋先生の出された権威化と大衆化という二つの方向性というものとある程度重なり合うのだろうと思います。そして、この広いほうの概念がいったいどのような「学術的評価の用語」としての意味を持っているのかということ、そして広狭二つがそれぞれの時代でどのように関連しているのかということが、最近新しく問われてきている問題になってきていると思います。

さて、日本の江戸時代を考えたときに、それまでの中世の写本の時代から江戸時代の出版の時代に入って、膨大な点数の出版が見られるようになりました。だいたい1600年前後ぐらいに、先ほども見せていただきましたが、古活字本と呼ばれるものが始まって、そして1630年代ぐらいから、木版の製版本が出るようになって、大量商業出版の時代に入る。その指標としてこれまで使われてきているのが、書肆が出版した書目を集めた「出版書籍目録」で、1660年代（寛文期）頃にはだいたい3000点前後、それが1690年代（元禄期）頃になると7000～8000点くらいになり、1730年代（享保期）頃には、それよりさらに数千点増えていて、一万点を優に超えるくらいになっているのではないかと思われます。そういうふうに非常に大きく発展してきたというのが、だいたいこれまでいわれていることだろうと思います。

それを少し違う側面から、きょうはお話ししてみたいと思います。まだ古活字本の時代の1621年（元和7年）に、福岡藩の大名黒田長政が、長崎代官の末次平蔵という人に依頼して、「天川」つまり中国の澳門で購入してきてもらった書籍の目録があります（『福岡県史』近世史料編・福岡藩初期（下）、1500号）。

この中に21部の本の名前があがっているのですけれども（表）、『漢書』や『史記』、『二十一史』といった中国の歴史書、『四書大全』『五経大全』などの儒学書、『七書』と呼ばれる孫子などの兵学書、唐代の政治書である『貞観政要』など、つまり、当時「物の本」といわれた書物の基本的なものがだいたい入っているのです。それを中国で買ってくるのがだいたい1620年代、大坂の陣が終わったころの大名のやり方だったのです。これらは1部が数十冊になるような大部なものが多いのですが、輸入でないとまだ手に入らないという時代だったのです。この史料を紹介された福田千鶴さんは、2部まとめて買ったのは贈答用かもしれないと言っておられます（「日本近世の為政者と『知』の継承」『歴史における知の伝統と継承』山川出版社、2005年）。

その後どういうふうになっていくかというと、例えば徳川御三家の紀伊和歌山藩の文庫に現在残っている書籍はだいたい2万冊余りあるのですが、そのうちの江戸時代に出されたもの1万5000～1万6000冊ぐらいについて調査をしたところによりますと、そのうちで、中国から輸入された漢籍は1割ぐらいしかないのです。そしてあと1割ちょっとぐらいが、中国の漢籍の和刻本と呼ばれる、日本でそれと同じものを出版したもの、そして残りの75％ぐらいが日本で出版されたいわゆる和書ということになります（「紀州藩文庫」『紀州経済史文化史研究所紀要』13号、1993年）。だいたいそうした比率

表、黒田長政購入書籍目録

書　　名	部数	値段（銀匁）
『漢書』	1	42
『五経大全』	1	70
『性理大全』	1	28
『四書大全』	1	22
『貞観政要』	1	17
『韻会』	1	42
『事文類聚』	1	84
『荘子傍註』	1	11
『天中記』	1	50
『武選郊政』	1	28
『文選』	1	11
『二十一史』	1	56
『七書』	1	8
『史記』	2	84
『続資治通鑑』	2	84
『帝鑑』	2	20
『軍政条例』	2	11
計	21	668

が、トップクラスの大名の持っている蔵書の全体像を示していると思います。

　もう一つ事例を挙げますと、元禄期1700年ごろの福岡黒田藩の儒学者の貝原益軒という人の蔵書は861部ですから、数千冊にのぼる書籍を持っているのですが、その中には中国からの輸入書はわずか数部しかなく、ほとんどが和刻本と和書です（「家蔵書目録」『益軒史料』7）。ただ、益軒の友人宮崎安貞が『農業全書』を書くために依拠した叙光啓の『農政全書』は和刻本がなく、益軒が黒田藩の文庫から借り出してやっています。ですから、輸入本でないとダメというものもあるにはあるのですが、たとえば先の黒田長政が澳門から輸入した書籍は、ほとんどが和刻本で読めるようになる。そして、儒学をはじめとした中国文化というものを、日本で出版された和刻本で読むことができ、日本人儒者の書物も和書として出版されるというふうに、それを出版文化の日本化といえるかもしれませんが、おそらく1640～50年代頃から急速に変わっていったといえるのではないでしょうか。そして、そういう和刻本と和書によって、在村の庄屋クラスの人々でも儒学や歴史を学ぶことができるようになるのです。

　それにはいくつか原因があると思いますが、一つは鎖国です。東アジア世界の中で、日本が輸入を、キリシタンの統制とも関わって基本的にはかなり統制することになり、輸入本が入りにくくなったということ。それからもう一つは、先ほどいいましたような国内の書物の出版力といいますか、書物生産力みたいなものがとても上がってきたこと。これは紙とか印刷という物的な生産力というものだけではなくて、古活字本の場合は中国古典か日本古典の再版がほとんどであったのに対し、そこに書く中身を生み出す力もふくめた、そういう知と情報の総合産業としての書物出版力とでもいうべきものが17世紀を通じて非常に充実してきたと思います。それから三つ目には、それをお金を出して買ったり、貸本で借りたりする膨大な読者層が成立しはじめたことだ

と思います。そういう意味で、それらを示しているのが今お話ししたような状況だろうと思います。

　さきほど高橋先生が言われた権威化と大衆化という二つの流れのうち、17世紀の日本は、鎖国体制のもとで将軍や大名が輸入本の高品質かつ希少な「善本」を独占的に所有したり、あるいは古活字本では慶長勅版や駿河版など天皇や将軍の出版が大きな比重をしめていたことなどによる権威化に対して、和刻本・和書の大量出版、出版文化の日本化による大衆化という大きな流れができあがっていった時期と見ることができるように思います。そのことが「古典籍」というものの枠を格段に広げ、それを新たな段階に押し上げたのではないか。そのことの社会史的な意味を考えてみたいと思っております。

　若尾　どうもありがとうございました。続いて吉田先生、お願いいたします。

　吉田　吉田と申します。私は、洋学ないし蘭学を中心とした江戸時代の科学技術史を研究してきております。したがって出版史そのものについては素人でありまして、きょうは、ひごろ自分が見ています江戸時代の科学技術書に限ってお話をしたいと思います。

　江戸時代科学技術史の研究上の価値という点では、実は写本の存在は非常に大きいですが、きょうは出版がテーマですから、版本に限ります。版本はどうしても写本と違って、それを読む読者といいましょうか、あるいはさきほど横田先生がおっしゃったように、購買者の存在が当然予想されるわけです。

　そういう意味で、江戸時代の科学技術の書物で購買層がいちばん期待できるのは、やはり医者の集団であります。ここで医者といいますのは、中国の伝統医学、いわゆる漢方の医者も含まれますし、18世紀後半から出てきます西洋医学、いわゆる蘭方の医者も含んでのことであります。科学技術書のなかでは、医学書が出版点数ではいちばん多いのではないかと思います。この点では、いま横田先生がおっしゃったような古活字本とか和刻本とか、そういった特徴も医学書の場合はかなり追えるのではないかと考えられます。医書との関連で申し上げれば、本草学という現在存在しない分野の書物であります本草書と呼ばれるものがありますけれども、それもやはり主に医者集団との関連で出版されています。

もう一つの伝統的な科学分野に天文学がありますが、中国の古典の考えでは天文学はもともと二通りありまして、当時の言葉で申しますと、暦算と天文であります。暦算はどちらかといえば今日の天文学にあたり、日食や月食、そういう天文現象の予測、あるいは天体の位置計算です。いわゆる天文というのは、どちらかといえば今日の占星術にあたるようなものであろうかと考えます。

　当時のプロフェッショナルとしては暦算学は正統な学問であって、中国の伝統的スタイルを引き継いで、王朝時代から暦を編纂する事業は権力者の専権であります。したがって古くは宮廷が編暦し、江戸時代になると幕府が暦を編纂し出します。そのため天文方という特別な役職が設けられます。天文学というのは、西洋でもそうですが、いちばん早くから精密科学として確立して、素人がなかなか理解できなくなります。歴史的にいって、きわめて早い時期からプロフェッショナルが確立した学問だということになります。

　そういう意味では、きわめて特殊な書物しか出ません。ですからあまり読者層は期待できません。

　ふつうは写本で研究書が著されます。比較的よく読まれた唯一の例は『授時暦』という元の時代の郭守敬という人が編纂したものがあります。それは、観測が非常に正確で、比較的信頼がおけるということで、貞享の改暦のタネ本として使用されます。この書物の注釈書、あるいは返り点・送り仮名などをつけた和刻本が種々出版されます。

　入門書、一般書がないわけではないのですけれども、天文学ではあまり期待できません。実は皆さんよくご存知の和算書が点数では圧倒的に多いのです。これはもちろん、和算が地方にまで浸透し、経済的に余裕のあるクラスがたとえば農閑期の冬に和算を学習し、楽しむわけです。ですから東北地方には和算書のコレクションが結構多くあります。また関流とか中西流とか流派をつくって競争しますから、たくさんの関連書が執筆され、出版されました。

　私が関心をもっていますのは、今日いう物理学とか化学ですが、これらは当時の伝統科学のなかに専門分野として確立していませんから、ほとんど出版されません。出版されても本屋さんが関わるのではなく、私家版といいましょうか、自分で蔵版するケースが多かったように思います。化学のほうは、薬学との関連で医者が関わりますが、物理学にいたってはほとんどこれを学ぶ層がありませんから、皆無とはいいませ

I. 東アジア近世編

んが、出版物としては指を折る程度だと思います。以上が、私が見て参りました江戸時代における科学技術書の傾向かと思います。

　若尾　どうもありがとうございました。続いて二階堂先生、お願いいたします。

　二階堂　ご紹介にあずかりました関西大学の二階堂でございます。私の場合は、中国の民間信仰とか道教とか仏教とか、そういった宗教文化、あとは民衆文化をやっておりまして、実は私も全然出版関係の専門ではなくて（笑）、ここに出ていいのかという問題があるのですが、私のわかる範囲でといいますか、宗教との絡みを中心にお話させていただきたいと思います。

　基本的な知識ですが、まず写本というのは手書きで写した本ですね。それから版本というのは、さっきから何回も出ていますが、印刷された本です。きょうのシンポジウムは出版された本ということですので、それと宗教あるいは民間文化の絡みということをちょっとお話ししたいと思います。

　高橋先生がおっしゃったような、あるいは横田先生がおっしゃったような、いわゆる本あるいは古典籍といいますと、必ず『論語』『孟子』『史記』『漢書』といったものが中心になるわけでございまして、善本といわれるものは宋の時代のものがすごい、元の時代のものがすごいということになるわけでございます。ところが、宗教の世界あるいは民衆の世界ともなりますと、これとはやや毛色を異にしてまいるということがあります。もちろん善本も大事なのですけれど。

　展示品のパンフレットにちょうどいいのがいくつか出ているので、見てみたいのですが、特にまず13ページ（本書243頁）をご覧いただきたいと思います。そこに宋の『大方広仏華厳経』というお経典が出ております。こういうふうに、実は宗教世界は印刷物を取り入れるのが非常に早いのです。ある意味布教せねばなりませんので、布教するための手段として印刷したもののほうが流通しやすいわけですし、今でも例えば台湾とかそういった所に行きますと、山のように印刷したお経が置いてありまして、「持っていってください。どうぞどうぞ広めてください」と置いてあるのですね。つまりそれはどういうことかといいますと、布教するため、人に知らせるために、こういう印刷物を多用してやるということがあります。

　あと、実は最近コンピュータのほうの仕事ばかりやっております。宗教とインター

ネットなどというと、なんか非常に結び付かないといいますか、こいつらは性格が反対ではないかと思われるかもしれませんけれど、こういったインターネットみたいな技術を取り入れるのも、実は宗教がいちばん早いです。ものすごく早いです。今アメリカでもものすごくたくさんの宗教団体がありますけれど、こういったものがインターネットを取り入れる。要するに、印刷物という非常に新しい手段を取り込んで普及させるとか、そういったことは、やはりメディアに敏感な宗教ということがございまして、そういった意味では、宗教と印刷物の関係はかなり古くから非常に密接な関係があったということがございます。

見ていただきたいのは13ページの折本（本書243頁）、ここをちょっと折った形で、かつてお経はみんなこういう形で普及しておりましたので、現物を実際に見ていただきたいと思います。

それから、もう一つは民衆文化のほうなのですが、これは18、19ページ（本書250.251頁）ですね。古典籍というよりはどちらかというと民衆に受け入れられていた物語として、例えば18ページの⑮（本書250頁⑰）に挙げられております、皆さんご存じの『西遊記』の印刷、それから⑰（本書251頁⑲）にありますのは『三国志演義』でございます。こういったものとか『水滸伝』でございます。こういったものはかつては非常に価値の低いものとされていまして、『論語』とか『孟子』とか『史記』とかが本なのであって、こういうものはむしろ本ではないみたいな扱いだったのですが、現在ではこういった本の価値も非常に上がってまいりまして、『西遊記』とか『三国志演義』を研究する動きが出てまいりました。

こういったものが出版されるのは、もちろん宋の時代にはほとんどありません。こういった小説が出現するのは明の後半になってからですので、日本でいえば江戸時代に近くなってからで、明版ばかりです。明という時代も不思議なものでして、初めのころは出版物はほとんど少ないのですね。ところが後期のほうになりますと、高橋先生のお話にもございましたように、だんだん出版物が増えてまいります。だんだん質が落ちてくるのも、大衆化とおっしゃいましたが、実はそのとおりで、どんどんどんどん出版が行われるようになります。ある意味バブル、僕ら時々冗談で「明末バブルだよね」とか言っているのですけれど、明末にそういうバブルの状況が起きまして、こういう『西遊記』とか『水滸伝』とか『三国志演義』の小説は、そういった出版点数がものすごく増える中でどんどんどんどん出版されて、受け入れられていったとい

うことがございます。

　実は民衆は文字を読めませんので、これについてはまたあとでお話ししますが、そういった大衆化が行われていく過程で出版物、またこういったものが大きな役目を果たしたということがございまして、私などはこういった民間の文化から見た出版物に非常に注意しておるわけでございます。以上です。

　若尾　どうもありがとうございました。続いて、テーマ②古典籍はどういう資料的な価値があるかについて、お一人ずつお話をしていただきたいと思っています。高橋先生、お願いいたします。

　高橋　今、いろいろな先生のお話で、中国と日本と書物のいろいろな層がだいたいなんとなくわかっていただいたような気がするのですけれども、先程の『通鑑紀事本末』（図版1）を見ていただきますと、これは先ほど申しました宋版というものです。ですから今、二階堂先生がおっしゃったような、いわゆる民衆が読むような『三国志演義』とか『西遊記』とか、そういうものとはちょっとかけ離れたというと変なのですけれども、時代も違うし風格も違うものです。

　この宋版がなぜ貴重なのかということなのですが、まず研究上からいいますと、宋の時代に出版文化が生まれてまいりまして、そうしますと中国ではこの本の元になった写本が滅んでなくなっていくわけです。ですから、もちろん筆者の原稿などもなくなってまいります。これは江戸時代などとは大きな違いがあると思うのですけれど、江戸時代の儒学者とか学者の場合には、出版をしてもその人の原稿はおびただしく残っているのですが、中国はそういうものがまったく残らない不思議な国なのです。例えば『資治通鑑』を書いた司馬光の原稿がちょっと残巻で残っているのはございますけれども、まあ宋以前の人の原稿が残るなどということはもうまずあり得ないことです。

　そうしますと、この宋の時代に出版が行われたということは、そこまでしか著者の原点に戻ることはできない。もうそれ以上戻ることはできないというふうな限界がございます。その限界を破るのが唐の時代に書写された唐写本といわれるもの、展示にもございますけれども、そういう新しい資料、あるいは古代のものだと出土資料というようなもので研究の限界を突破していく方向が今注目されています。中国でこういう書物を扱う学問を版本学と申しまして、そういう新しい資料をさらに分析していく

のを考古文献学というふうなとらえ方をいたしまして、版本学（書物を扱う学問）とはやはりちょっと一線を画しているところがあります。

　この宋版はなぜ王様かといいますと、なにせ後の時代のテキストに比べて字が正しいといったら変ですけれども、本当に間違いが少ないのです。一般に流布している本と宋版の字を比べてみたら、字の間違いを宋版によって正すことができるものがたくさんございます。専門家でなくても、ちょっと比べてみたらほんとうによくおわかりいただけると思います。そういう一つの研究上の価値がございます。

　それからもう一つは、なんといっても字の美しさ、紙の素晴らしさ、墨のりの美しさですね。ここのところに名前があるのですけれど、これはこの版木を刻んだ刻工の名前です。ここに字数がありまして、刻工がこの１枚に何字、字を刻んだかという字数が書いてあります。この字の数によって刻工が給料をもらうわけです。ですから、ここに実際より余分に字数を書いてごまかすわけです。あまり数える人はいないと思いますけれど、300いくつと書いてありますが、たぶん200ぐらいではないかと思います。そういうことがございます。

　ですから、当時の刻工たちの一字一字の刻み方が、もうほとんど今となっては芸術の価値を得ております。一字一字拡大していったら、今こんな字を刻める人はいないということですね。これは例えば全部で60冊ぐらいある本ですけれども、それが最後まで変わらず字体が最後まで続いていくのは、ほとんど今の技術社会では考えられないような価値があったということだと思います。

　そういうわけですので、例えばこれは実際１冊しかないのですけれど、日本よりも中国のほうが価値が高いですが、日本でこれが１冊売れても、おそらく何百万ぐらいはするのではないかと思います。中国だとやはり何千万という値段が付くのではないかというぐらい、美術的なというか骨董的な価値が高いということがいえると思います。もちろん、それが文化上、文化史の中でこういう宋版という書物がなぜ貴重なのかというと、例えば一つ一つの紙のつくり方の技術がどういう技術であったか、あるいは墨のつくり方がどういう技術であったか、社会経済的な観点からも研究されているわけです。そういう意味で、当時の数百年前の中国にあって、なぜこのような完成品が生まれたのかという研究が今されているという意味では、文化史上非常に大きな意味があると思います。

　これが明の時代に至ると、ちょっと事情は違ってまいります。中国では、明になっ

て書物が増えて書物が滅んだというふうなことわざがございます。これはどういう意味かというと、明の時代の人は、宋のものがいちばん古いですから、宋の時代の書物をそのまま覆刻したり、宋版に基づいてテキストをつくったりするわけです。そのときに明の人たちは、「おっ、この字はちょっと読めないぞ」とか「おっ、この字は意味がおかしいぞ」と勝手に字を変えるのです。これが明の時代の人の特徴だといわれております。

　字を変えるのは、もちろん見識が高いし、古典籍もよく読めるしということで変えるわけですけれども、それが実はだんだんもともとの書物の姿を失っていくことになってしまうということです。清の時代の人たちは明の時代を批判しなければならないみたいなところがあって、それで後の清朝末期の学者は明というと悪口をいってけなすわけです。「明の人が書物を出して結局書物が滅んだ」という一つのことわざのようなことがございます。でも実際は、この明の時代の出版物は研究上・美術上も非常に大きな価値を持っているのでございます。

　それから清になりますと、今度清朝は政治的に非常に皇帝の権力が強くなりまして、例えば一つ一つの字に皇帝の名前などを使ったら、もう一族皆殺しになってしまいますので、皇帝の名前は使えないとか、政治的な制限が出版社会に出てまいりまして、そうすると学者もあまりいい加減なことをいえないということで、明の時代よりも非常に閉鎖的な時代になってきて、それが細かい字の意味について研究する清朝の考証学に特化していったといわれています。

　それが結局書物の文化にどういう影響を及ぼしたかというと、逆に清の学者は明を超えて、宋の時代の古いテキストに戻っていこうと。もう一度テキストを校訂し直して、文字を直して、正しい古い時代に戻っていこうという考証的な姿勢が出版物に表れてきます。これが清朝考証学による出版文化の再確立というか、そういうふうな様子を持ってまいります。

　ですから、中国の書物の資料的な価値というところで述べますと、宋元版の研究・美術的な価値、明の時代の文化的な価値、そして清の時代にそれをさらに全部含めた形での書物文化の価値観を見いだしていったということがいえるのではないかと思います。

　先ほど見ていただきましたように、明の時代には美を追求する美しさというものが出てまいりました。ですから、明の時代は日本の江戸時代のような非常に自由な時代

で、そういう意味では書物の内容あるいは形態に関して大きな広がりを持っていて、ここで一つの転換期がやってきたというふうな感じがいたします。ですから、その時代時代でのほんとうに特徴があって、宋には宋の特徴があり、明には明の特徴があり、清には清の特徴があるということで、中国ほど書物によってその時代の文化がわかる国はないのではないかと思います。ですから、その時代の特色を備えた書物を鑑賞していくことによって、中国がもっともっと身近に感じてくることがあるのではないかと思います。最近は骨董ブームで、古典籍が中国では非常にもてはやされています。一般のそれこそほんとうに古典の何が書いてあるかわからないような人でも高いお金を出して本を買う風潮が出てきております。

　逆にいうと、それはいいことではないかというふうに私は思います。書物を重んじていく、書物を大切にしていくことが、やはり文化を守っていくことではないかという感じがいたします。そんな意味で、古典籍はいろいろな観点からの価値があるといえるのではないかと思います。

　　若尾　どうもありがとうございました。次に横田先生、お願いいたします。

　　横田　「古典籍」の資料的価値ということですが、私は、「古典籍」のモノそのものがもつ価値、たとえば美術的価値とか希少性という価値とは別に、モノが歴史的、社会的な環境の中でもつ価値という点について述べてみたいと思います。

　先ほど私は中国の漢籍が日本で和刻本になって広がっていくという話をしたのですけれども、それを中国文化の日本への受容ないし日本化のあり方の問題とすれば、もう一つ、日本の場合には、平安・鎌倉時代に書かれたいわゆる「古典文学」と呼ばれるもの、例えば『源氏物語』や『伊勢物語』とか、そういうものが次々と古活字本や整版本で刊行され、それを極めてたくさんの人が読めるようになるということがあります。

　例えば『徒然草』、これは兼好法師が書いた鎌倉末期のものですけれども、たくさんの人がその名前を知り、それを読んだことがあるのは実は江戸時代なのです。17世紀を通じて、たくさんの版本が出るようになります。同時に、先ほども中国のもので見せていただいたように、上の段に注釈をいっぱい書く形、江戸時代の人にとってもちょっと難しいものですから、そういう注釈書も数多く出版されます。

そのときに、江戸時代の人が読んだ読み方は、鎌倉時代に兼好が書いたときの思いとイコールかというと、必ずしもそうではないのです。兼好自身は、鎌倉幕府が滅びゆくそういう時代の中で、一定の無常観とか、いろいろなものを込めて書いたのですが、そしてそのことについての研究ももちろんたくさんあるのですが、江戸時代の人にとってはそういうところはあまり読まない。むしろさまざまな教訓の本として読む。

　例えば、兼好は友達にするのによくない友達が7種類あるといって、金遣いが荒い人とかいろいろ出るのですが、酒を飲むやつはあまり友達にするなと書いてあるのですね。これを引いてきて、江戸時代の豪農などが息子に対して家訓を書くときに、「兼好でもこんなことを言っている」と言って、「酒はあまり飲むな」とか「女を買うな」とかいろいろなことを言うわけです。注釈本にも、これは跡取り息子に読ませたいとか、家を守るときのいろいろな教えが書いてある本だというふうに書いてある。

　つまり、書いたときの作者の思想と読むときの読者の読み方は、本文そのものは全く同じでも、必ずしもイコールではない、むしろ変化していて当たり前であって、書物というものをこれまでは作者を中心に研究してきたのに対して、読者の読書行為の中に違う価値を見いだそうというふうになってきているのが、最近のいわゆる読書論・読者論の大きなポイントではないかと思います。

　もちろん兼好の『徒然草』のように、作者が書いた時点と広範に読まれる時点がずれるときに、それは特にはっきり表れています。しかし、たとえば読本などの場合、作者が読者の読書行為を予想しながら著述するといった関係も生まれるのですが、いずれにしろ作者と読者をいったんは区別して考える必要があると思います（横田「『徒然草』は江戸文学か」『歴史評論』605、2000年）。

　「古典籍」の資料的価値という場合、これまでは、作者を中心に、作者の自筆本とか、いちばん古い写本とか、初版本とか、つまり作者にいちばん近いところのものにとても高い価値を付与してきた。冷泉家で定家の自筆本が新しく発見されるというふうな形で希少本が発見されてくることになるわけですが、逆にこれを読者の側に視点をおいて、どんなふうに読まれたかと考えたときには、実は作者からはいちばん遠くにある、いちばん末端にいった読者のところで、誰がどんなふうに読むようになったかという、全く別の資料的価値を見いだすことができるのではないか。

　とすれば、同じ一つの『徒然草』があればもうそれでいいというわけではなくて、例えば庄屋さんの家の蔵の中にある、手垢にまみれたボロボロになった本とか、いろ

いろな書き込みをしたもの、そういうものがどんなふうにあるかということが、非常に大きな意味を持ってくるだろう。そういう意味では、美術的なあるいは希少価値だけではなくて、普及したことによる価値も、新しい「古典籍」の価値として位置付けていく必要があるのではないかというふうに思っています。

　もう一つですが、江戸時代は普及、大衆化という方向ばかりかというと必ずしもそうではない。例えば江戸時代の初めに、嵯峨本というとても豪華な装丁の本が出ます。それは古活字本の時代ですけれども、雲母とか胡粉を入れたような豪華な紙に刷ってある、美術的価値がとても高いといわれるのです。それはもちろん古活字本ですが、それをさらに被せ彫りにして製版本で復刻したものが出回る。しかも、それなりにきれいな紙に刷って、それが普及する。そういう覆刻嵯峨本というのがあるのですけれども、それを買った人が「これは光悦の嵯峨本だ」と言って、識語を書いたりしているわけです。つまり、読めればいいだけではなくて、それをとても大事な豪華本としてありがたがるといいますか、そういう価値を見いだすことも江戸時代では同時に起こっていることもあると思います（三木崇臣「覆刻嵯峨本『伊勢物語』の刊行と需要層」、第33回「書物・出版と社会変容」研究会報告）。

　また、私の大学の、もう退職された女性の先生ですが、戦後まもなく、山梨県のある豪農の旧家に嫁がれ、そこのお姑さんから、代々母から娘や嫁に伝えてきたものだといって譲られたのが、鳥の子紙の大和綴じに雲母びきの表紙をつけた装丁で、見事な書体で書かれた『伊勢物語』の写本だったのです。そして、それと同時に、『女重宝記』などの木版刷の普及本を一緒に譲られたということでした（現在京都橘大学に所蔵）。そういう貴重本系のものと普及本系のものが同時に伝えられるという組み合わせというか、伝えられ方というものに、民衆の文化を見ていくときの一つの視点があるのではないか。その意味で、「古典籍」の資料的価値という場合、貴重本にしろ、普及本にしろ、それらをそれが伝来した環境から切り離して、単独の価値として考えるのではなく、伝来の状況や環境の情報と結びついた価値というものがあるのではないか。それが伝来した環境の中にどのように存在していたかを総合的に見直していくことが、近世という時代の文化のあり方を考えるときのポイントになると思います。また、「古典籍」の書誌学がそうした伝来環境についても関心を持つべきではないかと思います。

Ⅰ．東アジア近世編

若尾 どうもありがとうございました。続いて、吉田先生、お願いいたします。

吉田 書物と申しますと、どうしてもテキストの分析というのがわれわれの頭のなかに最初に浮かびます。それはそれで非常に貴重なことですけれども、きのう磯部先生が挿絵のお話をされましたように、挿図は、科学技術書の場合非常に重要でありまして、文字でわからないところを絵や図でわからせるという要素があります。ところが、絵本とか他のジャンルのさし絵の分析は結構あるように思いますが、科学技術書の場合はほとんどありません。まだまだこれからの研究分野ではないかと思っております。

今までの皆さんのお話と少しズレるかもしれませんが、書物にはこういう「読み方」があったということを、ふだん皆さんが御覧になる機会がないような書物から一例を申し上げます。

これは清朝の時代の北京の天文台の図です。いろいろな観測器具が描かれていますが、これらは実は現存します。下の台にあたる所は現在古観象台と呼ばれ博物館になっていて、屋上に上ると観測器械が図のように配置されてまじかに見ることができます。1979年に初めて中国へ行ったときには、まだ整備されていなくて、ただ野ざらしにされていました。当時は自由行動が規制されていましたから、近くまでいけませんでしたが、翌年また行ったときは近くで見ることができました。ただこの時は、観測器械

『諸儀象図』（東北大学図書館狩野文庫蔵）

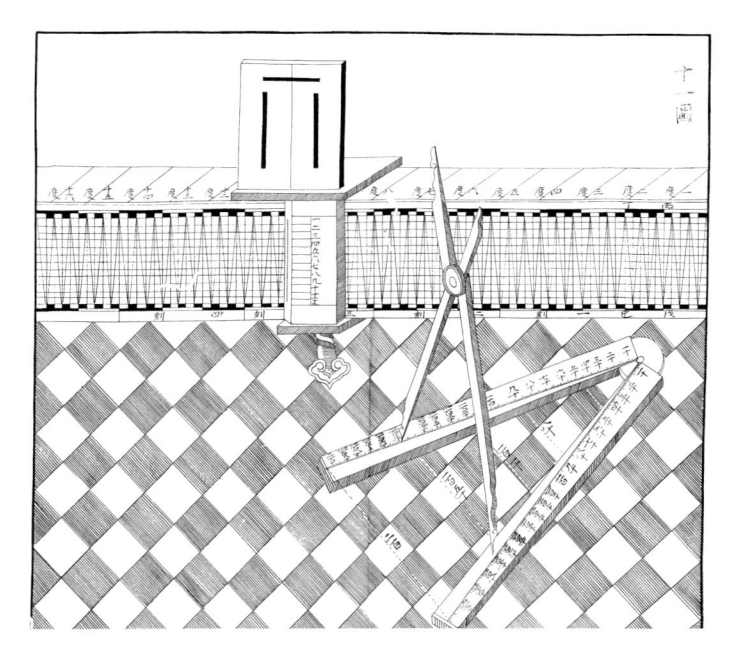

『諸儀象図』（東北大学図書館狩野文庫蔵）

は下に下ろされていました。1987年のときは、博物館となって、きれいに整備されておりました。

　これらの観測器械は西洋のティコ・ブラーエという人が初めて開発したものです。彼の後継者になったのが皆さんご存知のケプラーで、プラハのルドルフ2世の天文台で活躍しました。

　この観測器の目盛が斜線になっていることに注目してください。目盛はふつう縦に刻まれていますが、それが斜線になっています。これは対角線目盛と呼ばれるものでありまして、ティコ・ブラーエが考えた一つの工夫です。その様子は、これらの観測機器の構造を図解した有名な『霊台儀象志』という書物に見えます。なぜ対角線なのかと申しますと、たとえば一つの目盛を1度としますと、1度の半分ぐらい（角度30分）は目分量で読めますが、それ以上は細かくて読めません。そういうときに、ある目盛と次の目盛との間に対角線を引くと、目盛同士の間隔よりも、斜めの対角線はそれだけ長くなります。そこで、この対角線と、横に引いた平行線との交点を読み取ることによって、より細かい角度が読めるわけです。たとえば、1度に対して線が横に6本引いてあれば6分の1、つまり60分の6分の1ですから、10分まで読めます。10本引けば、10分の1、角度6分まで読めるわけです。このように、それだけ精度が上がる仕組みです。

　イエズス会士が書いた『霊台儀象志』が日本に入ってきて、それを読んだ江戸の天

文方などは『寛政暦書』という書物を編纂しました。この書物には、対角線目盛がはっきりと図示されています。天文方は、このイエズス会士の書の図を参考にして製作した観測器械を、実際に江戸の天文台に据え付けたのです。観測器械そのもは入ってきませんでしたが、書物の図から学びとったのです。

　ここに象限儀という観測器械があります。角度を測るためには円周360度は必要でなく、90度あれば充分です。象限儀というのは、数学で第１象限とか第２象限と習うように、90度に目盛をつけた器械で、主に星の高度を測ります。これには先ほどの対角線目盛が付いています。本物は見ないでも、中国から入った西洋観測器械の図を頼りに目盛をつけるということが実際に行われたのです。

　実は寛政の改暦で活躍した高橋至時は、有名な伊能忠敬の先生です。忠敬が全国測量で使った象限儀には対角線目盛がつけられていました。先生の至時が先ほど述べましたように『霊台儀象志』を参照して作らせたものを忠敬が採用しているわけです。伊能忠敬が広島県呉のあたりの海岸線を測量していたときの様子を描いた「浦島測量之図」という非常に珍しい巻物仕立ての絵が残っています。その中に忠敬が用いた種々の測量器具が描かれていますが、その一つの象限儀には対角線目盛がついています。しかもその対角線目盛をわざわざ別に記して図解しています。地方の測量家にとってはたいへん珍しかったからと思われます。ですから、単なる挿絵にすぎませんが、その図を参考に実際に器具が製作されたのです。

　それから、挿絵の問題としては、解剖学を説明するためには絵がないと話にならないわけですが、『解体新書』の例を見てもわかるように、江戸時代に木版から銅版に変わります。その変化は大きなインパクトを与えています。『解体新書』は1774年に出版されますが、その挿図は木版です。角館出身の小田野直武が描いています。この『解体新書』は、杉田玄白の弟子の大槻玄沢が増訂します。この『重訂解体新書』は実際は18世紀の終り頃には一応出来上がっていたようですが、出版は1820年代まで遅れました。その頃になるともう銅版の時代になっています。こうして『重訂解体新書』は、銅版で新たに挿絵が描かれています。銅版は非常に細かい線が引けますから、たいへん精密な図版が描けたのです。

　さらにもう一つ西洋画との関係で申しますと、透視図法が重要ではありますが、解剖学の例では、影をつけて立体感を出す方法が採用されています。これは受け売りですが、どうも中国や日本の伝統には影をつけて立体感を出す方法はなかったようです。

木版画では線が太くなってしまい、そういう技法は出来ません。それが銅版画によって可能になって、非常にリアルな絵が描けるようになります。こうした挿絵の問題はまだまだ研究の余地があります。時間がありませんから、このへんで終わらせていただきます。

若尾　ありがとうございました。二階堂先生、お願いいたします。

二階堂　はい。先ほど高橋先生が宋版は非常に文字からして素晴らしいというお話、それから今、吉田先生が挿絵のお話をしたので、ちょっと挿絵を出していきたいと思います。

これは実は、元のころに出された『三国志演義』の元になった小説『三国志平話』というものです。必ずこういうものは上に挿絵が付いていまして、下に文字があるパターンが多いですけれど、ちょっと文字を見ていただきたいのです。この「刘」という字です。「なんだこの字？」と思われると思いますけれど（笑）、つまりこれは『三国志』で有名な劉備の「劉」の省略字体です。今、中国では、実はリュウさんというのは全部これで、こっちのほうで書かれます。よく「中国はあんなふうに字を省略してけしからん。昔はそんなことはなかったぞ」という人がいるのですけれど、「いや、昔からやっているんです」ということなのですね（笑）。かなり昔からやっていまして、この「刘」という字はもう古くから使われているわけです。

この本を見ていますと、全体的に非常にずさんといいますか、文字を見ているとボロボロでして、当て字がめちゃめちゃ多いです。だいたい諸葛孔明の諸葛の字を当て字にしたりしますので、いいのかそれという、読むほうは非常に判別に苦労するのです。そういう意味で、これは元のころの小説の本ですけれど、こういってはなんですが、非常にずさんというか、いや、お手軽というのか、普及版というのか、そういうところがありまして、やはり小説にはこういったものが一方であったりします。

と思う一方、これは『封神演義』という私が研究している小説なのですけれど、この表紙がおもしろいのは、この図ではよくわからないのですが、値段が書いてあるのです。「このお値段は１両でございます」と書いてあるのですけれど、そのお値段は普通の『論語』とか『孟子』とかなんとかよりも倍ぐらい高いのです。これはどういうことか。今でいえば、学術書よりマンガのほうが高いだろうみたいな、そういう世

Ⅰ．東アジア近世編

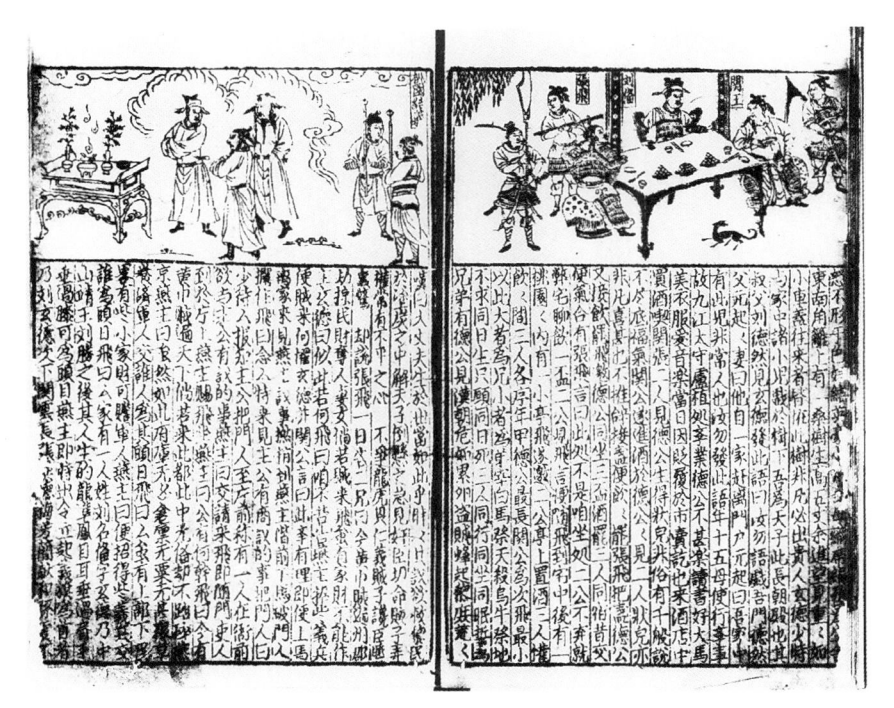

図版　三国志平話（国立公文書館蔵）

界になっていまして、どうしてかは私も不思議ではあるのですけれど。

　一つは、こういう小説の本はとにかくものすごく挿絵が凝っていまして、これも下が当て字ばかりにもかかわらず、上の図は見ていてなかなか素晴らしいのです。あと、ほかの小説を見てみても、中身が時々ずさんなのがありますが、中身をちゃんとつくっているのもありまして、すごく豪華本という装丁もあるのですけれど、図のほうはかなり凝っていまして、どういうふうに価値を持っているのか。この図に関してもまだ研究が多くありません。小説の方がお値段的にも高くなることがありまして、ちょっと不思議な現象があるわけです。そういう意味で、美術的な価値はこういう小説版本のほうが高いのではないかということもございます。

　それからもう1点ですが、私、コンピュータの話もしなければいけないので、こんなこともやっているわけですけれど。ちなみに、現在ではコンピュータ上でこうやって中国語と日本語を混在することはできるようになっています。これは本題とは関係ないのですけれど（笑）。

　今、そういう古い本を保存することが非常に問題になっていると思うのですが、例えばこの本は世界に1冊しかない本なのですね。先ほどちょっとずさんな本だと言いましたけれど、貴重といえば貴重なのです。世界に1冊、国立公文書館という所に収

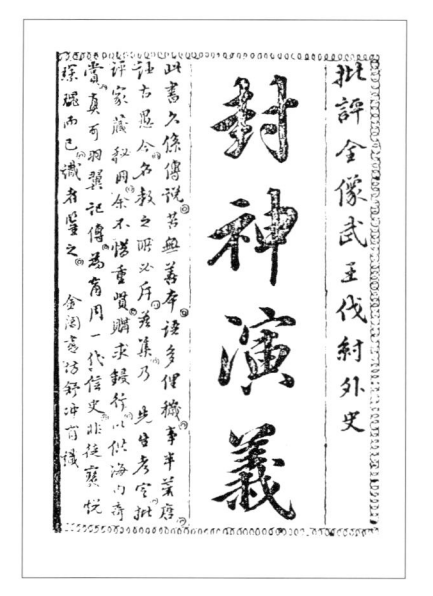

図版　封神演義（国立公文書館蔵）

められています。北の丸公園にある公文書館です。こういう本を見たいといっても見せてくれないといいますか、非常に貴重だから、簡単に僕らが見られるものではなくなっているのです。こういうのは普及させなければならない一方、昔の本は非常にヤワですから、普通の人が見たりしたら、壊したり破ったりするわけです。

　その結果どうするかということで、私どもなどが考えているのは、こういうふうにコンピュータのデータ化をしてしまう。私のホームページは関西大学にありまして、ここでデータを公開しております。データを公開するときは、こういうふうに先ほどの字を全部直してあります。この「刈」の字はちゃんと直してあります。正字に直してしまいますと逆に元の字はどう書いてあったのかわからないですね。ここらへんは判読できない文字ですから、示していません。

　それで、こういうテキストを示すと同時に、原板の影印のデータもアップしてあります。ここを押すと図版が出てきます。つまり見たければ原版を見てくれと。これは実は国立公文書館に許可をもらいまして、インターネットに出していいと。昔、国立公文書館はこれを渋ったのです。「えーっ、盗まれるかもしれない、コピられるかもしれない。嫌だ」とか言っていたのですけれど、最近は「インターネットいいねえ」ということになりまして、だいぶ方針が変わってすぐ許可がもらえるようになりまして、こういうふうな画像を一緒に付けてあります。

　こういった形で、これからは古版本というものも、画像とテキストをマッチングし

て載せていく手法をやって、それで公開していく。そうすると本も傷みませんし、実際に手に取ることも非常に大事なのですけれど、やはり保存と公開という二律背反を解決する以上は、インターネットでこういう画像を公開しながら、保存のほうはきちんとやっていく。そういう行為もこれから必要になってくるのではないかと思っております。以上です。

　若尾　どうもありがとうございました。だいぶ時間がおしてきたのですが、三つ目のテーマ、古典籍と知識人とのかかわりあいについて、それぞれお話をいただければと思います。高橋先生、お願いいたします。

　高橋　はい。また古い話に戻ってしまうのですけれども、これ（図版15）をちょっと見ていただきますと、蘇東坡という宋代の有名な詩人がおりまして、その詩集です。この茶色の部分がもとの紙です。白い紙は、このもとの本を全部ほぐしまして、その下に台紙として白い大判の紙を張りまして、それをとじて本にしたわけです。この上にある字は、この本を読んだ人が自分で勉強した注釈書というかメモを書いているわけです。赤いのは訓点を振ってあるわけです。実はこの本自体は宋版でございます。先ほどの宋版です。これを日本の室町時代のお坊さんが中国から買ってまいりまして、そこに勉強したわけです。こういう注釈をたくさん入れています。

　右側に実は張り紙をしてあるのですが、これも全部勉強して書いたメモです。ペラ

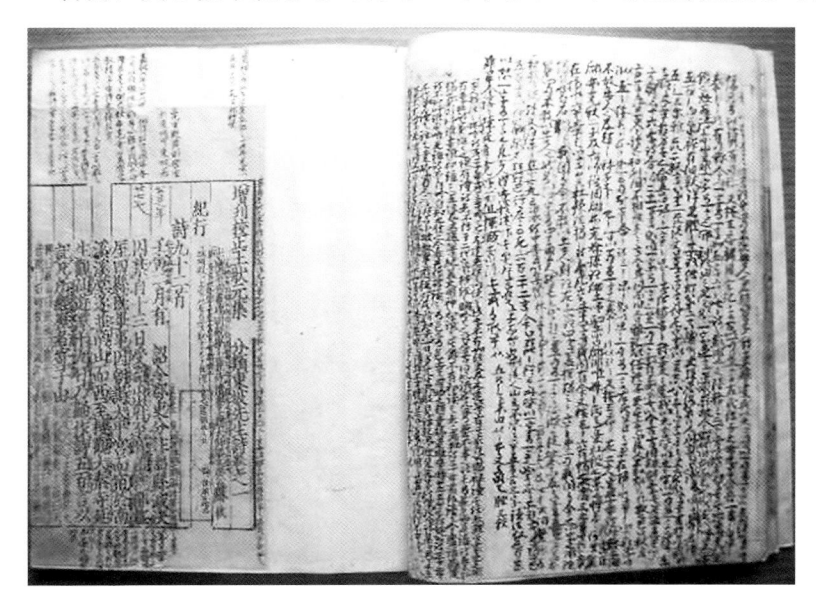

図版15

ペラとめくると、その下にも書いてあります。これが全ページそうなのです。要するに、もとのこの紙ではとても私のメモ書きは間に合いませんというので紙を添えた。もっとすごいのは、ここにもう一回紙を添えて、さらに書き加えると。

　これは要するに室町時代の日本人が漢文を読むときの勉強の姿です。日本の中世の人たちはこのようにして漢文を読み、中国の古典を受容していったのですけれども、もう言葉に詰まりますね。これだけ勉強してどうするのだろうという感じなのですよね（笑）。ですから、例えば今のわれわれが、じゃあ昔の人はここにどんな注釈を書いているのかと、一つ一つ点検して見ていくなどということをやっていたら、それで一生終わってしまうぐらいの量です。こういうのは実は日本にはたくさんありまして、最近そういうことを事細かに研究されている研究者の方が多くなっておりますが、日本ではこのようにして受容されたのです。

　さて、中国人はどういうふうにしてこういう本を読んだのかということなのですけれども、中国人がこれほどきちんと注釈をメモ書きして読んでいる本は、少なくとも宋版にはあり得ないです。明の時代以降、宋版が重んじられて、そんな貴重な本に落書きしてはいけないということで、本には一切書き込みはしなかったということはあるのですが、それにしても宋の時代の人にとってみれば、宋版などというものは子どもでも持っていたぐらいの普通の本だったわけですけれど、いったいそれをどういうふうにして読んだのかという痕跡は、この現物を見る限りではまったくわからないのが現状です。

　日本の場合にはこのようにして、どういうふうにして勉強したか、この字をどういうふうにして解釈して読んだのかということまでわかるのです。この違いがやはり日本と中国、もちろん中国人はスラスラ何も書かなくても読めたのでしょうから、日本人はやはり丁寧にいちいち訓読して、中国人に教わって読んでいかないと内容がわからなかったのがあるかもしれませんが、そういう意味では、中国における知識人が書物をどのように受け入れていったのかは、具体的にはもうわからないのですね。

　じゃあ、どのようにしてわれわれは当時の人たちが書物を受容していった形跡をたどることができるかというと、それはやはりどういう書物が出版されていたかとか、あるいは本屋がどういう書物を出版したかとか、そういうところでもって、その本が出版されれば、だいたいこういう人が手に入れただろうということで想像していくしかないのです。ですからそういう意味では、中国では古典籍が知識人とどうかかわっ

I．東アジア近世編

ていったのかとか、そういうものが知識人に読まれることによって社会がどう変わっていったかとか、どうもそういうふうな意識の研究にはならない感じがいたします。

つまり書物自体がもう中国人にとっては貴重なわけで、それ自体が社会の宝物であったというふうな、そういうとらえ方をしているのではないかという気がいたします。ただ、中国では科挙という試験がございまして、だいたい試験を通らないと役人にはなれなかったというのがあって、その試験のために勉強する科挙のテキストはたくさん出てまいりました。

日本の話をいたしますと、こういう具合に、江戸時代に出された五経などは、これだけ訓点を振って読めるような形で出されていきますと、だんだんだんだん身近になっていく感じがいたします。これは実は、安井息軒という幕末の有名な儒学者がおりまして、その人が『孟子』を読んだテキストです（図版16）。これは安井息軒の自筆でメモ書きをしています。やはり日本の学者はこういう読み方をしたのですね。きっちりこういうふうにメモ書きをして、しかも白い枠にきっちり書いて本を読んでいったのが、どうも日本人の読み方です。ところが、中国人にはどうもそういう痕跡がなかなか見えないというのがございます。

これは先ほどの古活字版ですけれど（図版17）、これもこういうふうに様々な点を打って、これはどういうふうに読むか訓読の印なのです。一種の読み方の記号です。もう一つおもしろいのがあるのですけれど、やはり朝鮮でもそうなのですね。これは実は朝鮮で出版された本なのです。これは明の時代に出版された『論語』ですけれども（図版18）、明から朝鮮にこの本がいきまして、これは朝鮮で変えられた表紙です。ちょっと見えにくいかもしれませんが、文字間のいたるところに点が振ってあります。これはあとで丁寧に書き入れてあるのです。これは諺文でしょうか。日本の、要するに読むときの送りがなのようなものです。ですから、これは朝鮮で漢文を読むときの

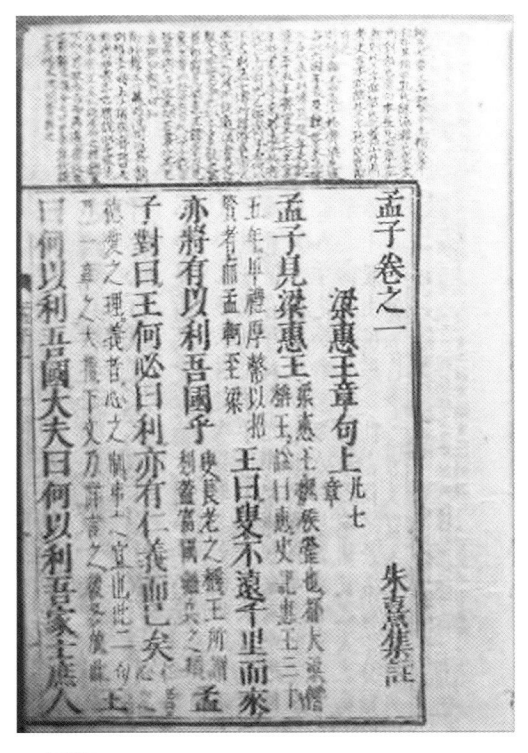

図版16

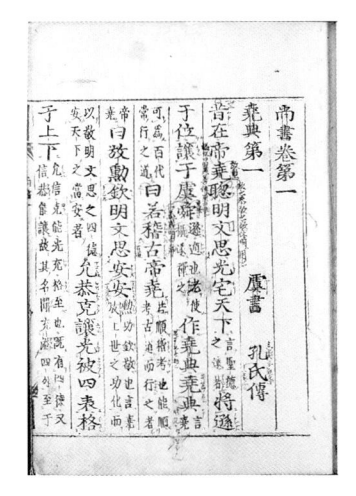

図版17　　　　図版18

読み方です。

　朝鮮の場合、職人かと思われる人たちが非常にきれいに丁寧に書き入れています。日本の場合は、どうしてもこういうふうに学者が自分で自分の読み方を書いていく受容をしております。繰り返しますように、いったい中国人はどうやって読んだのかは、ただスラスラと音で読んでいったのでしょうけれども、ほんとうにわかりません。

　そんなことで、学者というか知識人というか、文字を読める人たちに書物がどのように需要されていったのかということは、書物の総体を調べていくところから始めなければならないというふうな感じがいたします。宋版に限っていいますと、今、世界中に残っている宋版がだいたい2000点とも3000点ともいわれていて、あまり明らかではないのですけれども、数千点残っているといわれています。書物の総体からすればほんの一握りなのですけれども、それでも何百年、千年過ぎて、それだけのものが残っているということは、やはりもうほとんど相当の勢いで書物が普及していたことが考えられるのではないかと思います。

　実際一つ一つの字を見ても、これだけきれいに字を刻す、こういうふうな技術が熟するのは並大抵のことではないわけで、ちょっと出版されましたというぐらいでは、こんな立派な本が出るまではいかないわけで、そういう面から考えますと、われわれが想像する以上に知識人の間には書物が普及していたことが考えられるのではないかと思います。ですから、それこそ明の時代とか清の時代になったら、もちろん人間よりも書物のほうが中国では多かったのではないかというぐらい、書物が人間を支配していたのではないかというぐらいのものではなかったかというふうに思います。

I．東アジア近世編

図版19

　その意識の中にも、例えば日中友好が結ばれて田中角栄が中国に行ったときに、毛沢東がおみやげにくれたのが宋版の『楚辞』の複製です。さすがに本物はくれなかったですね。複製本をつくってプレゼントいたしました。やはりそういうところが中国の書物文化を反映している気がするのです。毛沢東が外国の賓客を接客するときは、必ずソファーの後ろに書棚があって、その書棚に整然と古典籍が並んでいると（図版19）。そういうところで外国客を接待する。そうするとやはり書物に圧倒されて、お客さんも「これはすごい」と（笑）。

　書物というのは、中国ではそういう政治的な意味もありますし、知識人の間では読んで知識を身に付けるだけではなくて、いろいろな意味で受容されていったのではないかということが考えられると思います。まだまだそういう研究はこれからどんどん盛んになっていくとは思いますので、われわれの書誌学がそういう研究のお助けになればいいなというふうに思っているところであります。

　若尾　次に、横田先生、お願いいたします。

　横田　今の最後の田中角栄の話でいいますと、江戸時代の庄屋の日記に、彼が銅の錠前の付いた書箱に入った『和漢三才図会』全80巻を、かなり高額なので分割払いで購入する記事があります。『和漢三才図会』は絵入り百科事典ですが、まだ見たこともない異国人物図などが絵入りで載っている80巻の書物を所有することは、村人にとって庄屋の知的権威を視覚的に示すものとなったのだと思います。書物が、確かに社会

の中で一定の知的権威を象徴するようなものとして存在していることはいえるだろうと思います。

　さて、江戸時代の知識人という場合、藩儒などから地方文人とよばれるような人々、そして村の庄屋クラスぐらいまで広がっている。それに、村の寺の僧侶とか神主、寺子屋の師匠とか、先ほど出ていました在村の医師とか、このクラスでも数十部から百数十部の蔵書をもち、和歌や漢詩を作ったりする。それにそういう人々を相手にする在郷商人たちもまた、そういう感じではないかと思います。ここではそのクラスの知識人に焦点をあてます。

　1点目は彼らの知的水準ですが、在村医師クラスの蔵書を見ていきますと、先ほど見せていただいた安井息軒のような書き込みがいっぱいある本がよくみられます。ここはこういう意味だとか、典拠を示すとか、先生の講述などを聞きながら書き込みをしたりするのだと思いますが、それと同じように本文の上段や周囲に注釈を付した本、それがまた別の医学書として普及していきます。近松門左衛門の弟で岡本一抱という人がいますが、この人がそういう注釈書や、漢文を日本語の読み下し文にした医学書をいくつも出し、どんどん売れます。兄の近松から「医者は人の命を預かっているからきちんと学問すべきなのに、こんないいかげんな本を出していたら、結局人を殺すことになるからやめなさい」と諭されてやめたという話がありますが、こうしたものが在村の知識人レベルの学問に対応した書物だったのではないかと思います。

　2点目は、彼らは読者であるだけではなくて、自らも書物を出版しているということです。杉仁さんが、地方の豪農などの得意先をめぐる蚕種商人が、養蚕の技術書を自分で出版して、田舎刷りと呼ばれるものですが、自分のところに職人を抱えたりして、埋木をしたりして、次々に改良した版を出していくという事例を発掘されておりますし（「蚕書にみる近世社会」『歴史評論』664、2005年）、地方でちょっとした文人と呼ばれるような人たちが自分の漢詩集を自費出版したりするのは非常によくあります。

　もっと早く、1680年、河内国の三田浄久という在郷商人が、取引先や知人200人以上から河内国の名所旧跡にちなむ和歌や発句を集めて、それを『河内名所鑑』として自費出版するという形もあります。もっといえば、俳諧の一枚刷りといった同人誌的な出版物などもたくさんあり、後期では平田派の気吹舎のような結社の出版活動などもあり、江戸時代は出されたものを読むだけではなくて、それをさらに発信していくこともかなり広くあったのではないかと思います。今だったらインターネットでみん

なそれをやるようになるのでしょうけれども、江戸時代にもそれなりの発信の文化みたいなものが、こうした在村レベルの知識人でもあったように思います。

　それから3点目、そのことを東アジア世界においてみるときの事例。ちょっと話が飛びますけれど、1819年に朝鮮へ漂流した薩摩藩の役人のことを池内敏さんが紹介しておられます。彼らは沖永良部島に役人として1年ほど出張していて、いざ帰ってくるときに、船が台風で流されて朝鮮に漂着するのですが、そのときに持っていた品物のリストがあって、その中に40～50冊の書物があったのです。薩摩藩のごく下級の役人が沖永良部島へ行かされたときに、慰みのためでしょうか、持っていったのが書物なのです。その中には『四書五経』や『史記評林』など結構な漢籍類があって、彼らは朝鮮の係官との間で筆談ができて、下手ですが漢詩の交換もしたそうです。

　もう一つ、これは佐藤貴裕さんが紹介されていますが、1794年に安南＝ベトナムへ漂着した船の船頭が、漢字辞典で絵入り百科事典でもある『節用集』を2冊船の中で慰みに読んでいた。漂着した時、ベトナムの官人と筆談するのですが、そのときに向こうの官人がこの『節用集』を見て、とても興味を持ったということもあります（「海民と節用集」『歴史評論』664、2005年）。そういう意味では、船頭クラスまで普及するような本があって、それが東アジア共通の漢字文化圏の近世という時代の中で、もちろん日本は鎖国をしているわけですが、そういうレベルでも交流がある程度できるような状況になっていたのではないかと思います。

　若尾　吉田先生、お願いいたします。

　吉田　最初に医学書が多いということを申し上げましたけれども、医者は経済的に比較的安定しています。実は江戸時代には、医師になるのに免許はいりません。時代が下ると、藩に届出制度ができますけれども、免許制度は基本的にありません。これは明治時代になって以後のことです。ですから、本人が薬に関する書物を漢文で読めて、あとは山に行って薬草を採ってくるか、薬種商から買って、看板を掲げれば、それで立派な医者になれます。問題は翌日から患者が来るかどうかです。来れば商売をそのまま継続できますし、来なければそれでおしまい、と自然消滅です。

　しかし、有名な医師になりますと、非常に自由です。藩医のケースを見てみましても、緒方洪庵の先生の坪井信道のような典型例があります。彼は確か岡山かどこかの

藩から高禄で招かれるのですが、断ります。なぜ断ったかと言いますと、参勤交替で殿様に付いていかないといけないのは嫌だ、という理由です。このような勝手な条件が許容されるぐらいの自由度があったということです。それでも構わないという他の藩に抱えられました。もう一つ、藩医というのはだいたい藩邸に本来住むべきものですけれども、杉田玄白にしろ、他の有名な医師たちは、藩邸の外に出て自宅を持ち、塾を開いたり開業することが許されていました。だから、今で言えば、大学の医学部の先生が自宅で開業できるという形であって、そうした自由度がありますから、いろいろものを書く場合にも、そうした自由なメンタリティーが自然に表れるのではないかと思われます。

ところが、天文方のような幕府に仕える人たちになりますと、幕府の役人という精神に規定されてしまいます。たとえば地動説の場合、自分用の学習ノートにはそれを一生懸命研究した跡が認められますが、出版物になると大っぴらには出てきません。そうした精神的な制約により、学習ノートの成果をそのまま公表できません。そういう意味では、医者は自由にいろいろなことが言えたのではないかと思います。それもたくさんの医学関係の出版物が存在する一因かと思われます。

ところで、朝鮮通信使には医師がついてきますが、日本の医者が各地の宿泊所へ出向いて交流した記録をずいぶん前に調べたことがあります。そこには朝鮮側の医者が和刻本を盛んに欲しがる様子が出て参ります。江戸に行って帰ってくるまでに、ひとつきかふたつきで戻ってくるわけですが、手に入れておいてくれというような記事がいっぱい出てきます。それは当然中国の医書であって、日本の医書ではないのですが、これから推量しますと、江戸時代の出版は、皆さんが今までおっしゃったように、かなりいろいろな形態、いろいろな種類のものが出てきていたのではないかということが考えられます。

我田引水になって少し話題が変わりますが、江戸時代に西洋から入ってくる知識というと、どうしても蘭学や洋学に目が行きがちです。先ほどの対角線目盛の例もそうですけれども、中国にやってきたイエズス会士ら宣教師が伝えた書物が非常に大きな役割を果たしています。ただ不思議なことに、医学書はたいへん少ないのです。2－3写本が中国にあります。印刷されたのは解剖学書で、満州語で出た書だけです。あとは、北京大学図書館で見たことがありますが、写本の解剖書がある程度です。もっぱら天文学関連書です。

ただなかなか高価であって、簡単には手に入りません。一部は写本で出回りますが、そのほかには、西洋のイエズス会士系の知識を中国人が咀嚼して書いた本を利用するということが行われました。たとえば日本で非常にポピュラーになった本といえば、方以智の『物理小識』とか游子六の『天経或問』です。『天経或問』は和刻本も出るほどですし、当時の藩校の蔵書目録を見ますと、読んだかどうかは判りませんが、多く出て参ります。

　それからもう一つ天文学で非常に重要なのは、梅文鼎という人の『暦算全書』です。これはおそらく当時天文学に関心のある人はまずこの書から学んだのだろうと思います。ですから西洋知識を論ずるときに、オランダ語の書物やあるいはその翻訳書だけを見ていると、誤解が生じかねません。中国経由で既に入ってきていることが結構あるということを指摘しておきたいと思います。

　若尾　二階堂先生、お願いいたします。

　二階堂　すみません、なんか時間が超過してしまったようで。手短にまいりたいと思います。高橋先生の説明にもありましたし、書物が非常にたくさん流通したというのはあるのですが、ちょっとまた前提として中国が日本の場合と違うのは、ほとんどの人は文字を読めません。圧倒的多数は文字を読めません。知識人のことを「読書人」というぐらいですから、本を読む人、それ以外というのが分かれていまして、ほんとうに何パーセントですかね。例えば、科挙の試験を受ける官僚予備軍、お坊さん、道士、やや裕福な商人とか、そういった層が読書する人で、他の大多数は本を読めないのです。

　ですから、出版文化といわれても、そこらへんはほとんど関係ないのではないかということに議論としてはなってしまうのですけれど、しかしところが、「『三国志演義』の話、知っている？」と当時の庶民に聞いてみると（笑）、だいたい知っているはずです。『西遊記』にしてもなんにしても、ほとんどの物語を理解しています。これは何かといいますと、読めませんけれど、こういう小説の本とかをネタにしまして、演劇あるいは語り物を毎日やっています。当時はテレビや映画などないですから、娯楽というと、「おまえ、お小遣いやるから聞きに行っておいで」と言って、聞きに行かせるわけです。それで講釈師が見てきたようなウソを話すわけです。そういうことを

やって、「三国志できょうは張飛が大活躍」「そうか」みたいな形で、何回も何回も聞いているうちに覚えてしまいます。

　そういうことがありまして、出版物として出されたその物語が、実は文字を読めない人たちにもガーッと共有されている物語になっているという構造がありまして、これがまた、本そのものを読んでいるのではないのですけれど、大きく広がりを持っている世界でもあるのです。このへんが非常に重要で、だから庶民文化から考えると「出版物は関係ないじゃないか。読めないから関係ないじゃないか」。いや、そんなことはなくて、非常に広がっている文化ですね。

　例えば、今でも『忠臣蔵』を読んでいる人はいませんね。ところが『忠臣蔵』の話は、「浅野内匠頭ハカマをズルズル」とか、日本人であればだいたい知っているわけです（笑）。みんなそういう場面が思い浮かぶのは、映画とかそういうもので見ているからです。同じような感覚でだいたい物語が共有されていく。そういうものがありまして、実は『三国志』も『水滸伝』もそういうものであるということなのです。ここらへんが非常に大事です。すみません、ちょっと時間が大幅に超過しているで、このへんにさせていただきます。

　若尾　どうもありがとうございました。ただいま4人のパネラーから三つのテーマについて興味深いお話をうかがいました。私どもの当初の目論見では、最後に、古典籍を問題にするのはなぜか、古典籍を研究することの現代的意義と意味を、古典籍の保存の問題とも絡めて、会場にお出での方々とご一緒に議論したいと思っていたのですが、予定の時間が過ぎてしまいました。もしどなたか、ご意見なりご質問がございましたらお願いします。とりわけ古典籍の保存の問題に関わってご発言をいただけたら、ありがたいと思います。

　会場の質問者1　近世になって、古典籍の読み方と読まれ方との間に違いが生じたという点ですけれども、そういう関連で日本の場合では、近世になって木版印刷の本がもっと大きく広がり始めた時代も、すぐに擬物語が流布しましたね。読めない『伊勢物語』を擬物語にした『仁勢物語』とか、柳亭種彦の『修紫田舎源氏』とか、そういうにせ物が人気があって流布しました。それは前の古典籍を知っていない人々は楽しんで読めないですから、そういう擬物語はどういう読者を対象にして書かれて出版

されたのかという点について、ちょっと説明いただければと思います。

横田 たしかに『伊勢物語』を前提にした『仁勢物語』とか、あるいは『徒然草』の『吉原徒然草』とか『茶人つれづれ草』とか、そういうパロディ本がたくさん出ています。もちろんそれはもとのものを読んでいることが前提でもあるけれども、先ほど二階堂先生が言われたように、『源氏物語』くらいになると、実はほんとうは全部読んでいる人はそんなにいない。でも、『女源氏教訓訓鑑』などといったものに、少しずつあらすじが書いてあったり、有名な歌が載せられていたりするので、だいたいの人がだいたいのことをわかっているということを前提に、そうしたパロディ本がつくられているのではないかと思います。

会場の質問者1 ありがとうございました。

会場の質問者2 中国の古典の読まれ方ですが、日本の場合、素読という形で必ず声に出して唱えて、唱えることで四書五経などを自分の身体に獲得してしまう。そういう場合、今度は中国の本国で科挙を学ぶときの学び方というか、ものにするしかたといいますか、科挙試験の場合はどういうふうにしてそれを学習するのでしょうか。当時の知識人の師弟たちは日本的な素読みたいなことはあったのでしょうか。あるいは、日本の庶民は手で書いて、ひたすら手で書いて、書くことでテキストを自分の中に入れてしまう。日本の近世の学び方には、このような身体化という特色があると私自身は考えているのですけれども、中国ではどうだったのでしょうか。

二階堂 今、ちょっと言い忘れたのですけれど、恐ろしいことに、だいたいやはり暗記して全部覚えるのです。例えば寺子屋ですと、先生が「子曰」みたいなことを言うわけです。「……所以」みたいなことを言って、下の人たちも「……所以」、意味がわからなくてもとにかくそのまま暗記する勉強を子どものころからやります。それでずーっとずーっとずーっとひたすら暗記していって、『四書五経』をそらんずることをやっています。いわゆる中国の勉強はやはり普通それがメーンです。まず暗記することですね。

会場の質問者２　たとえば宋代・元代でもそうだったのでしょうか。

　二階堂　ええ、そうですね。昔からそうです。実はすごく昔の教育法はどうだったかよくわからないのですけれど、やはり暗記するのが一辺倒でして、だいたい本というのは必ず声を出して読むものでした。ですから、小説を読むとなんて書いてあるかというと、隣の受験生の勉強がうるさくて寝られなかったと書いてあるのです。どうしてかというと、ずーっとしゃべって夜中まで読んでいるから「こいつ、うるせえ」と。今と逆なのですね（笑）。周りが騒いでいると受験勉強ができませんけれど、当時は受験勉強の方がうるさいのです。延々としゃべって暗記しているからうるさいのです。そういうことだったのですね。

　会場の質問者２　そうしますと、素読という学び方は日本独自のものではなく、むしろ東アジア圏の漢籍文化の共通した特色でしょうか。

　二階堂　そうですね。ただ、ヨーロッパもかつては声に出して読んでいたはずですので、要するに昔はどこの世界でも、とにかく書物は声に出して読むのがデフォルトでした。そういうふうに思っていただいて結構です。

　会場の質問者２　それともう一つお聞きしたいのですが、素読という呼び方は日本での呼び方ですか。

　二階堂　そうですね。素読という言い方はそうですね。向こうは「背書」と書きましてペイシューというのですけれど、暗記するというふうな言い方をします。

　会場の質問者２　ありがとうございました。

　若尾　ご質問は、まだまだあろうかと思いますが、もう時間がだいぶオーバーしております。会場からの質問をこれで終わらせていただきます。先ほど、「古典籍の保存の問題と絡めて」議論したいと述べたのですが、これに関連する質疑はありませんでしたので、司会から一言だけ申し述べさせていただきます。ここにおられる多くの

I. 東アジア近世編

方々は、ご経験がおありだと思いますが、今も骨董市とか古書店に行くと、例えば『史記評林』の和刻本とか、あるいは太宰春台の『産語』とか、いろいろなたぐいの本が比較的安価な値段で売られています。われわれはそれを購入できるので、ありがたいことです。しかしながら、例えばあるとき私が手に入れたものを見ると、本の最後に「羽州庄内熊野田村之田中氏蔵書」と書いてあって、もともと、庄内の田中という家に所蔵されてきたものが、最近、持ち出されて、バラバラにされて古書店で売買され、私がその一部を購入したことになります。売られることによって、田中家の蔵書の全貌を復元することは永遠に不可能となってしまった。田中家の人が蔵書が持ってきた意味というか、その家の誰がどういう目的で書物を読み、蔵書を形成したきたのか、蔵書が残っていればわかるであろうこうしたことが、まったくわからなくなってしまったのです。

バラバラにされた本をみんなそれぞれ手に入れて、『史記評林』が買えたとか、非常にありがたいのですが、同時に資料的価値がどんどん失われているような状況が今あるのではないかと憂慮しています。ここに骨董をあきなう方はたぶんおられないと思いますけれど（笑）、日本各地で蔵書を持っている家を見つけられたら、本をバラバラにわけて売るのではなく、ばらさずにまとめてどこかに入れてくださるとか、そういうことを考えていただけるとありがたいと思います。

日本史研究では、1990年代以降ようやく、研究者が蔵書に関心を持ち始めました。近世の人々が蔵書を持ってきたことの意味を考え始めたのは、つい最近のことで、かつては史料調査で書物がでてくると、近世史の研究者は困ってしまった。文書の整理はするのですけれど、本の整理はできないのです。だから、せいぜい目録の雑の部の最後のところに本の名前だけをとりあえず挙げておこうと。それはかなり良心的なほうで、蔵書はなかったことにしようというような調査もあったと、よく聞いたことがあります。こういう話からおわかりのように、文書は大事にされてきたのに対し、本は徹底的に軽視されてきました。文書よりも、より散逸しやすい状況に、本は置かれてきたし、今もなお危機的な状況にあると言えるのです。私たちの書物・出版文化に関する研究が、現代人の古典籍への関心を高め、一人でも多くの人びとが古典籍の保存という問題に思いをいたしてくれたら、と期待しております。あまりいいまとめにならないのですが、第1セクションを終わらせていただきたいと思います。きょうは、どうもありがとうございました。

（拍手）

磯部 お昼休みがちょっと短くなって申し訳ないのですが、第2セクションは1時からありますので、お集まりいただければと思います。よろしくお願いいたします。

〈了〉

II．中国現代編
紅衛兵時代の出版物とその保存

司　　会　　岩佐　昌暲（熊本学園大学外国語学部・大学院国際文化研究科）
パネリスト　陳　　仲奇（島根県立大学総合政策学部）
　　　　　　鱒澤　彰夫（日本大学工学部）

Ⅱ．中国現代編

　岩佐　それでは、時間が来ておりますので午後の部を始めたいと思います。

　最初に磯部先生から話があったとき、我々のこのセクションでは、「現代中国の出版状況についてその特色を考えて話してくれ」ということでした。しかしそれはかなり不可能に近い、というのが私の感想でした。

　私の専門は中国現代文学です。その現代文学は1919年の五・四運動のころを起点にして現在に至っております。その間に、中華民国、それから中華人民共和国という2つの歴史時期があるわけですよね。中華人民共和国だけとっても、文革をまん中に挟んで、それ以前とそれ以後とでは相当に様相を異にする。特に社会主義の市場経済導入を公式に宣言した92年以後は、それまでとは全く異なる現象が現れていて、それは出版の世界でも同様であるわけです。非常に単純化して言いますと、49年から92年までは社会主義の中国で、それ以後は資本主義の中国というように二分できる。それぐらい違う。そしてその前に「半封建・半植民地」の民国時代がある。そういう時期を「現代」ということでひとくくりにするというのは、私どもの力量を別にしてやはり不可能に近い、と感じたわけです。磯部先生には「プロレタリア文化大革命の時期を中心にして話をしたい」と申し上げてご了承いただいたわけです。

　それで、「紅衛兵時代」という刺激的なタイトルがついていますが、それは実はこの場にいます3名が、それぞれ分野の違いはあれ、文革期の出版にかかわる研究をしているため、そういうことを中心にして話したいということを申したからであります。

　それ以外にも、文革期を「現代編」の中心においたのは、この時期がある意味では92年の市場経済化以前の社会主義の終着点だった、そういう時期だったのではないかという気がするからです。建国から文革までの前半の部分、いわゆる社会主義建設の時期がはらむいろいろな問題が一挙に顕在化した、それが文革期ではないか、これは文学からの感想ですけれども、そういうふうに思っているわけです。

　したがって、この時期の出版状況を検討するならば、単に文革時期という特殊な時期の問題にとどまらない、中国社会主義の出版の問題点、特色というものが明らかにできるのではないかと思っています。今回の我々3人の話でそこのところがどこまで明らかにできるかは、非常に心もとないですけれども、それを目指してやってまいり

たいと思います。

そこで、パネリストの紹介をしたいと思います。

まず、私、岩佐です。中国現代文学、特に中華人民共和国成立後の、これは「当代文学（ダンダイウェンシュェ）＝同時代文学」と言っていますけれども、その当代文学が専門です。ここのところずっと文革期の文学について調べておりまして、『紅衛兵詩歌選』（中国書店、2001年）とか『文革期の文学』（花書院、2004年）というふうな著書や編著があります。この科研のプロジェクトでは、文革後の1978年〜79年に北京を中心に展開された民主化運動時期の地下刊行物について研究を行いました。

よろしくお願いいたします。

次に、陳先生、お願いします。

陳　陳仲奇（チンチュウキ）と申します。中国人です。

私は1987年、日本に留学で来ました。専門は中国思想史です。主に古代です。それなのに、なぜ今は文革に関連することをやっているかと言いますと、私の考え方としては、古代と近代には、二つの接点があると認識しています。

一つ目は、古代思想史について研究するときに、中国近代思想史研究の成果と現状を知らないままでは、今日の社会ニーズに適応する古代思想研究ができないわけです。したがって、清もしくは近代思想史の学術成果を把握しなければなりません。

二つ目は、私は来日までに北京にある中華書局という出版社に６年間勤めていました。中華書局というのは、中国で古典書籍を出版するもっとも権威のある出版社です。文革のような特別な時代環境の中でも、政府から特別扱いしてもらって、古典籍を出版することができるところです。というわけで、磯部先生を代表とする文部科学省の特定領域研究、出版文化というテーマの研究に加えていただき、古典籍、特に文革時期における古典籍の出版状況の研究をこの４年間続けてまいりました。中華書局で編集者として働いていたときの先輩や同僚から聞いた話をたどって調べ、そして、当時の人脈を生かして入手した貴重な歴史資料と写真をもとに、いくつかの論文にまとめて発表しました。

４年間の資料調査や当事者に対するヒヤリングを通して、つくづく感じたのは、現代史としての文革研究の難しさです。なぜならば、まずは当時の関係者もしくはその親族たちがいまだに健在であること。それは、当時の状況を究明する貴重な語り手と

して資料提供や研究の一助になることはもちろんのことですが、しかし反面では、さまざまな人間関係や利害関係も絡んでくるため、歴史真相の解明を妨げる要因ともなっています。それだけでなく、皆さんがご存知のように、中国政府が今までとってきた文化政策や知識人政策も、この研究を学術の「禁区」にさせる側面があることも認めざるを得ません。今日は、この機会を借りて、皆さんの考えを伺うと同時に、自分の見解も述べさせていただきたいと思います。よろしくお願いします。

岩佐　どうもありがとうございました。
　次に鱒澤先生ですけれども、非常に長いあいだ紅衛兵の文献を収集してこられまして、最近非常に大部の資料集を出されました。自己紹介をお願いします。

鱒澤　鱒澤彰夫でございます。
　私は、文革期、とりわけ1966年の夏から68年末までの、主要には紅衛兵の印刷物、あるいは出版物について調べております。
　その成果というのは、いま岩佐先生からご紹介のあった、この7ページにちょっと書いてありますけれども、『紅衛兵新聞目録』（2006年3月不二出版刊）、これはこの前の（平成15－16年度）科研費でできたもので、あと雑誌の目録というのもその下に書いてありますけれども（「中国無産階級文化大革命時期紅衛兵活版雑誌目録稿」〔『「東アジア出版文化の研究」調整班(B)出版物の研究（研究課題番号：15021203）研究成果報告書』研究代表者・三浦秀一・平成17年3月刊所収を指す）、そういうものもつくりました。現在、パンフレット類とか謄写版の内部通信文、あるいはビラについて調べているところであります。〔その後、「紅衛兵印刷物目録──封面別行単刊冊子篇」『紅衛兵印刷物の研究』（研究課題番号：1752039）平成17～平成18年度科学研究費補助金（基盤(C)）研究成果報告書・研究代表者・鱒澤彰夫・平成19年5月刊所収）を作成した。〕
　今回は文革期の、とりわけ紅衛兵の出版物について、中華人民共和国成立以降の出版物の一般的な性格と文革期出版物、紅衛兵出版物の特徴的な性格を、「内部」、外部・内部の「内部」ですね、という言葉をキーワードにして紹介したいなと、そう考えています。どうぞよろしく。

岩佐　ありがとうございました。

それでは、まず第1のテーマの「中国近代の出版システムと出版活動」から始めます。ここには「近代」と書いてありますけれども、我々は「近現代」ということで話したいと思います。中国の教科書的な現代史では1919年の五・四運動のころから、それ以前の1840年の阿片戦争までを「近代」と言っています。19年から49年の中華人民共和国成立までを「現代」、49年以後を「当代」、「当たる」という字に「代」ですね、「タンダイ」というふうに区分しています。

　そこで、出版についてもこれを適用しまして、現代の部分を岩佐が話し、それから中華人民共和国成立以後の当代の部分を陳さんに紹介していただくことにしたいと思います。その際、文革の時期については第2のテーマとして独立して扱いますので、これは第1の部分では省略したいと思います。

　まず現代の部分ですけれども、私は専門家ではありませんので、これからお話しすることはいろいろな先行の研究からの孫引きというか引き写しだということをお許し願います。（以下は劉国鈞、鄭如斯著、松見弘道訳『中国書物物語』（創林社、1983年）。葉再生『中国近代現代出版通史』全3巻（華文出版社、2002年）。宋原放主編『中国出版史料（現代部分）』（山東教育出版社、湖北教育出版社、2000年）などによったが、時間の制約で具体的事例を省略している。同書は全3巻がそれぞれ上下に分かれ6冊。第1巻（陳江編）五四から1937年、第2巻（呉道弘）は38年から49年、第3巻（方厚枢編）は49年から99年までを扱う。各編膨大な史料を紹介している。『中国近代現代出版通史』もやはり詳細な資料をふくむ。第3巻「抗日戦争時期」では日本軍の弾圧に抗して出版活動が行われる様子が描かれる。第4巻が「抗日戦争勝利与第三次国内革命戦争時期」では全国各地での共産党系の出版活動を記述している。）

　中国の近代出版は、清末、具体的には嘉慶24年、1819年、宣教師による鉛の活字印刷技術の輸入から始まったと言われています。この活字印刷は、明治維新のちょっと前、1860年から本格化して、これを用いた印刷工場と出版社が生まれます。（葉再生『中国近代現代出版通史』第1巻は1815年以前にマカオに東インド会社印刷所があったという（90頁）。）

　やがて、1874年のことですが、上海で石印、石刷りの印刷が始まります。79年から、それを使った書籍の印刷も始まる。この時期に、イギリス人の資本家でメジュアーという人が、この技術を使って、まだ科挙が廃止になっていませんでしたので、科挙試験の参考書や『康熙字典』なんかを出版して、非常な利潤を上げた。それを見て、中国人も出版業に投資を始めたようです。この結果、同文書局という本屋など、非常に

多数の印刷・出版業者が生まれた。

　20世紀の初頭には、商務印書館（1893年創業。『1897－1987　商務印書館九十年―我和商務印書館』（商務印書館、1987））とか、陳先生が勤めておられた中華書局のような出版社が生まれる。彼らはいずれも自らの印刷工場を持っておりました。それから新聞社、申報館とか時報館というような新聞社がたくさん生まれます。こういうところが印刷技術の改良に努めて、凸版印刷とかコロタイプなんかのさまざまな印刷技術を開発しておりました。こういう印刷技術は、もちろん出版の発展に対応したものであることは言うまでもありません。

　19世紀末から20世紀の初頭、清朝の弱体化が非常にはっきりしてまいりますと、知識人のあいだに澎湃として「このままでは中国はあかんようになる」という危機意識、それに伴う「中国をなんとかしなければ」という救国意識が生まれます。知識人や、それから政治家も巻き込んだ、そういう「中国を改革しなければ」というような要求が澎湃として起こってくる。彼らは新聞を創刊し、雑誌を出版してその主張を宣伝いたします。こういう状況が、出版社の設立や印刷技術の改良と一体となって展開されるわけであります。

　1911年、辛亥革命が起き、中華民国が成立する。中国がいよいよ現代史の時期に入ります。この中華民国の時期はほぼ40年ほど続きます。そのうちの25年間というのは、国民党と共産党の武力を伴う対立・抗争の時期であります。出版というのも、それを反映したものにならざるを得なかったと言えます。

　この時期、出版にかかわって5つの重要な出来事、あるいは特徴的な状況があったという気がいたします。そのことをちょっと紹介してまとめにかえたいと思います。

　1つは1919年の五・四運動ですね。五・四運動というのは、中華民国の成立後、最初の全国民規模の政治運動、文化運動、抗日運動であるわけですけれども、同時に、中華民族を覚醒させる一大思想文化運動だったと言えると思います。

　出版との関連で言いますと、五・四から半年以内に、大体1920年ぐらいまでにもう200種を超える刊行物が出版される。そのほとんどは、多かれ少なかれ社会主義的な傾向を持ったものだったという事実があります。この運動をきっかけにして、全国的な規模でのマルクス・レーニン主義と、さまざまな度合いの社会主義の主張が中国にあらわれるということになります。社会主義が1つの潮流としてはっきり登場してくるわけです。（中共中央著作編訳局研究室編『五四時期期刊介紹』全3集、人民出版社、1958―59。）

２つ目は、1925年から始まった国民国家建設の大革命、いわゆる北伐とそれに続く動乱の時期です。北伐は1927年、蔣介石の反共クーデターで挫折します。その後、共産党は南方に軍隊を持った根拠地を建設して、それをだんだん拡大し、そこを拠点にして国民党と対峙する。そういう国共対立の状況が30年代初期に生まれるわけですね。それが出版に影響を与えている。これが重要なこととしてあるだろうと思います。

　この対立のもとで、国民党の支配する大都市では非常に厳しい出版統制が行われる。共産党は、それに対抗して地下出版を行う。革命根拠地では、マルクス・レーニン主義の宣伝のための通俗的な読みものみたいなものが出版される。あるいは教科書、新聞などを中心に出版が行われる。この革命根拠地（ソビエト）が発展していって、31年には中華ソビエト共和国がうまれます。

　ところが、この中華ソビエト共和国が国民党の包囲討伐で崩壊し、共産党はいわゆる長征を行って西北に移ります。いまの陝西省の延安に根拠地を置いて、そこから1949年までそこを拠点にして国民党と対決いたします。

　ですから、この時期、中国は二重権力状態であった。中国の中で２つの異なる出版活動が展開されていたということが言えます。

　３つ目は、満洲国が成立したこと。満洲国では、やはり独自の特徴的な出版事業、出版活動が展開されています。これは、このプロジェクトで、我々のあとのシンポジウムで岡村先生がその成果をお話されるのではないかと思います。

　それから４つ目は、37年７月の蘆溝橋事件をきっかけにして始まった抗日戦争の時期、それと日本が敗北して以後の国共の内戦の時期が出版の特徴的な時期だろうと思います。

　抗日戦争期には、日本軍の支配地区と国民党の支配地区、それから共産党の支配地区、これは「解放区」あるいは「辺区」といいますけれども、その３つの異なる地区が同時に出現します。

　このうち日本軍の支配地区では、例えば孤立した島、「孤島」とよばれていた上海がそうですが、独自の地下文学活動がおこなわれていた。これは当然出版活動をともなうわけです。（「上海"孤島"時期出版機構一覧」葉再生『中国近代現代出版通史』第３巻には孤島で出版活動を行った出版社63社が記録されている。）

　また、国民党の支配地区、重慶とか、陥落前の武漢とか、そういうところでは当然、国民党による出版の展開があります。（坂口直樹『十五年戦争期の中国文学――国民党系文化潮

流の視角から』研文出版、1996年、に重慶の出版状況の論述がある。)

　解放区でも、これはそのあと国共内戦になってからもっと盛んになるわけですけれども、いろいろな出版が行われています。もちろんここでは国民党系の言論は発表の余地はない。

　5番目は、いまちょっと触れましたが、日本敗北後の国共の内戦ですね。この時期に、共産党支配の解放区では、既に非常に巨大な面積と人口を擁して安定した政治権力を持った地域が出現しております。新聞や雑誌の出版も非常に盛んであったという統計が残っています。例えば、1946年の時点で、河北の新華書店だけで年間の図書の出版点数が124種、少ないとも言えるかもしれませんけれども。発行部数が59万6千冊だった。それから東北の解放区では158種、90万3千冊の図書や雑誌が出版されていたという統計があります。(劉国鈞・鄭如斯著、松見弘道訳『中国書物物語』創林社、1983。)

　この新華書店ですが、これは37年に延安で設立された共産党系出版物の発行機構です。その後辺区を中心に支店をひろげ、内戦期には全国に支店を拡大、49年9月には全国735の支店を持つ大書店に成長しています。(高信成『中国図書発行史』復旦大学出版、2005。)

　これに対して、国民党は徹底した軍事封鎖で、印刷機や紙などが解放区に入らないようにします。また、国民党地区では、共産党系の出版物が禁止され、出版社の封鎖、作家・編集者の逮捕といった弾圧がおこなわれています。(例えば、同書編輯委員会編『生活書店史稿』三聯書店、1995。)

　要するに、30年代から40年代の出版活動というのは、国民党支配地区では反共の立場で出版事業が統制・管理されたのに対して、共産党地区では共産党が出版を全面的に掌握していて、それが国共の権力争奪戦の出版という領域での代理戦争として展開されたという、極めて政治的なものだったと言うことができます。ちょっと中身のないまとめでしたけれども、現代における出版状況ということでお話させていただきました。

　次に、中華人民共和国成立後の出版に移ります。これは逆に共産党の一党支配のもとで国家が出版事業を社会主義建設の非常に重要な一環として位置づけて展開したということになるわけでしょう。この時期について陳先生のほうからご紹介をお願いします。

陳　中国は、1949年10月1日から中国共産党による新しい政権が誕生しました。共産党に勝利をもたらし、政権を確立させたもっとも重要な2つの武器があると、毛沢東は言っていました。一つは銃のことです（槍幹子裡面出政権――毛沢東語録）。つまり武器を持って戦うことを主張するのです。もう一つは宣伝です。要するに宣伝活動によって、社会の底辺にまで自分たちの政治思想を広く深く浸透させ、人民大衆の総決起の力で、国民党に勝ったわけです。

　内戦時代でも宣伝工作の重要さを十分認識した共産党政権は、平和な時代に入ってから、過去よりもっと宣伝を重要視してきました。世の中は、もはや戦うことはないから、宣伝機構が政府の中で一番重要な部門になったわけです。ですから、さきほど岩佐先生がご説明されたように、新中国が成立してから、共産党は一貫して非常に厳しい宣伝統制政策をとってきました。出版現場で働いた者として身にしみて感じております。

　一つの実例をご紹介します。たとえば、作者と出版社の関係。同じ編集者でも、中国と日本とはちょっと立場が違います。日本の場合は、編集者がせっかく手に入れた原稿を作者の同意を得ずに、勝手にいじることはできません。作者の人格、その人間性および学術表現の自由と思想信条を尊重しなければなりません。中国はどうかというと、状況が逆です。私が1982年新卒で出版社に入社してまもなく、国の一流教授たちの文章を自宅に出向いて取ってきて編集します。そのとき、本人に直接意見を聞くことなく、出版側のみの判断で、文章を削除したり書き直したりすることが日常的に行われています。なぜこんなことが平気でできるかというと、原因は政府の宣伝政策にあります。分かりやすく言えば、社会主義の国では、文章を発表する際、まず出版社による検閲、審査を通らなければならないのです。つまり「文章を書いてくれ」と出版社からの依頼があっても、書いた文章はやはり編集の手を経て初めて公式に発表することができるわけです。

　社会主義国家の中国で編集の役割は大きく分けると二つあります。

　一つは、作者の学術的政治的見解が、国の政策方針に反するところのないように書き直すこと。これは、政治的な役割です。

　もう一つは、標準語に、或いは標準語に近い状態に仕上げること。年配の学者たちは地方出身者が多いため、文章を書くとき、標点などは必ずしも標準化になっているとは限りません。こういう技術的な面を含めて、編集者が直していくのです。また版

面の長さの制限問題もあります。

　以上のような事情から見ると、中国の新聞出版署、いわゆる全国の新聞・雑誌・出版社を管理・統括する出版機構ですが、二重に管理されているわけです。新聞出版署は、まず国務院に所属する部署の一つです。直接に国務院の指示を受けるわけです。その次、共産党の宣伝部門の役目も兼ねているため、中央宣伝部の管轄下にもなっています。出版社、新聞社、雑誌社などの重要ポストの任免には、すべて共産党中央宣伝部に決定権があります。これが今日の中国出版業界の置かれている状況なのです。

　1949年から現在まで、すでに50数年もの歳月が経っていますが、新聞、出版を通して、この50年間の社会変化・変遷を見ることができます。さきほどお配りしたプリントの中に、1枚の統計データがあります（表一）。その統計データを分析してみると、50年来の社会変容が分かります。

　まず、出版社数のところを見てください。このデータは、全国でどのぐらいの出版社があるかを示しています。50年代から見ていきますと、51年には211社、52年には385社とあるわけですが、55年を境目にして96社に急減します。その後、それほど大きな変動が見られません。これはどういうことかというと、最初は、全国解放初期にあたり、民国時代の私営出版社がそのまま経営を続けていました。しかし、56年からは、政府は「公私合営」という統合政策を打ち出して、私営出版社を公営化にしたのです。このときから、すべての出版社の経営権が正式に政府の管轄下となりました。

　私がかつて勤めていた中華書局も実は非常に有名な私営出版社です。56年からは、国家の出版社になったわけです。もともとは、教科書を含め、すべてのジャンルの物を出版する会社だったのですが、56年以後はもっぱら古籍専門出版社になったわけです。このように、中国の出版社は党の支配を受けて、56年に96社、61年に80社と、ほぼ80－90社前後の規模でずっとやってきているわけです。

　この表を見てお分かりのように、出版社の数が、68年・69年・70年には空欄のままになっています。つまり一社もないわけです。しかし、出版物はちゃんとあります。それはどういうことですか。実は今回の研究会の主要テーマである文革時代の出版と関係があります。このとき、出版社はいわゆる改造すべき思想分野に属するので、全部解体されたわけです。出版社の職員は大半旧社会に育てられたインテリで、政策にしたがって、農村に下放されることになりました。いわゆる昔の古い本を出版したことに、力を貸した人たちですから、みんな多かれ少なかれ「罪」があるというのです。

表一、1949年－1999年の出版統計データから見る中国社会

年	出版社数	図書総計			その中		
		合計	新出	印刷数	書籍	教科書	図版
1949		8000		10500			
1950	211	12153	7049	27463			
1951	385	18300	13725	70330			
1952	426	13692	7940	78565	11779	802	1111
1953	352	17819	9925	75421	15520	721	1578
1954	167	17760	10685	93913	15318	585	1857
1955	96	21071	13187	107914	18573	550	1948
1956	97	28773	18804	178438	25439	772	2562
1957	103	27571	18660	127545	23758	1018	2795
1958	95	45495	33170	238928	38739	2521	4235
1959	96	41905	29047	209186	34859	3660	3386
1960	79	30797	19670	180070	23227	4713	2857
1961	80	13529	8310	101617	6930	4972	1627
1962	79	16548	8305	108526	9687	4687	2174
1963	78	17266	9210	129300	10868	3749	2649
1964	84	18005	9338	170668	10891	4364	2750
1965	87	20143	12352	217100	12566	4481	3096
1966	87	11055	6790	349600	6967	1897	2191
1967	87	2925	2231	323171	1539	36	1350
1968		3694	2677	250062	2004	181	1509
1969		3964	3093	191150	1907	720	1337
1970		4889	3870	178649	2642	1090	1157
1971	46	7771	6473	242108	3747	1916	2108
1972	51	8829	7395	238919	4188	2543	2098
1973	65	10372	8107	280091	5658	3115	1599
1974	67	11812	8738	298947	6684	3139	1989
1975	75	13716	10633	357625	7752	3309	2655
1976	75	12842	9727	291399	7352	3078	2412
1977	82	12886	10179	330803	7374	3082	2430
1978	105	14987	11888	377424	8941	3552	2494
1979	129	17212	14007	407178	11136	3602	2474

1980	169	21621	17660	459298	15669	3440	2521
1981	191	25601	19854	557830	18776	4144	2681
1982	214	31784	23445	587903	23957	4587	3240
1983	260	35700	25826	580382	26573	5029	4098
1984	295	40072	28794	624816	29346	5574	5152
1985	371	45603	33743	667328	34106	6159	5338
1986	395	51789	39426	520299	39152	7244	5393
1987	415	60213	42854	625210	45184	8801	6228
1988	448	65962	46774	622458	49449	10715	5798
1989	462	74973	55475	586442	57476	11706	5791
1990	462	80224	55254	563626	61563	12668	5993
1991	465	89615	58467	613940	69712	13563	6340
1992	480	92148	58169	633750	73625	14010	4513
1993	505	96761	66313	593372	78426	14546	3789
1994	514	103836	69779	600775	84237	16714	2885
1995	527	101381	59159	632179	82652	16335	2394
1996	528	112813	63647	715776	91716	18561	2536
1997	528	120106	66585	730528	96980	20710	2416
1998	530	130613	74719	723859	107936	20313	2364
1999	529	141831	83095	731629	118584	20755	2492

注：宋原放主編『中国出版史料（現代部分）』第三巻下冊（山東教育出版社、湖北教育出版社）pp.523－525による。

補充資料

一、張元済と『四部叢刊』『続古逸叢書』の出版

　張元済、字筱斎、号菊生。1867年10月25日広州で生まれ、1959年亡くなった。1907年、商務印書館第一回董事になった。総経理夏瑞芳の信用を得、編訳所長に就任。夏が1914に殺害されてから、商務印書館の事実上の責任者になった。1926年退職。古籍の刊行に全力を尽くした。

　1905年－1907年、陸心源（1834－1894）の所蔵する皕宋楼蔵書が全部日本人に買収された。それ以来、張元済が全力で善本収集に入った。1909年、涵芬楼蔵書開始。1926年東方図書館ができたので、涵芬楼も東方図書館に移入した。全館中西図書40万冊を収集。その基礎の上、『四部叢刊』『続古逸叢書』などを刊行した。1932年1月28日の「一・二八」事件で、東方図書館の総蔵書46万冊は全焼した。其の中、涵芬楼の所蔵古

籍3203部、29713冊も全部焼失した。1925年の時、張元済は軍閥戦争のため、もっとも精本の宋元刊本、抄本547部、5000冊あまりを江西路金城銀行の保険箱に収集しているものだけが、この難を免れた。

　1920年6月－1923年3月1日、6回に分けて、『四部叢刊』初編を出版。収入古籍323種、2100冊、前後印刷5000部。続編は1934年に出版した。収書75種、500冊。1200部印刷した。1935年－1936年、三編を出版。規模は続編に相当する。もともと、全書は四編と想定したが、戦争が爆発したため、第四編はとうとう出版されることができなかった。

　清末黎庶昌（1837年－1897年）が駐日本参讃の間、日本の現存26種の古籍を収集し、楊守敬がそれを校勘刻印した。『古逸叢書』と称す。商務印書館の『続古逸叢書』は元刊本1種、『永楽大典』本1種を除いて、すべて宋刊本を採用した。『続古逸叢書』は1919年『宋刊大字本孟子』を初として、1920－1923年に21種、1928年に12種、1933年－1938年に12種を出版した。張元済は50種を計画したが、戦争のため、結局46種しかできなかった。1957年、商務印書館が60周年紀念の際、第47種『宋本杜工部集』を出版した。

二、殿本『二十四史』と『百衲本二十四史』
　殿本『二十四史』
清乾隆年間、『明史』が編纂された。この前の二十一史を合わせ、また、劉煦の『旧唐書』を入れて、『二十三史』と称す。後、四庫館臣が『永楽大典』から薛居正の『旧五代史』を輯出し、始めて、『二十四史』と称された。これを殿本と呼ぶ。殿本は四庫館臣による官修したもので、版本学的価値が高くないだけでなく、少数民族に言及したところは、故意な改ざんも大量に行われていた。

『百衲本二十四史』
張元済は殿本の欠点を補うため、『四部叢刊』を版行すると同時に、『百衲本二十四史』の版行をした。すべて宋元精刻を使って、詳細な校勘を経て、最善の版本を目指したものである。同一書籍の中でも、それぞれの善本を使ったため、百衲本と称した。仏教僧侶の百衲衣の名前を因んで、『百衲本』と命じたのである。『百衲本二十四史』の編集は、いつ始めたのか、不明であるが、一説は、1911年からだと言われている。1937年3月、最後の『宋史』を出版して、全書が完成した。前後20年かかった大事業である。張元済の『百衲本二十四史校勘記』百数十冊は、出版されていない。其の一部164

条、約 7 万字を『校史随筆』として出版しただけである。

三、陸費逵、舒新城と中華書局『四部備要』

陸費逵（1886-1941）、字は伯鴻、号は少滄。浙江省桐郷の人。中国近代著名出版家、教育家。中華書局創設者。1912年、『中華教科書』を出版。1935年、中央銀行銀元券の印刷業務を引き受け。1936年、舒新城主編の『辞海』を出版（1928年から編纂）。1934年10月－1940年2月、『古今図書集成』が影印出版された。全書は清雍正年間の銅活字精印本を底本として、目録40巻、正文10000巻、800冊に装丁された。『四部備要』収書336種。1922年第一集（48種、405冊）予約発売、1924年第二集予約発売、1926年全五集予約発売（2000冊あまり）。1934年再印。『四部叢刊』は版本価値を重んじ、『四部備要』は実用性を重視し、多くの清人の注釈本を取り入れた。両方とも高く評価され、近代学術の普及と発展に寄与し、出版文化史に残った重大成果であった。

このような文化人たちは、農村に住まいを移して、農民たちと密接な接触を持つことによって、思想改造の目的に達して、自力更生しなければなりません。中華書局の人は河北省、河南省あたりに下放され、わずか2～3人の留守人員を残しました。この時期、全国の出版社がほぼ全部機能せず、崩壊状態になってしまいました。

　出版業は、この2、3年の間は、ほとんど出版作業が麻痺状態のままです。唯一の大量出版物は『毛沢東語録』と毛沢東の著作などです。これは、普通の出版業務とは異なり、すなわち印刷するだけです。印刷工場さえあれば、出版ができるのです。1971年からはまた46社と少しずつ回復されたわけですが、回復しても、実は1978年までほとんどもとのまま、70社、80社、90社という状態です。

　ところが、1978年からは大きな変化が見られました。いわゆる鄧小平の改革・開放時代に入ったから、年を追って出版社数もどんどん増えて、1999年になると、すでに529社に達していました。しかし529社はすべて国営で、私営出版社はまだないわけです。

　今は、出版業界に参入するためには、普通の会社を起こすのと違って、200万元の資本金を集めないとできないのです。一般の会社の場合は、これほどの資金力は要求されません。出版業界の新規参入に関しては、やはり厳しい制限があります。

　中国は国営出版社なのに、結構ずさんな本をたくさん出しているではないですかと、首をかしげる方が多いかと思います。　もしかしたら、個人でも本を出せるようになっ

たのかと。実は一部の人は、国営の出版社から書籍番号を買ってきて出版しているということがあります。要するに国が決めた一定の枠内で出版するわけです。

出版社の変動には、大きく分けて文革以前、文革期、そして、1978年以後の三つの時期に分けることができると思います。

次に、出版物の数量から見る文化大革命の出版事情です。出版物のデータの中には、実は「合計」という欄目があります。次に「新出」があります。合計はつまり新出と再版、再印刷と両方を合わせたデータですから、新出のほうが多ければ多いほど新しい本がたくさん印刷されたということが分かります。

その中で、1950年から1966年の17年間はおおむね順調に軌道に乗っているのだと考えられます。49年から66年まで、国民経済も順調に回復しつつあるわけです。しかし、66年以後は文革期に突入します。文革時期の10年間、公式的な見解としては、66年から76年までの10年間が文化大革命の時期としていますが、そのときは、新出項目の印刷のほうから見ると、実に閑散とした状態が分かります。もともとは7千種以上、数万種もあるわけですが、文革時期には2千種、3千種の本しかありません。それは、前にも説明したようにほぼマルクス・レーニンの著作、または『毛沢東語録』、『魯迅全集』など数種類しか出版されていません。

その中でも、毛沢東のものが一番多いです。その10年間、『毛沢東語録』だけで、ある統計データによると7億7千万冊印刷・発行されました。もう一説では、50億冊発行されたという。果たしてどのぐらい印刷されたかは、今では定かではありません。（文革期に印刷された『毛沢東語録』は7億7千万冊余、10億冊近い、50数億冊などの諸説あるが、中国国家新聞出版署の統計によれば、1966年～1971年の6年間、正規の出版部門は、『毛沢東語録』を10億5817万7千冊出版したという。詳しくは唐亜明「『毛沢東語録』研究（上）」中国研究所編『中国研究月報』1999年8月号を参照。）

中国出版署の公式統計データは、わりと控えめに見ているのですが、実は各地方、各造反派たちが自ら印刷工場を占領し、好きなように印刷したことができたわけです。ある時期には、人々は外出するとき、必ず手に『毛沢東語録』や毛沢東の肖像を貼った板を掲げて、出かけなければなりません。ある女性が買い物に行ったとき、手が回らないから毛沢東の肖像を脇下に挟んで持っていましたが、運悪く造反派の目に止まり、「なんで毛主席像に対して、こんな無礼な態度をとったのか」と、厳しくとがめられました。

実際、文革時期に『毛沢東語録』は50億冊印刷されたというのは、紙の消費量から考えればあり得ると思います。当時、学校は休眠状態で、教科書や練習ノートはほとんど要りません。ほとんどの紙は全部「大字報」（壁新聞）と毛沢東著作の印刷に使われたわけです。

　このデータの教科書出版量から、中国の教育事情の一端をのぞくことができます。書籍数の横の欄目に示しているように、教科書は52年の802種からだんだん増えていくのですが、文革時期に、また減ってしまったわけです。67年には36種、68年には181種、68年には720種になっています。

　当時の学校は、毛沢東本人の指示にしたがって、授業をせず、革命運動に参加するようになっています。学生たちは、革命のスローガンを掲げ、また農村や工場に行って、農民や労働者から、「再教育」を受けるのです。私もその経験者の一人ですが、中学時代は毎日毛沢東の語録を暗誦したり、批判大会の発言を書いたりして、勉強らしい勉強はしなかったと記憶しています。

　しかし、教科書は1977年あたりから増えてきました。1999年になると、2万種類を超えて、社会の教育に対する関心度の高さを示しています。その政治的・社会的背景として、鄧小平の復権があります。1977年から、鄧小平の指示で、大学受験制度が復活したわけです。

　私もその時期に大学に入った一人です。言ってみれば我々は、鄧小平の3度目の復活がなければ、大学に入ることはできなかった世代です。10年間の高校卒業生が、一斉に受験したわけですから、年齢の差が非常に大きいことがとても印象的です。1977年は、まさに中国の教育改革元年と言えるのです。当時の受験生は、今や中国社会を支える中堅になっています。

　中国の出版文化は、単なる一般的な図書出版事業の役割を果たすだけではなく、中国共産党が出版を政権維持のもっとも重要な武器として使う現状が続く以上、出版文化を通して中国の50年間に歩んできた道のり、また、これからの社会発展・変遷が分かるのです。

岩佐　ありがとうございました。
　もうすでに第2のテーマに半ば入っておりまして、いま、中華人民共和国成立後の出版の状況、出版のシステム、それからそれが文革でどのように破壊されたかという

話を紹介していただきましたが、それでは第2のテーマに入りたいと思います。

第2のテーマは、66年から76年までの文革の時期の出版状況ということです。66年に文革が始まるわけですが、その文革の起点をいつにするかというのは論者によっていろいろ異なります。5月に「文化大革命に関する通知」というのが出ますので、その66年5月を一応、文革の出発点としたいと思います。

文革の実質は結局、中国共産党内の権力闘争ですが、文革発動の根拠として、大体次のような理屈が使われました。

まず、中国のプロレタリアートは非常に長い苛酷な武装闘争を経て、社会主義の権力を打ち立てた。しかし、敗北したブルジョワジーは決して失敗に甘んじるものではなくて、なんとかして生まれたプロレタリアートの権力を打倒し、自分たちの手にもう1回その権力を取り戻そうとする。しかし、もうすでに権力はない、軍事力も何もないわけですから、プロレタリア政権の内部に自分の代弁者を見つけて、その自分の代理人を通じてプロレタリア政権を内部から腐食させようとする。そういう方法で、プロレタリア政権を自分たちに都合のいい政権に変色させようとする。

したがって、解放後の中国社会のさまざまな領域には打倒されたブルジョワジーの代理人が入り込んでいて、彼らが権力を握っている。いままさにプロレタリアートの権力は彼らの手に握られて、修正主義に変色する、そういう寸前にある。だから彼らを打倒してプロレタリアートの手に権力を取り戻して、真のプロレタリアートの権力を打ち立てなければならない。こういう理屈が使われたわけです。全人民が立ち上がって、失われたプロレタリアートの権力を、各領域のトップで権力を握っているブルジョワジーの代理人たちの手から取り戻さなければならないというのが文革発動の理論づけだったわけですね。

これを、権力を奪う、「奪権」と言い、その奪権の主体となった組織を「プロレタリア革命派」というふうに言いました。こうして、中央から地方の末端に至るまで、軍隊を除く全国のすべての政治、経済、文化の生産現場や事務機構で、労働者、大衆によるプロレタリア革命派という組織が成立します。で、奪権が始まるわけですね。

各組織の旧来の指導者は、要するにブルジョワジーの代理人だということで批判され、権力の座から追われます。現業部門ではない職場、特に文化・教育関係の職場では、そこに働く者の多くが労働による自己改造のために農山村に行きます。さっき陳先生から出版社の例で説明がありましたけれども。これを「下放、シアファン」と言

います。こうして、これまでの党、国家の権力構造、中央から末端にいたる組織の内部秩序というものが破壊されて、多くの組織が機能しなくなるわけですね。

紅衛兵の組織というのは、こういう、大学や高校などの教育部門にあらわれたプロレタリア革命派の組織だと言うことができます。彼らは大学や高校で「これまでの教育は修正主義の教育だった」というふうに主張して、それを進めてきた学校の幹部、教師たちを追及するわけです。

だけれども、プロレタリア革命派も一枚岩ではない。同じ組織内にもいくつかの異なる組織が生まれることがありました。これらの組織はお互いに「自分こそが正統派の革命組織である」ということで対立する組織と争うわけですね。争いは、場合によっては鉄砲、それから大砲まで持ち出して、清華大学なんかはそうだったと言われますけれども、非常に激しく展開されるわけです。これを武力の闘争、「武闘」と言うわけですが、武闘では非常に多くの死者が出ます。

学校の革命を終えた紅衛兵たちは、今度は社会に進出します。彼らは、プロレタリア文化大革命や毛沢東思想を宣伝するために、街頭で宣伝活動を行ったり、それから古い封建的なものはだめだというので、そういうものを、あちこちにあるお寺を壊すとか、なんか古い名前の看板を壊すとか、そういういろいろなものを破壊する。それからさまざまな職場での奪権闘争を支援するためと称して、そこに介入する。そういう形で武闘をくり広げます。

しかし、68年12月に毛沢東が「知識青年は」、知識青年というのは基本的に高校・大学で教育を受けた人たちということですけれども、「農村に行き、貧農・下層中農の再教育を受けることが非常に重要なことである」という、最新指示を出します。そのことで紅衛兵運動は終わります。

知識青年というのは、いま言ったように高等学校以上の学歴を持つ若い人たちで、この人たちがまさに紅衛兵運動の担い手であるわけですね。毛沢東は、結局彼らに、「農村に行っって農民に学ぶように」という呼びかけを行う。それは、手に余って彼らを農村に追放した、あるいは就職の問題を解決するために農村に追いやったのが実質だというふうなことが言われていて、おそらくそれも事実なのでしょうけれども、そういう呼びかけを行う。

これ以後、紅衛兵たちの街頭行動は農山村への移住運動に変わっていくわけですね。この運動は「上山下郷運動」、「上山」は、山に上る、「下郷」は「郷」（さと＝村）に

下る、運動というように呼ばれますけれども、紅衛兵による社会的混乱はこれで一応終息します。

それを受けて、翌69年4月に中国共産党の第9回全国代表大会が開かれます。文革の勝利が宣言される。そこで林彪が、毛沢東主席の非常に親密な戦友ということで、毛沢東主席の後継者として党の規約に書き込まれる。ところが、72年にその林彪がクーデターを起こしたというので失脚するわけです。73年には、今度はそれを受けて中国共産党の第10回全国代表大会が開かれます。ここで初めて中央政治局に上海出身の江青とか、姚文元とか、張春橋とか、「四人組」と言われる人たちが登場する。中央入りをすることになります。

その翌年に、今度は失脚していた鄧小平が再度副総理として復活するわけですね。ところが四人組は「批林批孔運動」、林彪を批判して孔子を批判するという運動を展開し、その中で鄧小平の失脚を図る。

76年1月に周恩来が逝去する。その追悼をきっかけにして、4月に天安門事件が起こります。天安門事件は、中華人民共和国成立後最初の人民による反乱と考えていいと思うのですけれども、鄧小平は黒幕としてまた失脚する。この年の9月に毛沢東が亡くなって、10月に四人組が逮捕されたことで、文革は表向き終焉する。以上がこれからの話の背景になるわけです。

出版界に話を戻しますと、もうさっき陳先生から話がありましたけれども、66年から68年末までの奪権闘争に伴う混乱というのは出版界ももちろん例外ではなかった。

多くの出版社では、これまで修正主義の悪い本を出していたという理由で、指導者がプロレタリア革命派から追及される。書店では、修正主義の本を無批判に販売して多くの人民に害毒を与えたということで追及される。こうして、出版関係者も下放します。従来の出版機構、編集、販売、その部門もすべて解体していくわけです。文革期の出版の大きな特色というのは、その初期においてはこういう出版機構の解体状況が生まれたということにあると思います。（方厚枢「当代中国出版史上特殊的一頁―"文化大革命"期間"毛主席著作出版辦公室"始末記略」『新華文摘』1996年1期）

その解体状況を背景にして紅衛兵による出版物が生み出されて、それが流通していった、そういう点に文革初期の出版の大きな特色があるのではないかと思います。そこで、鱒澤さんから、紅衛兵出版物についてお話を伺いたいと思うわけです。

鱒澤さんは、紅衛兵出版物について、党の内部に蓄積されていた情報が紅衛兵出版

物によって公開されて、党内・党外、それから幹部・大衆のあいだにあった国家情報を知る格差というのが解消されたことに意義があったという、非常にユニークな位置づけをしておられますけれども、はじめに、紅衛兵出版物、具体的には「小報（シャオパオ）、小さな新聞」と呼ばれるそういう新聞や雑誌ですけれども、これについて、その出現から消滅までのご紹介をお願いしたいと思います。

　鱒澤　先ほども申し上げましたけれども、紅衛兵出版物といってもいろいろな種類があって、タブロイド版を主流とする新聞、それから雑誌、週刊誌の大きさですね、あれを主とする雑誌、あるいはパンフレット、あとは大体やはり新聞紙大のものも多いのですけれども、タブロイド版を中心とするビラ、あと、資料集、これはさっきのパンフレットと大体同じ形式のものですね。あとは、これは謄写版で書かれているものが多いのですけれども、それでつくられた日報のような内部通信類、大体そういうものに分かつわけで、内容的にはそのぐらいの分類ですね。

　それで、もう1つは、印刷形態の問題として、やはりいま言ったように活版印刷のものと謄写版印刷のもの、これに大きく分かれて、もちろんオフセットのものもございますけれども、極めて少ないわけですね。大体のものから言うと、対外的な刊行物というのは、金のあるところは（あまり正確な言い方ではない、組織力の大きいところ、ということだが、67年4月位までは、そうともいえない）活版でやっています。内部向けに出しているものはほとんどがいわゆる謄写版印刷、そういうもので大体なっていると思います。

　それでは、いわゆる「シャオパオ」（小報）、つまり新聞について、その消長を見ることで、紅衛兵出版物の消長も大体それに照応するところが多いわけでありまして、それについて簡単に説明したいと思います。

年月	1月	2月	3月	4月	5月	6月	7月	8月	9月	10月	11月	12月
1966	—	—	—	—	—	—	—	6	84	81	76	131
1967	279	304	282	350	445	458	427	520	434	229	176	181
1968	140	59	93	76	82	65	68	54	11	2	8	11

　この表は、僕が目睹した、見た、北京で発行された、解放軍の学校を除くいわゆる民間と言ったらおかしいけれども、民間と言っていいのかな。官も入っているのだけ

れども。

　陳　ある意味では民間しかないから。

　鱒澤　まあ、民間しかないけれども、そういった機関が出した活版の新聞の延べ点数ですね。もちろん僕が見たものというのはごく一部ですけれども、かなり見ています。これがそれの発行日づけによる統計なんですね。そうすると、大体これ、消長がわかると思うんですね。
　それで、もともと紅衛兵の出版物というのは、4月ぐらいから「大字報選」という形で各機関内で、例えばその工場とか職場とか学校の中での大字報を印刷したもの、これを中で配っているとか、そういうことをやっていたのですね。
　それが8月になると、例えばこれを具体的に言うと、北京大学を例にとりますと、これがおそらく紅衛兵新聞の嚆矢だと言われているのですけれども、もともと北京大学というのは、『北京大学大事記』によると、53年10月1日の創刊が北京大学校刊、「シャオカン」という、「シャオ」というのは学校の「校」ですね、半月刊がありました。これが、文革が始まってゴタゴタしてきて、それで66年7月26日に取り消されるわけですね。要するに「発行するな」ということです。
　それで、それを受けて、「北京大学文化大革命準備委員会」というのが成立したあと、「ペイターシンシャオカン」（北大新校刊）という、そういう題名で8月15日に創刊されております。これが、いわゆる紅衛兵新聞の嚆矢と言われる「シンペイター」（新北大）の1つ前の段階なんですね。
　8月15日に創刊されておりますが、8月17日に毛沢東が自ら「シンペイター」という、新聞の題字の揮毫をするわけで、それを看板にして8月22日に「シンペイター」、「新北大」と書くのですけれども、それが創刊されるということになります。
　「新北大」というこの名称自体が紅衛兵新聞の全体的な象徴（勿論、闘争、革命の継承を意識させる名称も多いが、その素性を明らかにするという意味で）でありまして、ほかのところでも「新なんとかなんとか大」、大学ですね、そういうものとか、以前の党委員会で出していた「なんとかなんとか報」というのに「新」をつけたそういうタイトル名、こういう紅衛兵新聞といわれるもののタイトル形式からも、紅衛兵新聞そのものは、具体的には文革以前に発行されていた「シャオカン」（校刊）という学校の中の新

II．中国現代編

聞とか、職場・職域新聞の発展形態であると考えたほうがいいと思うんですね。形式も大体そういうものであります。

　それで、68年9月以降（正しくは、革命委員会成立以降）になると、もともとの紅衛兵新聞が革命委員会の機関紙となっていわゆる党委員会に移行する形の前の形になるので、旧来の新聞に戻っていくわけですね。地方紙に戻っていく。そういうところであります。

　ただ、紅衛兵新聞というと、以前の「シャオカン」とか職域・職場新聞との違いというのは、紅衛兵新聞が対外的に刊行されたということで、職場の中でチマチマやっていたというのとちょっと違いがあるわけです。

　どのぐらい刷っていたのかということはわからないのでありますけれども、『出身論』を書いた遇羅克の関係した『中学文革報』の回想文なんかを見ますと、大体毎紙、これは7期ぐらいしか出ていなかったと思うのですけれども（『中学文革報』は第1～6期、専刊1期の計7期発行された）、3万から6万部を印刷していたという。結構売れたほうですね。

　ただし、「井岡山」という、清華大学、それのものは、毎紙最大で50万部出していたわけですね。北京航空学院の「紅旗」というか「北航紅旗」、これは飛行機で向こうに運んでいて、地方に持っていった形跡がありますので、かなりの部数を出していた。そういうことになるわけであります。

　さて、消長でございますけれども、これを見ればわかるのですけれども、大体8月から12月までというのは、内部的にいろいろな「大字報」とかいわゆる指導者の講話を学習的に印刷したものが非常に出回って、自分の主張を言い始めるというのが大体この紅衛兵新聞の消長で見ると、1月ぐらいからだんだん伸びてくるわけですね。大体数字を見ればわかると思います。

　それで、7月になると、いわゆる「ジャンチン」という江青が、「文攻武衛」でしたっけ。

陳　「文攻武衛」ですね。

鱒澤　「文革」だから、「文攻武衛」って、要するに、文章で戦って、防衛は武力でやるという。

岩佐　武力で自分を防衛する。守るという。

鱒澤　守るという、そういうことのスローガンが出て、逆に武闘側の反撃というのがありまして（正しくは、武闘の激化を引き起こし）、さらに言論が非常に過激になって、この８月が最大の数を示しているというのは、それは８月中というのはもうほとんど無政府状態で、解放軍に対する批判なんかも紅衛兵新聞に載るようになって、例えば北京航空学院の紅旗の８月15日ぐらいのあれ（８月19日発行『紅旗』第62期「北航紅旗武装部成立宣言」の記事を指す）を見ますと武器を配っているわけですね。そういうことまで出てくるようになるんですね。

ところが、８月22日に英国の領事館を北京の紅衛兵が焼き討ちしてしまいまして、毛沢東がえらく危機感と焦燥を感じまして、それのイデオローグであった王力、言語学者の王力ではなくて、文革初期のイデオローグであった王力などを、「隔離審査」って、要するに捕まえてしまうわけですね。それから内容的にも９月あたりからは随分紅衛兵新聞に対して風当たりが強くなって、だんだん抑えられていくわけです。それが大体、数でわかるという話です。

その間に、さっき紹介があったように武闘が激しくなってしまって、もう文闘どころではなくて、そういう武闘がずっと、大体67年の４月ぐらいから68年の８月ぐらいまで続いた。とうとう毛沢東が、７月25日でしたか（正しくは、７月28日）、北京の５人の指導者を呼んで、要するに「てめえら、もうだめだ」ということで、紅衛兵運動に引導を渡すわけですね。そうすると、その引導を渡されたあとの組織というのはもうどうしようもなくなってしまって、要するにこのように紅衛兵新聞はほとんど、大学においては８月ぐらいで、ほとんどここら辺で停刊していって、残ったものは工場とか、小さな職場新聞（正しくは、地方新聞）に変わっていくわけですね。

大体、僕の考えですと、68年12月にはもう紅衛兵運動が実質的に終わる、いわゆる文革というのはここで終わっているというのが僕の考え方で、そこで切っているわけでございます。

大体これが消長に関するお話です。

岩佐　ありがとうございました。

Ⅱ．中国現代編

　もう時間があまりなくなってきましたけれども、予定しているのはまだこの倍ぐらいあります。ちょっとかけ足でやりたいと思います。次に、紅衛兵新聞の内容について、あるいは性格についてお話をお願いします。

　鱒澤　紅衛兵の出版活動というのは、よく言われるように発動者である毛沢東の言説、国家・地方機関の指導者の言説の収集、いわゆる「チアンホワ」、講話というものの収集、広報及び情勢分析、こういうものを内容としているわけですね。

　ここで問題なのは、文革以前は共産党内部の文献として、共産党の各委員会、このピラミッド型の各委員会より発せられた内部文献、党内文献として、そのランクに応じて共産党員というのは主要な受け手として成立していた内容であります。こういう党内の事情というものは、だから文革以前は、あらゆる情報を中国共産党の内部と中国共産党外部に明確に分けて発信し、受け手を選別する原則から出版活動も行われておりました。

　もちろん、このシステムが現在変わっているわけでは全くございません。その点は全く変わっておりません。ですから、情報の開放を特徴とする文革期の出版活動とはいえ、それまでの出版活動の隠された主要なテーマであった「機密の保持」ということから、ある意味で正面からぶつかる点でありますけれども、野放図に情報の開放、つまり「機密の保持」を弛緩せしめたわけではございません。それは、度重なる党中央からの通達、あるいは通知なんかにあらわれております。

　これは、「以前の既成の党委員会の機関の更新を図る」という毛沢東の意図する範囲の中でこの「機密の保持」というのと、衝突をあえてうながして情報の開放というのが出現した、こういう事情なのであります。

　では、組織内部と組織外部に分割して情報を発信するというシステムを紅衛兵組織自体が採用しなかったかというと、そうではなくて、積極的にこのシステムを継承しております。それは、ビラとか活版新聞、謄写版もありますけれども、こういう宣伝的な対外出版活動と並行して、政治状況の分析のための内部通信における謄写版の内部通信、あるいは学習資料のパンフレット、こういう内部出版活動、この二重の活動をやっている。そういうシステムというのは大小の組織の別なく採用しておりまして、これは文革期の特徴ではなくて、組織活動における出版の普遍的な性格とも言えるわけであります。

私は、現在目睹し得る紅衛兵出版物から、情報の開放の範囲というのは、軍事機密を除いても運動の状況に応じて限定されたものでありまして、紅衛兵組織の触れることのできなかったものが多数あるようであります。そのボーダーというのは、一応文革以前の県の委員会のレベルぐらいまでしか一般の紅衛兵組織というのは手にできなかったというのが僕の観測であります。

　例えば、『毛沢東思想万歳』という版本、これはもうやたらいっぱいあるのですけれども、やたらいっぱいあっても、例えば毛沢東で、57年でしたか、「人民内部の矛盾について」（正しくは、「人民内部の矛盾を正しく処理する問題について」）というのは、これの講話稿というテキストがあるのです。現在、普通『毛選』にでているのは講話稿ではなくて、あとから手を入れたものなんですけれども、それは後年、『建国以来毛沢東文稿』によって、その作成とか形成過程というのが割と明らかになっていっているところです。

　それによると、『人民内部の矛盾について』で録音稿を毛沢東が校正を加えて、限られた範囲でそれを見せているわけです。おそらくそのものというのは、県の党委員会のレベルでは手にできなかった資料ではないかというふうに考えられるわけでありますけれども、そういうふうなものを紅衛兵組織が、まあ、その紅衛兵組織の力にもよりますけれども、現在僕が見たもので名前の入っている紅衛兵組織のつくった『毛沢東思想万歳』のものは、北京のディエンイン・シュエユアン（正しくは、北京電影制片廠）という、いわゆる映画学院（正しくは、映画撮影所）ですね、あとは湖北大学ぐらいのものなんですね（正しくは、湖北大学のものはこれを採っておらず、名前を入れたことを混同したもの）。そのほかのものは、この講話を採ってないんですね（正しくは、掲載書は『毛沢東の秘められた講話』（岩波書店1993年2月刊）付録4を参照）。もちろん、謄写版のはいくつかあるのですけれども、ほとんど見ることができない。

　やはりこれは、紅衛兵組織の政治的力量の反映とも言えるわけですけれども、こういうふうな、我々の目から見ていわゆるおもしろい文献というのはかなりまれなもので、目睹し得る紅衛兵出版物からは、文革以前のやはり県の党委員会レベルまでに流されていた情報（といっても、県の党委員会レベルの情報すら外国人にとって入手がむずかしかったのであるから、重要な情報であることには違いない）、それが主流に流通していた、そういうふうに考えざるを得ないというのが私のいままで見た感触であり、結論なのでございます。

大体そんなところです。

　岩佐　ありがとうございました。
　紅衛兵の新聞なんかももちろんそうなんですが、文革期の出版のもう一つ非常に大きな特色というのは、毛沢東の神格化といいますか、毛沢東の個人崇拝に出版が非常に大きな役割を果たしたという点だろうと思います。
　その一端は、先ほどの陳先生の『毛沢東語録』の50億冊説とかそういうことからも伺われると思います。ちょっとだけそれに補足しますと、1999年というのは中華人民共和国成立50周年だった。それで、いろいろな分野で回想録などが書かれます。出版界も例外ではありませんでした。
　その一つに文革期の毛沢東著作出版の回顧があります。毛沢東著作というのは、語録のほかに『毛沢東選集』、『毛沢東著作選読』、『老三編』や『文芸講話』など個々の独立した論文なんかを含めて非常にたくさんあって、それが億の単位で出版されていたといいます。これについて政府各省が、いろんな優遇措置をとる。たとえば、普通は出版物については税金を取るわけですけれども、財政部門が毛沢東著作の売り上げには税をかけないという指示を出す。鉄道部は、それを輸送する場合には一切ただで輸送するという指示を出す。出版部門は、出版してもしなくてもいいようなものは絶対出版するな、その紙とか人力を毛沢東の著作の出版に回せというふうな指示をして、とにかく毛沢東の語録を含めての著作の出版に全力を上げたということがあったといいます。
　毛沢東著作の出版がすべてに優先されたこと、それがこの時期の非常に大きな特色として挙げられると思います。（前掲宋原放主編『中国出版史料』第3巻の方厚枢「"文革"十年毛沢東著作、毛沢東像出版記実」。）
　次に、きのう浅野先生の講演で、発掘された木簡について、文革のときに、「こういう古いものは非常に害毒を流すものだから、こんなものはもうよろしくない」というので破壊されたというふうな話がありました。文革の大きな目的の一つにそういう、封建的なもの、旧支配階級のもの、あるいは修正主義的なものを徹底して批判して、新しい真のプロレタリアの文化、思想を形成していくという目標があったと思います。そういう点から言うと、封建時代に生まれて封建的な思想が盛られているはずの古典籍というのは徹底的に批判すべき存在であるはずなのですけれども、だけれども、文

革期にはどうも古典籍の出版みたいなものが依然として行われていたように思います。それはどうしてか、その辺のことを陳先生にご紹介いただきたいと思います。

　陳　文化大革命、この言葉自体を考えても、非常に意味深いものがあるように思います。一つは、文化に対する革命です。文化大革命のときは、従来の伝統文化がすべて否定され、旧い文化を象徴する寺院などの古跡が、みな紅衛兵たちの手によって、無惨に破壊されました。これは文化に対する「革命」と言えよう。もう一つは、文化による大革命。それは、文化を原点に始まり、やがて社会全体にその影響を広げていくというような性質の革命運動を意味する。

　毛沢東は、もともと文化による社会革命を行うことを考えていたのかもしれません。しかし、最終的には文化に対する大革命が、止まることがなく、4千年の歴史文化を全面的・一律的に否定してしまうというような収拾不可能な事態になってしまいました。文化大革命を考えるときには、さきほど岩佐先生と鱒澤先生の発表を伺っても、出版文化の領域において、ほとんどマイナス的なものが多いように感じます。

　ただ一つだけプラス的なものだと言えるのは、文化大革命期間中、次の二つの領域にはやはり成果があったとはっきり言えます。一つは、郭沫若を中心とする考古学です。考古学の研究はかなり進んでいたわけです。有名な馬王堆の発掘などもその時期に発掘されたもので、考古学・文化財の研究もその時期に集大成した成果ができました。

　もう一つは、顧頡剛を中心とする古籍整理事業です。すなわち「二十四史」の整理事業です。これは一見すると非常に矛盾した現象です。文化大革命、毛沢東がいわゆる旧いものをすべて打倒するという運動なのですが、不思議なほどに、その時期に古典籍が整理・出版されたのです。

　私が、まだ十代のとき、1971年、初めて書店の棚に『毛沢東語録』『毛沢東選集』など革命書に混ざって、新版の『周書』、『史記』が飾られていました。『史記』が出されたときは、初めて見たとき、さすがにびっくりしました。この時期にまさかこんな歴史書が出版されるとは、とうてい考えられませんでした。

　もちろん、アメリカ大統領ニクソンが中国訪問の時期に合わせて、少量の歴史書を出版するという政治的な思惑があるでしょう。今から考えると、中国の文化現象を考えるときに、非常に総合的な、ダイナミックな性格を有していることを感じます。一

見単純な現象のようですが、実はその裏には重層的・総合的な絡み合いが存在していたのです。

例えば、当時、共産党の「農業学大寨」（「農業は大寨に学べ」、「大寨」は山西省にある文革期の農業のモデル地区。）の方針の下で、全国規模で耕地改造が行われていました。この一大事業の副産物として、地下に千年以上も眠っていた貴重な文化財がどんどん発見されることになったのです。

古典籍を否定する、文化伝統を消滅させる世の流れの中で、毛沢東本人は、やはり歴史というものを捨てることはなかったのです。彼は、戦争時代にも『資治通鑑』を読んでいたわけです。マルクス主義の著作よりも、『二十四史』を常に身辺に置いて読んでいたわけです。

毛沢東の住居である中南海を見学に行ったとき、『二十四史』が整然と本棚に並んでいるのを覚えています。あの武英殿版の『二十四史』が並んでいるわけです。大きなベッドでさえも、半分は本の山になっていました。毛沢東にとっては、武装闘争時期に前線で戦いを指揮する時にも、歴史書のほうが実用的なのでしょう。

そういう経験から、毛沢東は常に一つの矛盾に直面しています。彼から見ると、マルクス主義による歴史観の建立こそが理想的です。延安時代からそういう考えを持つようになったわけです。

それで、毛沢東は范文瀾に新しい歴史観でもって中国の通史、中国の歴史を書くようにと命じたわけですが、なかなかうまく行きません。マルクス主義による歴史観で中国の歴史を見ると、農民反乱の歴史になってしまうのです。50年代は一時期、これが果たして歴史と言えるかと、毛沢東自身も疑うほどです。それで、范文瀾に、マルクス主義による歴史解釈、歴史観が反映されるようなものを作成するように命じました。結局、文化大革命の時期になってもやはりできていません。最後に、彼は妥協点として、古典籍、すなわち『二十四史』を読みやすいものに再版するよう指示しました。

以上のような文脈の中で、文化大革命の中で、『二十四史』を整理出版するという古籍整理事業が実施されたのです。一見矛盾する現象ですが、その裏には、毛沢東の二重人格つまり理想と現実という側面が反映されているのです。

文化大革命の中で出来上がった古籍整理運動が現在の清史研究にまでその影響が及ぼしています。例えば清史研究所の戴逸とその仲間たちが、大『清史』を編纂するこ

『二十四史』校点整理グループの専門家と編集者たち
1973年初春、北京中華書局にて

（左から右へ）	（前列）	何英芳	陰法魯	唐長孺	白寿彝	丁樹奇	顧頡剛	蕭海
		翁独健	陳述	楊伯峻				
	（後列）	張忱石	陳仲安	崔文印	姚景安	孫毓棠	王鐘翰	周振甫
		張政烺	王毓銓	啓功	趙守儼	鄭経元	魏連科	呉樹平

とが、大きな話題になっています。国から7億元を調達してもらって、大『清史』の編纂に取り掛かるのです。

　ただし、直面している問題点は、現代語問題、そして、現体制の中で、清史の「列伝」や帝王の「本紀」などを歴史観の視点から、どう扱うべきかということが先決条件として、解決しない限りは、すべてが始まらないのです。

　歴史は、社会の現実的需要によって発生するわけです。例えば、明が滅んで、清の時代になると、清の国民は、明の歴史を知る要求が自然に生まれるのです。しかし、今になっても、清史も民国史もできていません。そこで、民間では、テレビドラマという形で、清の時代状況を反映する時代劇が大繁盛です。つまり、民間には自発的に歴史を知ろうとする知的需要が出てきたわけです。しかし、政治的関係で、このような民間からの知的需要に応じることができていないのが実情です。

Ⅱ．中国現代編

　すなわち、我々が現在、毛沢東のその時期と同じような問題点に直面しているわけです。新しい歴史観がまだできていないうちに、従来のものをどう扱うか、合理的に整理していき、より使いやすくすることがいったい可能なのか。かつて『二十四史』を再版する際、毛沢東が直面した問題を、今日の私たちも同じく直面しているわけです。

　毛沢東の考えは如何にも革命的に見えるのですが、でも、具体的に見ていくと、やはり『二十四史』というところに落ち着くわけです。ですから、『二十四史』の整理出版は決して単純な出版事業ではなく、その時代の最も重要な側面、知識人と共産党の指導部との関係など、いろいろな力関係が絡んでいることになります。

　時間の関係で今日はここまでにします。

　岩佐　だんだん話が佳境になったところですみません。

　時間があと5分しかありませんけれども、5分遅く始めましたので勝手に5分延長していいですかね。できるだけ時間内に終わりたいと思いますが、まだ第3番目のテーマの「近代・現代中国資料の保存と方法」というところに全然入っていませんので、そこに行きたいと思います。

　我々が大学院で中国文学なんかをやり始めたころは、ちょうど文革で資料がなくて、香港なんかのリプリント版を使うというようなことで非常に苦労いたしました。いまは逆に資料が多すぎて、何を使ったらいいかで苦労しているという状況ではないかと思うのですけれども、それでも文革だとか、あるいは民主化運動なんかの1次資料というのはほとんど大陸では手に入らないわけです。

　鱒澤さんは、紅衛兵資料をいろいろなルートで収集してこられたわけですけれども、文革期の出版物に関して、台湾や香港ではどういうことになっているかをちょっとご紹介いただきたい。

　鱒澤　文革期においては、世界中が紅衛兵の出版物だとか印刷物に興味を示していたわけでありますね。とりわけ香港というのはその最前線であって、例えばユウレン、「友」という字に聯合の「聯」ですけれども、古い字のほうですが、友聯研究所の刊行物とかですね。

岩佐　友聯は50年代にアメリカの資本でつくられた研究所ですね。

鱒澤　その刊行物である「祖国月刊」とか、ほかに「展望」（自聯出版社刊）とか、そういう雑誌にそういう紅衛兵の文献が転載されて、その資料集の活字化したものが、明報の月刊叢書から、1から6ぐらいまで出ています。（丁望主編『中共文化大革命彙編』（既刊全6巻）を指す。）

　台湾も、当時は一生懸命に中国共産党について目を光らせて、おそらく現在も蓄積したものがあるはずなんですけれども、現在、そういう成果というのは中共研究雑誌社の年報などに見られますけれども、いまから考えても、中国大陸問題研究所の刊行物とか、依然として参考になるということがありますね。

　これが文革期のものでありまして、その後はまたちょっと話が違う。

岩佐　ちょっと補足しますと、この研究の経費で私は台湾に行きまして、さっきおっしゃった中共研究雑誌社なんかにも行ってきました。そこで聞いたのは、金がもう全然出なくなったというんですよね。「台湾独立」というのがいまの政権のスタイルなので、「大陸反抗」とかいうスローガンをもう下ろしてしまって、もう大陸の研究なんていうのはする必要がないということで、大陸研究のための費用が全然出なくなった。

　あちこちにいる、いま本当にそうなんですけれども、大陸研究の専門家がクビになっているんですよね。クビになって職がなくて、苦労している。これも事実です。

　それから国立政治大学という大学があって、そこの研究所があります。これは軍の関係か党の関係かの対中国情報機関だったところなんですけれども、そこに行きましたら、実は中国から出国して文学系の雑誌をやっている人間がいて、もともとわが国のある所が金を出してやっていたのだけれども、政府が大陸政策を変えたので、もうそこから金が出なくなって雑誌が続けられなくなっている、というふうな話を聞きました。そういうことで、いま台湾の大陸研究はかなりしんどい状況にあるみたいです。

　それから次に香港です。香港は大陸に復帰しました。それでも「一国両制度」ということで、一応自主権を認められている。ですから、現実にはいろいろな問題があるようですけれども、それでも、大陸で出版できないものが香港で出版されています。これは台湾でも同じで、最近では台湾の国家機関が金を出して中国大陸の学者のもの

を出版したりしています。例えば首都師範大学の王家平という人が『紅衛兵詩歌研究――「瘋狂」的繆斯』(五南図書出版公司、2002年)というのを出していますけれども、それは台湾の金で台湾で出版されているわけですね。

　そういうことで、依然として台湾、香港というのはそういう、出版についてはいろいろな役割をやはり持っているというふうに思います。それについてご研究の立場から意見をお聞かせいただきたいと思うのですが、鱒澤さん、どうですか。

　鱒澤　一番力を入れているのは香港の中文大学でございますね。これは、在米の宋永毅先生、最近、訳本として『文革大虐殺』(正しくは、松田州二訳『毛沢東の文革大虐殺』原書房2006年1月刊)という、それの中国語原版(『文革大虐殺』香港・開放雑誌社刊)の主編をやった方です。その方が、「中国文化大革命文庫」という膨大な資料を含むCD-ROMを刊行しております。これは、今年(2006年)の8月に増補版が出ました。

　そのほかに、ちょこちょこと、以前に比べれば、影印出版も細々としてやっているようですけれども、まあ、このあと少し出るかもしれない。

　さらに、文革期の回想録とか研究書というのは、やはり中文大学のほかに、香港文化芸術出版社とか、開放雑誌社などから出されております。

　いろいろなことがよくわかりませんけれども、やはり香港の出版物というのは、依然として目を向けていく価値があるというふうに考えています。

　台湾については、僕は全く情報を持っていないので、先ほど岩佐先生のお話を聞きまして、「あ、なるほどそうですか」というふうに考えたわけであります。

　以上です。

　岩佐　陳先生、何か補足はありますか。

　陳　香港とかはあまりないと思います。

　岩佐　私からちょっと補足させていただきますと、香港中文大学には中央図書館というのがあって、その同じ建物に「大学服務中心」という組織がありました。いまは名前が「中国研究服務センター」(University Service Center for Chinese Studies)に変わっていますが、そこにかなり膨大な現代中国の、紅衛兵資料も含めた資料が保存されて

いています。

　大陸を含めた研究者がそこで研究活動を続けている。毎週水曜日昼休みに訪問研究者たちが、これは年中なんですけれども、講座を開いて研究成果を発表するというような研究活動も行われています。

　それから北京大学の図書館の旧館、古い定期刊行物、雑誌や新聞を集めている部門には、やはり紅衛兵出版物が膨大にあるようです。これは王家平から聞いたのですけれども。だけれども、それは見られない。彼は北京大学でその資料を使って博士論文を書いたのですが、それはやっとかろうじて見せてもらったものです。だけれども、コピーも何もできないので、全部、毎日毎日必要なものを書き写して、手書きをして博士論文にまとめたということでした。おそらく中国全国のいろいろな機関にかなりの資料が所蔵されているはずですが、文革のような政治的に敏感な資料については、結論が出るまで出さないということになっているのではないかなという気がいたします。

　最後に、近現代の中国出版資料の保存に関する問題をとりあげます。これはお二人からそれぞれご自分の研究の範囲で、現物の保存とその保存先、それから複写、公開の程度、それからデータベース化する価値とその可能性等についてご紹介いただけばと思います。鱒澤さん。

　鱒澤　いま岩佐先生が随分、北京大学の状況なんかご説明なさっているので、僕は、北京大学の紅楼に入っているものを見せてもらったことがあるのですけれども、見るだけ、そのところに入るだけで大騒ぎになりましてですね。走馬観花ならぬ、チラチラチラっと見せてもらいました。

　だから以前、岩波で出た『文化大革命における北京大学』（正しくは、ウーヴェ・リヒター著渡部貞昭訳『北京大学の文化大革命』1993年7月刊）の中の「全部捨てしまった」（正しくは、同書注 p.13「1975年以前のバックナンバーは図書館の移転の際に紛失した」とある）なんていうのは全くのうそっぱちであります。しっかりとってあります。ただし、これは中でコピーはとれませんし、ちょこちょこっと筆記させているのは、研究者に対してはそのとおりだそうであります。

　また、北京の国家図書館には、雑誌とか新聞を中心に約7万点あるというふうに聞いております。ほとんど写真を撮り終わったそうであります。その情報は知っていま

す。ただしこれも、3種類の許可証が要るというわけで、これは普通の研究者では絶対見られません。僕の知っている人で見た人は1人だけです。非常にうるさい。

ただし、首都図書館は、これは僕は館の好意で見せてもらったので、行けば見せてくれる可能性があると思います。いま、新館に移ったらわかりませんけれども、国子監に在るときに見せてもらいました。非常に親切に教えてくれました。

ただし、カード目録しかございませんので、冊子目録がございません。そのカード目録もちょっとノートするのも大変なものでしたので、もう少し整理されればいいなと思っていますけれども。大体、新聞とか雑誌を中心にはいろいろなところで整理は進んでいるようでありますが、これは詳しいことはわかりません。

それで、ほかの謄写版のものについて、あるいはビラとかそういうものについては、北京の国家図書館の場合は、菰に包まって、手つかずだそうであります。やる人がいないらしいです。こういう話も伺っております。

大陸以外では、いまご紹介になった中文大学とかミシガン大学（未確認）とかに所蔵されておりまして、いずれも私は見たいと思っているのですけれども、行ったことがございません。

国内で見ますと、私が利用させていただいた早稲田大学の中央図書館の貴重書の中にあります。ほかには、愛知大学の中央図書館、これは現在神戸大学にいらっしゃる緒形康先生が愛知大学にいらっしゃるときに集められたというので、見る人は年間に1人か2人しかいないそうですけれども、非常に好意的に見せてもらいました。そういう状況であります。

さらに、慶應大学の国分良成先生が集められたものがあります。これは現物はどうも先生が個人でお持ちになっているようで、そのコピーというのは、去年の3月まではなんとか地域センター（正しくは、国際基金交流センター）という麻布のほうにある機関にあったのですけれども、それが改組になるので、その資料が現在どこにあるかはちょっと聞いていないのですけれども、それはB4に統一されたコピーで、ダンボールにして5～6箱、もう少しありましたかね、これはぎっしり詰まっていました。(2007年6月現在、このコピー資料は廃棄されたとのことであるが、同じものが国分良成先生の所にはあると思われる。)

あの中のおもしろい資料は、1月に檔案を化学工業部の（正しくは、第一軽工業部）造反派が盗んだ事件があるのですけれども、その事件の檔案が入っていましたね。お

そらくなんかの論文になっている〔林秀光「造反派組織の連携と対立」(『文化大革命再論』慶應出版会2003年6月刊所収)を指す〕と思うのですけれども、おもしろいものです。

　個人的に言えば、あそこにある、ここにあるという話だけは聞くのですけれども、具体的に持っている人の持っているものを見たのは、僕はいまのところ、お一人、偶然の機会でありましたけれども、それは見ています。

　ただし、大陸のほうでは個人所蔵家が非常にたくさんおります。僕が見た例は、あれはこのぐらいの（畳1枚、深さ80センチ位の）大きい木箱に全部詰まっていました。「おれ、買いたいんだ」と言ったのだけれども、そのとき100万円だと言うのだけれども、100万だったら安いものだなと思ったのですが、売ると言わなかったんですね。

　あとは、いろいろなところに持っている人がいます。現在、投機の対象になってきて、かなりなものなので、集めるのがだんだん難しくなってきています。そういうのが状況でありまして、とりわけ、見たいものというか、教えていただきたいのはこちらのほうでございまして、なるべく国内で「こういう人が持っていて、見せてくれたよ」というのがあったら教えていただくとありがたい、そういうふうに思っております。

　そんなところですが、それでそのデータベースですが、現在、アメリカのC.C.R.M.から、新聞に関しては「新編紅衛兵資料」1とか2、さらに3編が用意されているはずなので、僕もその編集には随分資料を貸したので出ると思っているのですけれども、なかなか出ません。出たという話は聞かないのですけれども、準備しているという話は聞きます（2007年6月には刊行された。但し、刊記は2005年となっている）。

　ほかには、サンフランシスコ（正しくは、ロサンゼルス）の、ちょっと名前を忘れてしまったけれども（正しくは、中文出版物服務中心）、そこから膨大な資料（『中共重要歴史文献資料彙編』を指す）、これはパンフレットとかそれを中心に出して、これは獨協大学が買って、見せてもらいましたが、これが（紅衛兵新聞以外の）リプリントとしては最大のものであると思います。

　ただし、謄写版のものとかビラなんかがたまさか含まれることがありますけれども、集中的にそういうものを集めたものというのは現在ないんですね。なんとかやろうとは思っていますけれども、ただしそういうものは、特に謄写版の内部通信ものは、おもしろいとは思うのですけれども印刷が非常に悪くて、現物ですらよく見えないものがあったり、発行部数が極めて少なくて、残っている残存部数が少ないので、なんと

かこういうものがデータベースにできればいいなというふうには思っているのですけれども、なかなかこれは難しいかもわかりません。

　個人的な感想から言ったら、データベースよりは紙のほうが目にいいので、僕はそっちのほうが好きです。大体そんなような感覚であります。

　岩佐　ありがとうございました。非常にかけ足で話していただいて、すみません。陳先生、何か補足はありますか。

　陳　とくにありません。

　岩佐　それでは、一応このセクションの話はこのあたりで終わらせていただきたいと思います。

　今日の話で浮き彫りになった問題はいくつかあったと思います。だが、まだいろいろなことが残っている。文革期の出版の特徴として、例えば「三結合執筆グループ」という問題、これは編集者と党幹部と、それから執筆者とが協力して本を書くという書物の執筆、出版スタイルです。この前提には既成の作家、執筆者を排除して、労働者や農民、兵士による、これまでにない新しいプロレタリア文化をつくろうという理念があったと思います。そういうことがどうなったのか、それは意味のない試みだったのか、今日の観点からどう評価するのかとかいうふうな問題ですね。

　あるいは、これは文学の面から言うわけですけれども、文革期にいろいろな作品を書いていた人たちで、文革後の新時期文学でも活躍する作家がいる。ところがその人たちはそのことを隠そうとする傾向があった。そういう問題をどう考えるのか。

　まとめて言えば、文革期は、確かに出版文化の破壊みたいなことがあった。だが、同時に、次の時期に継承し得る新しい試み、文化の萌芽もその中に含んでいたのではないか。そういう視点で文革期の出版をめぐる問題を考えてみる必要があるのではないか。

　論ずべきことは随分まだたくさんあると思うのですけれども、今後このプロジェクトの副産物として研究を重ねて発表をしていきたいと思います。

　時間がもう随分超過しましたので、これで終了したいと思います。問題が十分に浮き彫りになりませんでしたけれども、その点はどうぞお許しいただきたいと思います。

どうもありがとうございました。

（拍　手）

〈了〉

Ⅲ. 日本近代編
「明治大正における印刷・メディアの役割」

司　　会　　原山　　煌（桃山学院大学文学部）
パネリスト　　岡村　敬二（京都ノートルダム女子大学人間文化学部）
　　　　　　陳　　　捷（国文学研究資料館文学資源研究系）
　　　　　　五代　雄資（（財）元興寺文化財研究所研究部）
　　　　　　鍋島　稲子（台東区立書道博物館）

Ⅲ．日本近代編

原山　みなさん、こんにちは。これからシンポジウムの第3部を始めます。このパネルのテーマは「日本近代編　明治・大正における印刷・メディアの役割」ということです。茫漠としたテーマでありますけれども、第1部・第2部のお話なども盛り込みながらやっていきたいと思います。どうぞよろしくお付き合いください。

このパネルにつきましては、このプログラムの8、9ページをご覧ください。見開きになっておりますけれども、そこにパネリストの先生方のご所属とか主なご著書、この科研にかかわっての主な著書が掲載されておりますので、そのあたりについては一々詳しく触れません。

みなさまにはあらかじめお詫び申しますが、第1部・第2部では共通テーマという括りでパネルが展開されたわけですけれども、なにぶん地域的には日本と外地、時代的にも明治・大正、そして昭和初期、という長い激動の時代を扱うというようなことで、ずいぶん考えたのですけれども、このパネルではあえて統一テーマを設定せずに、各先生方がいまお持ちのご専門の問題関心、そのとっておきの部分をご紹介していただくという形で進めてまいりたいと思います。その点ご諒承ください。どうぞよろしくお願いします。

では、まず、パネリストの先生がたをご紹介いたします。

座っておられる順にご紹介いたします。私の隣におられますのは、京都ノートルダム女子大学の岡村さんでございます。満洲および満洲国の出版とその出版政策を中心に研究され、今まで確かめられなかったさまざまな新事実を次々に発表しておられます。きょうはまた非常に興味深い話題を聞けるのではないかと思います。

その向こうが、国文学研究資料館の陳捷さんでございます。明治以降における日中両国間の古典籍の移動という問題に関心をお持ちでございます。その移動に携わった人々というようなことについても、次々に精力的に研究を進めておられます。清朝末期に日本にやってまいりました楊守敬、羅振玉、そうした著名な人たちの事績、そして彼らに日本ではどんな文人たちが対応したのかというようなことを熱心に調べておられます。きょうはそういう観点からのお話になるのではないかと思います。

そのお隣りは、元興寺文化財研究所の五代さんでございます。明治末から大正初め

にかけて新聞が商業新聞に変化し始めるわけですけれども、そういう方向性のもと、近代の新聞や出版物によって情報がどんどん拡大、増大していきます。そういうことは実は産業構造にも影響を及ぼしているというような、非常に雄大なテーマですけれども、そういうことについて研究しておられます。またそのことにかかわって、洋紙（ペーパー）の普及や公文書の印刷を新聞社が請け負っていたというような事実、こういったわれわれがほとんど知らない事実も掘り起こしておられます。印刷業が地域文化の振興、拡大ということについても大きな役割を担っていたということも実証的に明らかにしておられます。

そして、台東区立書道博物館の鍋島さんでございます。鍋島さんは、法帖や書法方面の研究をされています。ご勤務先が書道博物館ということで、中村不折収集のコレクション、あるいは中村不折その人についても研究しておられます。言うまでもなく、中村不折は画家であり書家であり、かつ書法の実践者であり研究者であるわけですけれども、また彼は研究資料として実に幅広い文献、文物を収集して、それが書道博物館として結実しているわけです。そうしたところから見えてくる大正から昭和はじめの時期の文化界のありさま、ということについてお話しいただけると思います。中村不折が中国とかかわっていく、その時にカウンターパートとして出てくる中国の文人たち、どんな人がどんな動きをしていたのかというようなことも明らかになると思っています。

私は司会の原山でございます。明治期から1945年までの時期にかかわって、満洲国、それから蒙古連合自治政府などにかかわる出版を題材として、日本のアジアに対するイメージ形成、論調の変遷や大陸政策の変容というようなことについて調べています。

本日ご紹介しようと思いますのは、その糸口とでも言うべき話題です。この科研で中間報告をまとめたのですが、明治中期、福島安正という陸軍の軍人が、シベリア単騎横断旅行をやりました。この一件は、明治時代きっての大冒険旅行ということですが、そのことを題材にメディアはどのような表現を繰り広げたのか、そしてそれは当時の社会にどんな影響を与えたのかということを実証的に調べていくというのがこの科研での課題でありましたので、それを題材として、きょうは話題提供をしたいと思います。以上が、各パネリストが、いま関心を持っているテーマというわけでございます。

次に、各パネリストから話題提供をしていただこうと思います。このパネルが問題

を展開しようとしているのは、明治・大正、下って昭和の初め頃というような時間設定なのですが、それを歴史的に振り返ってみますと、日本が対外的にどのように進出していったのか、そういう大きな問題が存在していた時期にあたります。そのときに、中国、朝鮮、「満蒙」などと呼ばれた地域、東南アジアの世界、そういう地域に対する日本人のイメージがどのように形成されていったのかというテーマが設定できると思います。

そのようなテーマのほんの一端ですが、私は司会者で先頭切ってお話するのは甚だ僭越なのですけれども、対象とする時代が比較的古いというようなこともございますので、先ほどから言っております福島安正のシベリア単騎横断旅行、それをトピックにしまして問題提起をさせていただきます。

ご存知の方も多いと思いますけれども、福島安正は1892（明治25）年2月11日、ちょうど紀元節の日でしたが、ベルリンを出発して、ユーラシアを馬に乗って一人で横断するというような、破天荒なことをやりました。で、延々シベリアを横断いたしまして、翌年6月にウラジオストークに到着するというようなことでしたから、これは当然、当時の最大級のニュースになりました。まさに大冒険談というわけです。

実は福島安正は、その前から、そしてこの後もそうなのですけれども、陸軍の情報畑を一筋に進んだ人間です。ですからこのシベリア単騎旅行というのも、やがて戦わなければならないロシアの状況をこの目で確かめておこうという、情報将校としての立場が非常に大きく働いているのではないかということが言われています。福島がベルリンを旅立った1年前には、みなさんよくご存じの津田三蔵によるロシア皇太子襲撃事件、いわゆる大津事件が起こっています。その点をお含みいただくと、恐露病と呼ばれたこの時期の日本の雰囲気がご想像いただけると思います。

どうして私が福島の単騎横断旅行をめぐって、いろいろ調べようとしたのか？　そして何故その事件が、この出版文化に係わるこの科研で研究するテーマになりえたのかということについてご説明したいと思います。

実は、明治の20年代というのは非常に面白い時代です。これは出版とか印刷とかの歴史を調べるうえでも、とても意味のある、注目すべき時代であると思います。

出版文化、そして印刷技術という点について申しますと、浮世絵という世界的に通用する言葉で非常に有名になりました木版画の技術。これが本当に爛熟期にありました。そういう、非常に根強い伝統というものがまだあります。そしてその一方で、明

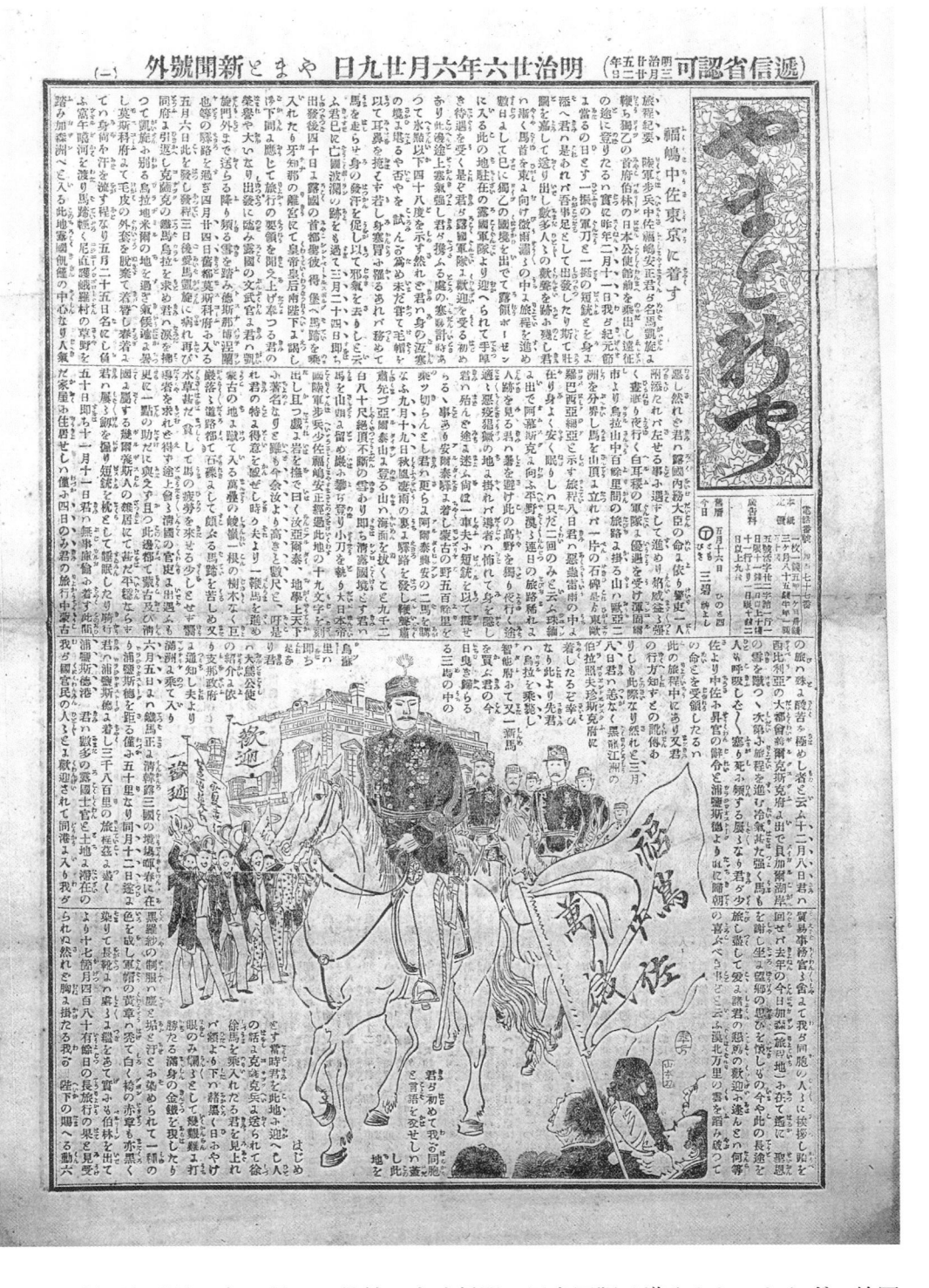

『やまと新聞』明治26年6月29日号外。当時新聞に写真図版は導入されておらず、絵図が用いられていた。この図は、「年方」（水野年方　1866－1908）、彫師は「山本刀」とある。

治の10年代ぐらいから急速にのし上がってきた石版画というものがございます。いわゆるリトグラフですね。それがもうこの時期には非常に人気を博する、という状況にありました。そして写真術というようなものも、もうこの時期には定着しております。

その写真にかかわっては、この時期、一世を風靡した「幻燈」というものがございまして、多くの人々を集めまして、幻燈大会というようなものが全国的に行われました。弁士みたいな者が出てきまして、話を面白く展開するというわけで、ものすごい人気を呼ぶわけです。このように明治の20年代は、新旧の技術がたまたま渾然と混じり合っていた時代です。書籍にしましても、木版刷りの、江戸時代でいえば絵草紙のようなものがまだまだ見られた時代です。

この福島一件にかかわりまして発表されたものも、新聞・雑誌・書物・絵図、そういうものが多数あります。まさにその状況は非常に多種多様、シュトルム・ウント・ドランク、疾風怒濤とでもいいましょうか、そして玉石混交というような特徴がございます。

一例を挙げます。例えば、新聞の附録。今でもお正月の新聞なんかにはきれいな写真入の附録なんかが入りますけれども、新聞の附録としてよく綺麗な石版画が付きました。お正月近くになりますと、きれいな双六が売り出されたりします。あるいは近くのお店が「引札」、その店の宣伝をしたあの引札ですけれども、そういうものを持ってお得意を回る。カルタもありますし、それからご存知の方はおいででしょうか、「武蔵」とか、「十六武蔵」と呼ばれた、子どもの遊戯がありました。大きいコマと小さいコマ、それがあわせて16あるのですけれども、それを使う一種の、すごろくと陣取りが混ざったようなゲーム。そのころ大いに流行ったゲームです。それからさっき言いました幻燈がありますし、おもちゃ絵というものもありました。子どもたちが遊ぶときに用いるさまざまな絵とか、その絵を通じて何か工作をするというような、そういう絵図があるわけです。例えば組み上げ、立版古というような言い方もしますが、印刷されている部品を切り取って、例えば歌舞伎の名場面や、何か大きい出来事の場面を自分で組み立てて、それを飾っておくという、そういうものがありますし、着せ替えのようなものもございます。これもやはり切り抜いて、衣裳を取っかえ引っかえ重ねて楽しむというようなものです。要するに、陳腐な言葉で言いますと、まさに児戯に類するような、そういうような印刷物も多種大量にあります。以上、少し例を挙げました多くの種類の印刷物に、福島の大旅行が題材として取りあげられています。

『国民新聞』明治26年6月25日附録。この石版画のように、旅行中の福島をテーマとする絵図が附録とされた例も見られる。

明治26年10月25日開園の団子坂菊人形に植梅から出展された「陸軍中佐福島安正君」（下段右）。木版墨摺。標題には「美術菊細工　改良廻り舞台　せりあがり」とある。

　多様な印刷物のほかにも、例えば皆さんご存知の「活人形」。マダムタッソーの蝋人形館の日本版と申しましょうか、昔の平家と源氏の戦いとかを人形に仕立てて見世物にするというようなものですけれども、この活人形でありますとか、東京の団子坂などをはじめ全国で「菊人形」というのが興行されます。そこの題材にもなりました。もちろん、芝居にもなります。初世中村鴈治郎が福島安正に扮しまして、『国光誉』という題でやりまして大当たりをします。この時代、皆さんよくご存知の「オッペケペー」の川上音二郎がおりましたが、彼の劇団でもやりました。藤沢浅次郎という幹部俳優が福島に扮しまして、これも押すな押すなの大盛況であったと。川上音二郎は壮士演劇ですけれども、壮士演劇で当時もう一人有名だった山口定雄という人がおりまして、その人も福島ネタを上演しております。いかに当時の人々が福島の大旅行に大きい関心を持っていたかが分かると思います。

　このシンポジウムで、琵琶の先生に演奏をしていただいて感銘を受けましたけれども、琵琶歌の題材にもなっています。その歌詞集も残っております。それから講談にも採り上げられ、松林伯知という非常に東京で売れた講談師などが採り上げておりま

彩色石版による引札。福島の単騎旅行と並び称される郡司成忠の千島探検が併載される。大阪市東区安土町小林弥平、明治26年11月2日発行。

す。あるいは油絵展示会ですとかパノラマというような見世物にもなります。そうした催しを宣伝するための、芝居の筋書きとか絵番付とかそういったもの、つまり印刷物が関連して発売されるというようなこともありました。

　まだ明治20年代の時代ですから、知的財産権とか著作権とか、そんな感覚はあまりありません。しかもこれは一過性の時局ものだという意識が非常に強いので、パッと作ってパッと売り抜けてひと儲けしようというような、そういう類のものが非常に多い。したがって、後世になかなか残らないということにもなりますが、こういうことを具体的に明らかにして、その当時の社会の興奮ぶりを、できるだけ実物によって検証したい、一つ一つそういうことを積み重ねていきたいということで、いまやっております。

　さて、福島の場合もそのための準備ということだったのですが、日本の海外進出という問題がございます。とりわけロシア帝国に勝つというような、考えられなかったような出来事が起こるわけです。つまり、日露戦争の勝利。で、いまや日本は朝鮮も支配下に置いているという感じで、日本の目はさらにその奥の「満蒙」という地域に

向けられて行きます。「満蒙」という言葉は、そのプロセスで出てきた言葉であります。この点については、この科研にもご参加の中見立夫先生のご研究があります。それまでは、「満韓」、つまり満洲と韓半島（韓国）、あるいは「満鮮」、つまり満洲と朝鮮。満韓とか満鮮というような、そういう用語はありましたけれども、その次の段階として満蒙という言葉を設定いたしました。それを目標に、どんどん大陸の奥深くへ進出していこうというわけです。

　満蒙といいますと、満洲国の成立というようなことがございます。そういうところに日本のメディアや出版は、どのようなかかわりを持っていくのでしょうか。こうした問題について、岡村さんが詳しく調べておられますので、岡村さんのほうから話題提供をお願いいたします。

　岡村　今、原山さんから縷々お話がありましたが、わたくしはあのようにテンポのよいお話はなかなかできませんので、大変「書誌的」話題で申し訳ないのですけれども、主として満洲国の出版物について概略を申し上げてみたいと思います。

　満洲および1932年3月に建国された満洲国において刊行され、流通し諸機関に集積されて現に保存されてきている出版物を考えるにあたっては、そのふたつの存在の形を考慮しておく必要があるかと思います。ひとつは、この時代に、この地域で出版されたり収集され集積されたということ、そしてもうひとつは、それらが戦争終結後に中国において接収され遺されて現在中国を中心に保存されているという実態についてです。つまり書物は、出版されて収集されそこで利用されることで終わるのではなく、それらがその所蔵先をさまざまに変転させ、たとえば現在中国各地域の図書館や研究機関に遺されている、というプロセスまでを考える必要があるかなと思うわけです。そしてこのようにして遺された出版物の種類はおおむね次の三種類です。

　ひとつは、その当時、満洲国を含めて満洲の地で出版され満洲の図書館とか研究機関・大学などに集積された、満洲刊行の出版物。もうひとつは、日本で出版されたものが、（つまり日本人がたくさん渡っていますので）満洲で収集・集積され利用される形で満洲に移入した出版物。それから三番目は当時の中国の、例えば北京とか上海で出版され満洲地域に流入してきた出版物、この三種です。このそれぞれについて、統制の法令なども定められて出版活動がなされ、また移入・輸入されていくということになります。

先ほど原山先生からお話がありましたように、日露戦争の後に関東都督府が日本の租借地でありますところの関東州と、それから満鉄（南満洲鉄道株式会社）のふたつの管理を行うことになりますが、出版の面においてもやはりこの満鉄が大変大きな役割を果たしていくことになります。

　満鉄はご承知のように、鉄道だけではなくて、炭鉱とか鉄鋼とか保険業とか、各種の会社をも経営しておりましたし、それからいわゆる調査機能なども重要視して、大変充実した調査・研究活動も行ってきました。また満鉄附属地と称される、沿線に附属させております土地についても、そこに住んでいる住民に対しての一般的な行政権のようなものも持っていて、ひとつの独立した行政体のようなかたちで存在していたわけです。

　ですから、教育面ではもちろん学校なども経営いたしますし、満鉄の図書館も設けられました。満鉄の図書館では、満鉄沿線の住民、これは満鉄の社員の家族も含めてですが、日本人に対する公共図書館のような役割も果たしました。もちろん、大連や奉天などの図書館では、満鉄の社業にかかわる資料も収集するということで運営されてきたのでございます。

　この日清・日露両戦争をはさんでの、いわゆる世紀の変わり目の時代、まさに過渡期といいましょうか、後でまた問題になるかもしれませんが、出版が活字印刷の技術を導入し、出版物も和装本から洋装本に確実に変わり、図書館でも本が縦置きになって文字通り「図書館」として成立していく時期、つまり日本において出版や図書館が、近代のある到達点に来たったそんな時期に、日露戦争以降、満洲でさまざまな、それは侵略ということなのですけれども、それがある意味では実験というような性格も持って活動がなされていったのだと思います。

　満洲及び満洲国での出版物について、刊行主体からみた場合、どのような出版物があったかということを少しだけ申し上げておきたいと思います。第一は満鉄の刊行物。満鉄の刊行物は、もちろん満洲国が成立して以降も刊行されます。これらの幾分かは、現在日本においても、旧帝大系の大学や旧制の高等商業学校系の大学などを中心に資料は残っています。それから第二、これは満洲国が成立して以降のことになりますけれども、満洲国においても各種の文化事業が行われます。1933年に日満（満日）文化協会が創設され、そこでいろいろな文化事業を審議して展開していくことにもなりますが、この協会からもかなりの出版物が刊行されます。それから第三は、満洲国の各

部局から刊行される官庁刊行物です。各部局からは多くの出版物が刊行されています。またこれらの各部局は資料室を持っていまして、1～3万冊レベルの資料を収蔵し、それらは有機的な連携を保持しながら、資料を有効利用しつつ満洲国の経営に資したという事実もあります。それから第四は、国策企業などです。これは、先の満洲国各部局の資料室などとともに、満洲国の国都新京を中心として、新京資料室聯合会を組織して刊行物の聯合目録や所在目録を編纂し、出版も一部おこなうのですけれども、そこで活発に活動を展開していくことになります。例えば満洲中央銀行とか日満商事とか満洲事情案内所とかで、これらの機関で出版を行ない、資料も収集・集積したわけです。それから第五は教育機関で、例えば建国大学とか大同学院とか満洲医科大学などの機関。また1939年に官制がととのえられた満洲国立中央図書館籌備処、この籌備処というのは準備室ですけれども、これらの機関からも出版物が刊行されます。このように、満洲及び満洲国での刊行物というのは、官庁や国策機関、文化機関や大学が中心ではありましたが、民間企業とか民間の出版社からも当然刊行物が出されています。これが第六の出版物の系列です。1939年には満洲書籍配給株式会社（満配）が、またその後には満洲出版協会も結成され、活動もそれなりに活発になっていきます。ただこれら民間の出版社の実態に関してはほとんど把握されていないのが実情であるとおもいます。

　最後にこれら出版物の収集や書誌作成の「責任機関」について触れておきたいと思います。満洲、とりわけ満洲国で刊行された出版物については、今風に言えば、資料の収集や書誌作成については、満洲国つまり満洲国立図書館が責任を持って行なう、ということになるのですけれども、満洲国はもちろん終戦で消滅しておりますので、結局満洲国で出版された、とりわけ民間の出版物については日本にも所蔵があまりなく、ある意味では放置されているという状況にあると思います。もちろん日本の国立国会図書館というか、当時の帝国図書館は出版物を収集する責任範囲にはなかったわけです。そしてそれら満洲国で刊行された出版物などは、歴史的経過を経ていま中国に遺されているというのが実情であるということになります。もちろん先に述べました出版物につきましては、日本に断片的ながらも収蔵されておりますけれども、とりわけこの民間出版社の出版物についての概要はほとんど把握されていません。満洲国において展開された文学活動や美術運動などの文化活動については、こうした民間の機関や出版社から刊行された資料によってその内容も少しは明らかになると思います

が、実情は以上述べましたとおりであるわけです。

　これが、日露戦争以降の満洲から満洲国、そして現在にいたるところの出版物の概要ということになるかと思います。

　原山　ありがとうございました。関連して一言付け加えます。私はこの科研の中間報告として、2004年に『日本国内現存『観光東亜』総目次稿』を出しました。この雑誌は、大連で発行されていたものです。前誌名を『旅行満洲』、終戦間際になりますと、観光なんて呑気すぎるということで、『旅行満洲』と名前を変えます。ジャパンツーリストビューロー大連支部が出していました。これなどはまさに、岡村さんがご指摘になった、大陸で刊行された日本語の雑誌の一例であろうと思います。

　これは非常に面白いです。著名な学者、作家、芸術家、経済人、軍人、鉄道・旅行関係者など、非常に多彩な顔ぶれの執筆陣です。これが悲しいことには、日本国内では、通覧することができません。日本中の図書館あわせても、それを通しで見られない。おそらくは、中国にもあまり残されてはいないようです。一体どこまで残った巻号をそろえることができるかということで作ったのがこの目録でありまして、「稿」というタイトルを付けているのは、この機会に未見の号をできるだけ発見したいという切実な願いがこもっています。外地で刊行されて、日本に送られてきたのですが、それがきちんと保存されていない。そういう状況があったわけです。いわゆる外地出版、それが雑誌においてどういう問題をはらんでいるのかということについて、ちょっと付言させていただきました。

　さて、明治期以降の一般的な状況として、出版メディアが国内世論の形成に一定の影響を与えていたことを見逃すことはできません。当然、外国における活動として、満蒙という場からする諸外国へのプロパガンダという役割も演じていたことは、今の岡村さんのコメントでお分りのことと思います。

　翻って、国内で世論を形成し誘導していく、そのプロパガンダ形成という面から見ましても、出版やメディアが非常に重要な役割を果たしたというようなことは容易に想像できることです。その一例としましては、ポーツマス条約で世論が怒り狂う、大騒ぎになるという事件がありました。

　やはりその前提となるのは、当時の新聞とかメディアが、そういう原因を作っているという事実であります。日本では新聞がいつごろから商業化していき、で、今ある

Ⅲ．日本近代編

ように各家庭に届くような状態になっていくのか、そのあたりの移り変わりというのを、ご専門の立場から五代さんに話題提供していただきたいと思います。

　五代　私は、もともと地方史や各地の民俗調査をしている関係で、民話・伝説といった伝承資料を調査していました。そうするとその中で、どうも同じような話が、全く典拠（印刷物やメディアから）も同じような書物（印刷物）から来ているのではないかと思えるものが非常に多くあったのです。そこから、研究の幅を広げ、新聞の研究を始めたというのが私の研究のきっかけで、特に地方における新聞、それからメディア、洋紙産業まで拡大して研究するようになりました。

　例えば、昔は民俗調査をいたしますと、金持ちの家とか庄屋の家には古い書物を読んでいるだけなので調査に行くなとか、それからあとは浄土真宗が非常に広まっている所は、古い民俗が失われている可能性が高いので調査は避けるべきだとか、明治以降の話は集めるなとかいろいろな考え方が少し前まではありまして、私もそのころ調査しているときにはそういう地域は避けて行かなかったのですけれども、どうも不自然な気がしておりました。そうしたときに民話の研究家でもあり、作家でもある松谷みよ子さんが明治以降の民話や伝承の調査を始めておられることを知り、これまでの考え方と違うことに驚き、祖父母の昔話を熱心に聞き書きし、何度も投稿（『民話の手帳』）した記憶があります。

　しかしその事が、私の研究者としての人生に大きく影響を与え、これまでの民俗研究にいろいろな問題点があるということがだんだん分かってきました。特に、その当時はまだ古い新聞を読むということは少なかったのですけれども、可能性として初期の新聞というものが、近代以降の伝承のいろいろな情報源になっていたんだということがだんだん分かってきました。

　例えば地方に行くと、民話などの話をする前に「昔々……」とか、地域によっては「昔あったがね」など多彩な言葉で話が始まります。でも、中身については非常に似通っているものがあります。そういう民俗調査の分析についてはここで詳細には申しませんけれども。いろいろな考え方があるので。ただ、その中でも近代の伝承に共通した項目を採り上げていくと、どうも何かの影響が大きいのではないかと考えるようになりました。さきほどの民俗調査のお話をしましたが、伝承が社会やその環境に大きく影響を受けていますがその中でも書物や印刷物の影響が大きいのではないかと考

近代化に至るまでの印刷と洋紙

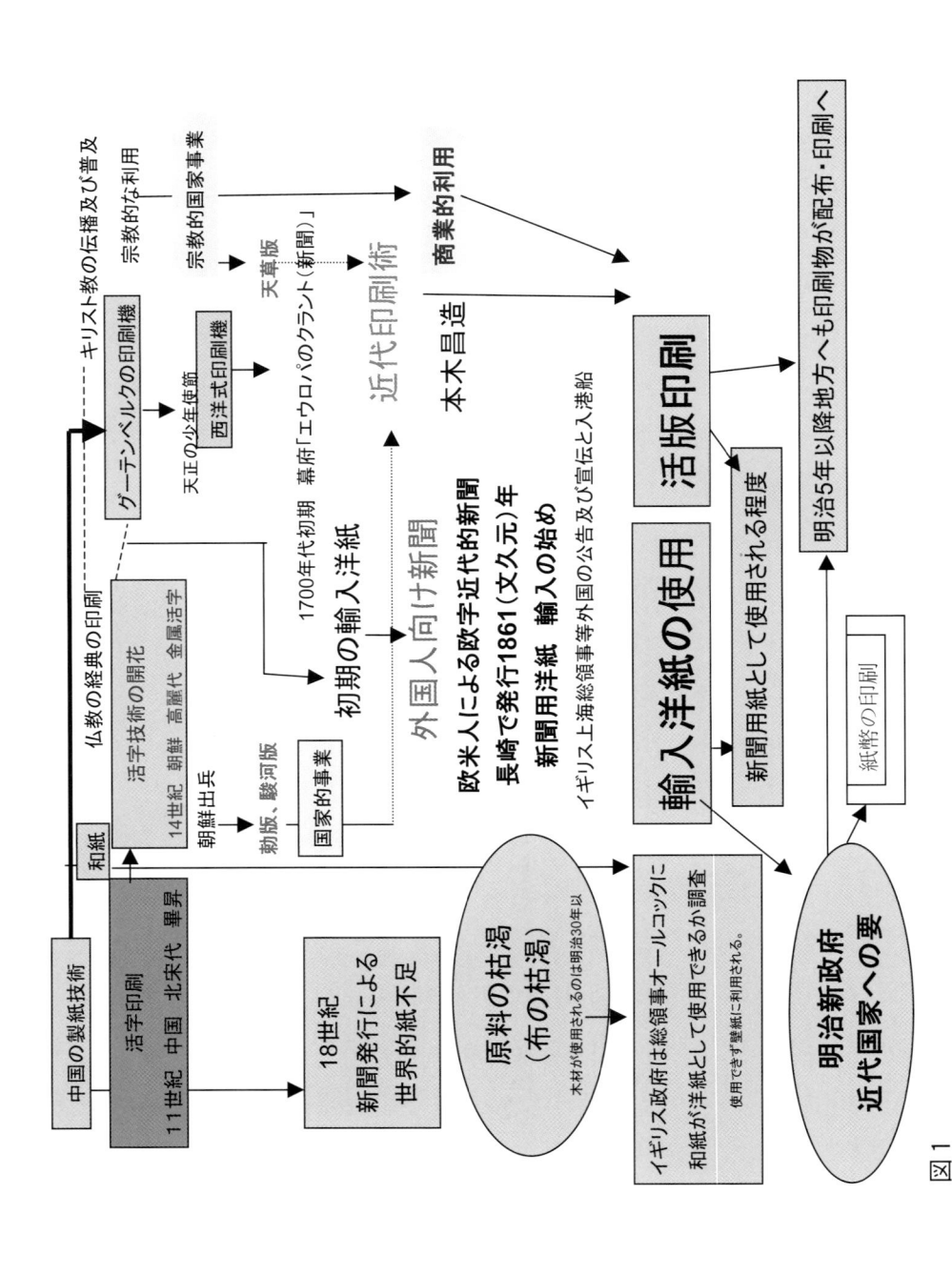

- 中国の製紙技術
- 和紙
- 活字印刷 11世紀 中国 北宋代 畢昇
- 18世紀 新聞発行による世界的紙不足

- 仏教の経典の印刷
- キリスト教の伝播及び普及
- グーテンベルクの印刷機
- 活字技術の開花 14世紀 朝鮮 高麗代 金属活字
  - 朝鮮出兵
  - 勅版、駿河版
  - 国家的事業
- 天正の少年使節
- 西洋式印刷機
- 1700年代初期 幕府「エウロパのクラント（新聞）」
- 初期の輸入洋紙
- 外国人向け新聞
- 欧米人による欧字近代的新聞 長崎で発行1861(文久元)年 新聞用洋紙 輸入の始め
- イギリス上海総領事等外国の公告及び宣伝と入港船

- 宗教的な利用
- 宗教的国家事業
- 天草版
- 近代印刷術
- 本木昌造
- 商業的利用

- 活版印刷
- 輸入洋紙の使用
- 新聞用紙として使用される程度
- 明治5年以降地方へも印刷物が配布・印刷へ
- 紙幣の印刷

- 原料の枯渇（布の枯渇）
  - 木材が使用されるのは明治30年以
- イギリス政府は総領事オールコックに和紙が洋紙として使用できるか調査
  - 使用できず壁紙に利用される。
- 明治新政府 近代国家への要

図1

えるようになりました。その上、近代以降には新聞が非常に大きく影響しているのではないかと考えるようになりました。そこで、印刷物としての新聞についての研究に入りました（近代に到るまでの印刷と洋紙については、図1を参照）。

それで先ほど先生が言われていましたように、私はどちらかというと地方からの話になりますけれども、地方の新聞について言いますと、明治20年代ぐらいから商業化されたのではないかと考えています。それは地域によってかなり差があります。地方でも明治5年以降から、新聞が発行されましたけれども、すべての府県で発行されたわけでもありませんので、ほぼ全国的ということになると、大体明治20年以降ということになります。また、読者層が拡大し、各家庭にまで個別配布されるようになるのは、大正から昭和の時期にかけて、ではないかと考えます。

当時の購読者層の調査は大都市以外ではほとんど残されてはいないのですが、大正から昭和の初めにかけまして、全国で「郷土調査」が行われております。これは小学校が中心になり、その当時の教員、生徒、学校が中心になって郷土の歴史や地理、産業の調査を学習の一環として行いました。そういった中に、数は少ないのですが、「新聞をどれくらい取っているか」ということが書いてあるのがあります。（以下資料参照）

昭和八年十月「郷土調査」飫肥尋常高等小學校（飫肥尋常高等小學校『郷土調査』昭和八年十月　飫肥尋常高等小學校（飫肥郷土史の調査、現在の宮崎県日南市）
三、新聞雑誌其他の調
　　一、新聞――毎月愛讀戸数－九月現在
　　（町戸数一七〇二戸…昭和七年度末）

1．飫肥毎日――――――　七〇〇戸
2．大阪朝日――――――　四〇一戸
3．大阪毎日――――――　三〇一戸
4．光　――――――――　三〇〇戸
5．宮崎時事――――――　二〇〇戸
6．福岡日々――――――　一四四戸
7．日州　―――――――　一三四戸
8．宮崎　―――――――　　五〇戸

```
 9. 読売―――――――――        一〇戸
10. 鹿児島朝日―――――       九戸
11. 東京朝日――――――        一戸
12. 東京日々――――――        一戸
13. 九州日報――――――        一戸
14. 日本織物――――――        一戸
15. 大阪織物――――――        一戸
16. 時計――――――――        一戸
17. 電氣――――――――        一戸
18. 三州日々――――――        一戸
19. 都―――――――――        一戸
 計             二二五八戸
 ・・・一戸ニツキ一,三三部購入ノ割合
```

こういった資料を見ると、(下線部)戸数に対する購読紙の平均値は、現在の平均値の1.02部より遙かに多い1.3部ぐらい新聞を読んでいる地域もあったようです。(この数字の中には、公共機関の購読数も含まれていると考えられ、学校等の公的な機関の数だけでもかなりの数に上るため、実際の購読数は減る可能性もあります。)このような資料をみると、新聞が情報源として、全戸が読んでいたとは思いませんけれども、そういったものが地方でも根づいていたと考えられます。

それともう一つ大きなことは役所での文書の増大です。江戸時代(図1参照)ですと決まったことを高札(立札)で公示したり、上意下達していくだけでよかったのですが、近代国家になると役所も公示するだけではなく、地方の津津浦浦に住む国民にも知らせる必要があるため、これまでの書写では、とても追いつくものではなく、印刷が必要となりました。又、国民のそれぞれが役所で書類の提出や納税のために文書を提出しなければならない。そのために役所に出かけていってそれぞれが字を書かなければならない。そうしたことのために公教育が行われ、明治30年代には、識字率も60％ぐらいに上がるようになって、ほぼ半分以上の人は字が読めるようになっていった。ただ、その当時の学校では落第も結構ありましたので、全員がどれぐらい読めたかというのはまだ難しい問題もありますけれども、ただそれぐらいの識字率があったことは公的な統計類が語っております。こうしたことも印刷物を急速に広める事になったのだと考えております。そのため印刷も多様な初期には木版、木製活字、金属活字

明治初期の印刷物

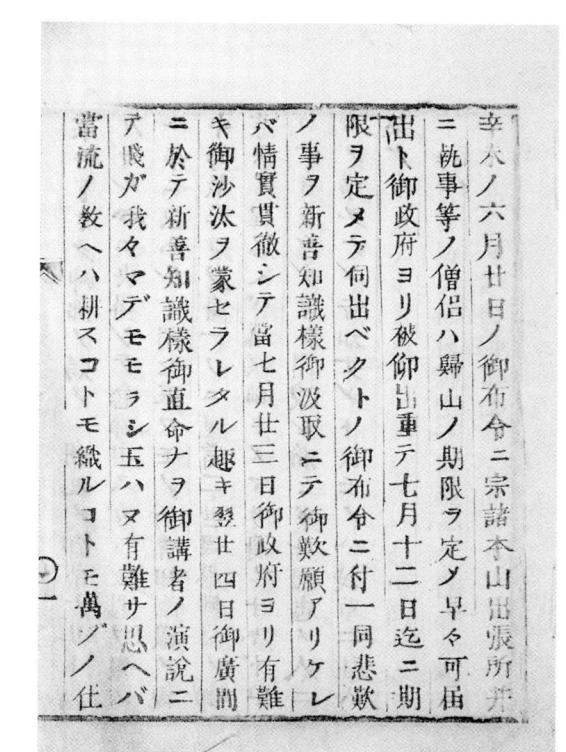

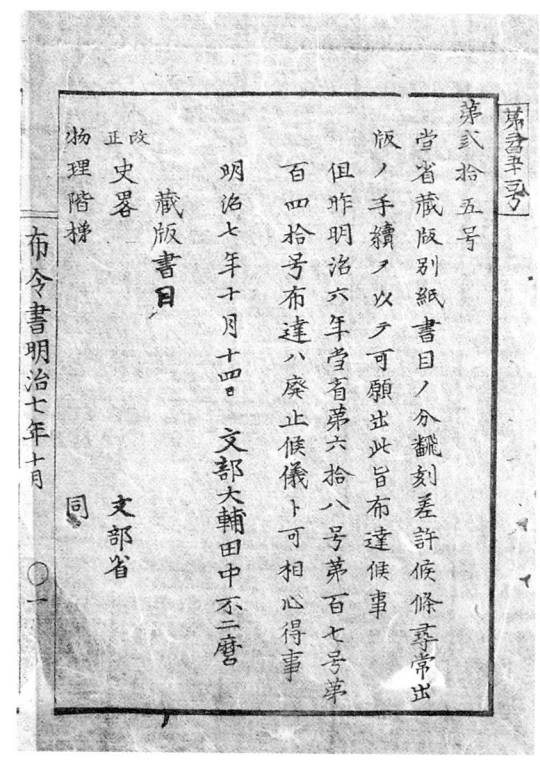

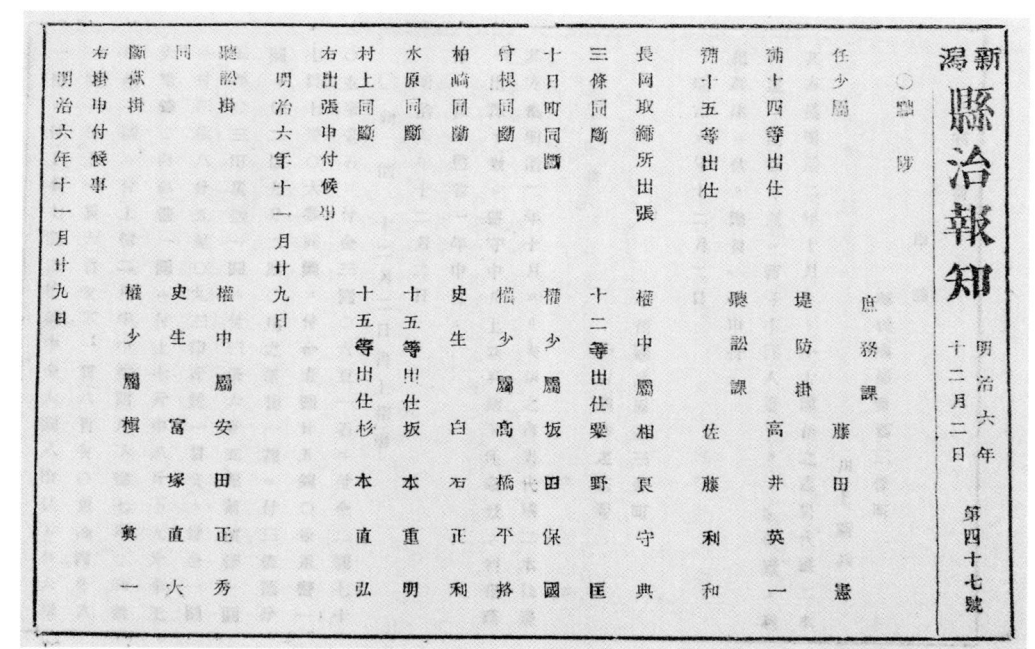

上段左 木製活字（古活字）を利用した印刷（明治4年頃）、上段右 木版（整版）による印刷（明治7年）、下段 金属活字（明治6年）による印刷

などが採用されています。(写真参照)

　鳥取県で調査をした際に、鳥取県統計書に、明治26年代に年間に69万部を超える新聞発行があり、明治26年には、109万部、明治28年には183万部を発行していたという記録がありました。鳥取県の公文書館の方とも話したのですが、この数値については実態がよくつかめていないとのことでしたが、私はこの数値に非常に興味をもつこととなりました。年間183万を超える印刷物、300日前後とすると1日6000部ぐらいとすると、約4ページ立てとして一日2万4000枚の印刷を行っていたことになります。(紙の裁断方法や印刷方法によっても変わります。) 同時に、公文書の印刷費(明治17年から19年頃で年間4000円近くを使っている。) もかなりの金額になっていることが統計書などからもわかりましたので、他府県での状況を調査することにしました。

　すると長野県の公文書に、どういったものについて印刷したかという書類が出てきました。(以下を参照) それを見ますと、明治18年で1月に、約18万枚の印刷をしたというのがありました。どういったものを印刷しているかというと、報告書、朱摺紙(罫紙)、それから帳票類。そういったものを1月で18万枚、多い月になりますと(2月)になると40万枚の印刷という記録が出ています。それが数年間出てきまして、年間になると大体4000円を超える金額になっています。これで初めて鳥取県の高額な印刷費も理解できるようになりました。

明治18年印刷費と枚数(以下の表は簡略しています) 長野県公文書　明治19年公文編冊　文書課(長野県立歴史館)

明治十八年一月中印刷調				金　三百四拾八円九拾弐銭三厘	
五百部以上紙数	(中略)	朱摺紙五百部以上	報告書紙数五百部以上	報告書紙数五百部以上表	洋紙並製表紙数
二九万三六二九枚	(中略)	三千九十枚	四千七百十三枚	壱万四千四十八枚	五千七百八十五枚
金二百九十三円六十二銭九厘	(中略)	金一円三十九銭一厘	金四円七十一銭三厘	金三十七円六十二銭	金十一円五十七銭

明治十八年同年二月中　同断				金　七百八十九円五十八銭四厘	
五百部以上紙数	(中略)	朱摺紙五百部以上	報告書紙数五百部以上	報告書紙数五百部以上表	洋紙並製表紙数
四十五万九千三枚	(中略)	二千六十枚	千八百十一枚	0	七万四千四百四十四枚

III．日本近代編

　これまでの話を簡単に申し上げますと、新聞の発行部数が増加して、多くの人々に読まれるようになるには、通信が整備される必要があります。その上、国内だけではなく、世界の情報が新聞という印刷物を通して地方まで入るようになったことによる知的好奇心の高まりや、先ほどの公的な印刷物の急増と国民のそれぞれが紙に書いて役所に提出しなければいけなくなったことによる識字率の向上による公教育の成功が、印刷物を増大させ社会構造をも変化さたのではないかと考えられます。近代は印刷による情報革命（図2参照）ともいうべき時代であるわけです。一方媒体である紙が非常に増えていった。和紙に関しても、壁紙などに使用され国外に輸出され増産されました。（図3参照）又、輸入に頼っていた洋紙も明治30年代以降で国内で増産され、印刷物とともに大量な印刷物が出回っていったということが分かります。

　ただ、その当時のものがいまも残っているかというと、実はあまり残ってないんですね。新聞や洋紙の本は、酸化ということもありますが、変色し近年の白い本と比べると見劣りし、破棄されることが非常に多いので現在では減っています。そのため、これらをどういうふうにして保存していくかというのが今後の大きな課題であります。

　最後になりますけれども、新聞が広まり始めた頃（明治時代）その当時の新聞に面白い記事が出ています。明治20～30年ぐらいの新聞を読むと、新聞というのはただ読むだけではなくて、いろいろな使い途があったようです。よく皆さんご存知なのは、例えばこれをトイレ用の、便所の紙に使うというのがありますけれども、それ以外にも冷水に浸して窓ガラスを拭くときれいになりますよとか、そういうことが新聞の中にいろいろ書かれています。余談になりますが、ほかにも子どもの布団の下に敷くと非常によく眠るとか、ご年配の皆さんはよくご存知のように、新聞の印刷インキや酸性の洋紙がタンスの下に敷いておくと、虫除けにできるとか。これは私たち研究者にとって非常に助かります。これによって保存状態のよい新聞が発見される場合が多々あります。こうして、今では考えられないようないろいろな方法で新聞は使えますよということを、新聞社自体が宣伝をして読者を増やそうとしていた事がわかるのも非常に面白いと思います。

　ですから、そういうことも含めて、新聞というものが、どんどん広まっていったのではないかと考えます。

　もう一つありますけれども、最後になりますが、明治20～30年代に地方都市で新聞はどれぐらい発行されていたかといいますと、いろいろな記録がありますが、例えば

近代以降の印刷と急速な情報化

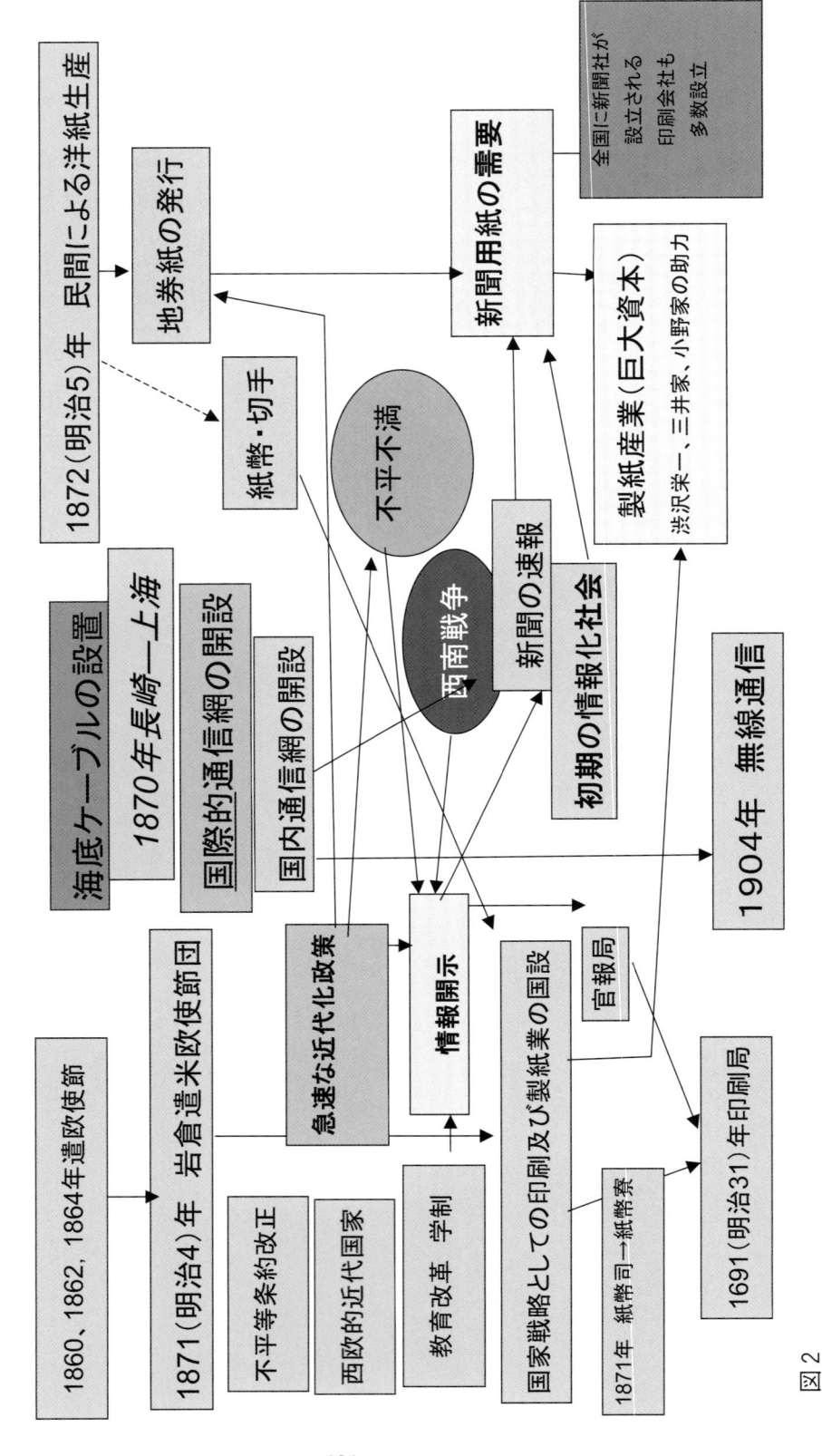

図2

Ⅲ．日本近代編

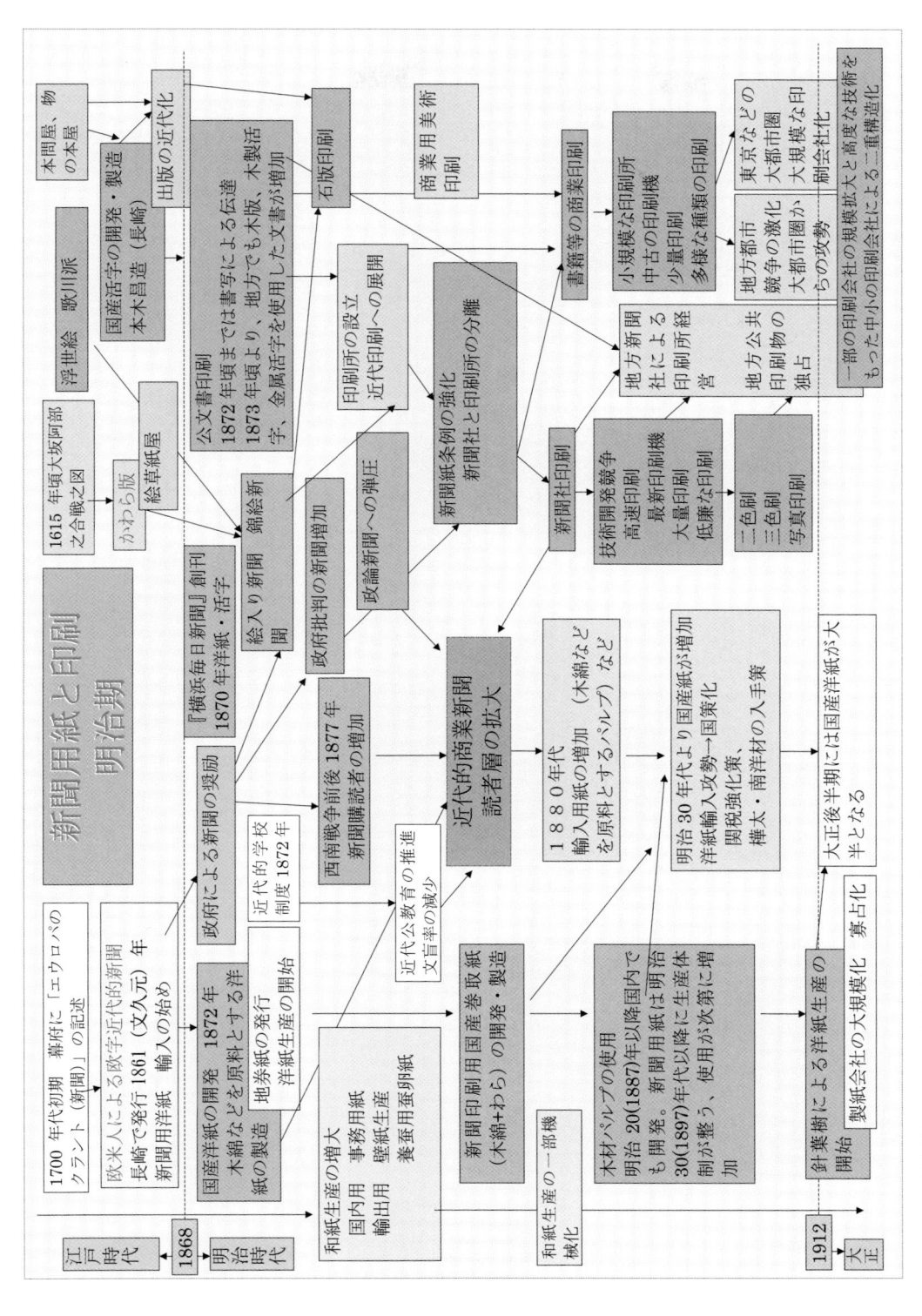

図3 明治期における新聞用紙と印刷

新聞の形状について

西暦年	新聞名	年月日	号	活字体	活字号数	活字ポイント	行数行数	一行活字の数	段数段数
1871	浅草本願寺関連文書	明治4年		木製活字	1	26	20	20	1
1873	縣治報知（新潟県）	明治6年6月10日	第180	木製活字					
1873	縣治報知（新潟県）	明治6年6月13日	第204	木製活字					
1873	管内布達（秋田県管内布達留）	明治6年11月	第375	金属活字					
1873	まいにちひらがな志んぶん志	明治6年11月17日	204	金属活字	5	11	28	21	3
1873	まいにちひらがな志んぶん志	明治6年11月18日	205	金属活字	5	11	28	21	3
1873	まいにちひらがな志んぶん志	明治6年11月20日	207	金属活字	5	11	28	21	3
1873	新潟縣治日報	明治6年12月8日	50号	金属活字	4	14	25	22	1
1873	新潟縣治日報	明治6年12月10日	50号付録	金属活字	4	14	31	22	1
1873	新潟縣治日報	明治6年12月12日	51号	金属活字	4	14	26	24	1
1873	新潟縣治日報	明治6年12月14日	52号	金属活字	4	14	26	22	1
1873	新潟縣治日報	明治6年12月18日	54号	金属活字	4	14	26	22	1
1874	新潟縣治日報	明治7年8月13日	98号	金属活字	4	14			
1874	朝野新聞	明治7年9月27日	343	金属活字	4	14	34	22	4
1874	布令書（福井県）	明治7年10月	第251	木版	1	26	20	20	1
1876	新潟縣治日報	明治9年3月3日	甲32	金属活字	4	14	9	22	1
1879	函館新聞	明治12年2月14日	145	金属活字	5	11	31	24	3
1881	愛比賣新報	明治14年6月18日	1	金属活字			18	27	2
1881	愛比賣新報	明治14年8月6日	8	金属活字			18	27	3
1881	愛比賣新報	明治14年9月3日	12	金属活字			24	27	2
1882	西京新聞（京都）	明治15年10月24日	1687	金属活字	5	11	39	25	4
1883	山形毎日新聞	明治16年3月30日	68	金属活字	4	11	35	23	4
1883	西京新聞（京都）	明治16年4月15日	1825	金属活字	5	11	39	23	4
1884	讀賣新聞	明治17年9月2日	2888	金属活字	5	11	43	24	4
1888	郵便報知新聞	明治21年2月9日	4507	金属活字	5	11	49	24	5
1888	郵便報知新聞	明治21年2月10日	4508	金属活字	5	11	49	24	5
1888	普通新聞	明治21年6月20日	3577	金属活字	5	11	26	32	2
1888	絵入朝野新聞	明治21年8月23日		金属活字					
1888	東京朝日新聞	明治21年8月3日		金属活字					
1888	朝日新聞	明治21年9月29日	2886	金属活字			54	20	6
1889	江戸新聞	明治22年10月24日		金属活字					
1889	朝日新聞	明治21年10月31日	2912	金属活字			54	20	6
1889	朝日新聞	明治21年11月3日	2915	金属活字			54	20	6
1889	朝日新聞	明治21年11月6日	2916	金属活字			54	20	6
1889	徳島新報	明治21年12月1日	8	金属活字	5	11	35	20	4
1889	徳島新報	明治21年12月4日	9	金属活字	5	11	35	20	4
1889	北海道毎日新聞	明治21年6月26日		金属活字					
1890	徳島新報	明治22年1月29日	31	金属活字					
1890	函館新聞	明治22年6月4日	2451	金属活字	5	11	47	23	5
1891	徳島新報	明治23年1月27日	209	金属活字	5	11	42	22	4
1891	徳島新報	明治23年1月29日	210	金属活字	5	11	42	22	4
1891	徳島新報	明治23年1月31日	211	金属活字	5	11	42	22	4
1891	徳島日日新聞	明治23年2月19日	4077	金属活字	5	11	45	24	4
1891	徳島日日新聞	明治23年3月4日	4088	金属活字	5	11	45	24	4
1890	有喜世新聞	明治23年9月5日		金属活字					
1892	近江新聞	明治25年3月15日		金属活字	5	11			6
1903	青森縣令達全書	明治36年6月12日	5	金属活字	5	11			
1904	新潟日報	明治37年7月5日	3853	金属活字	5	11	56	19	7
1904	新潟日報	明治37年7月6日	3854	金属活字	5	11	56	19	7
1904	新潟日報	明治37年7月7日	3855	金属活字	5	11	56	19	7
1904	新潟日報	明治37年7月8日	3856	金属活字	5	11	56	19	7
1904	新潟日報	明治37年7月19日	3876	金属活字	5	11	56	19	7
1908	報知新聞附録	明治41年6月1日	11195	金属活字	5	11	64	18	8
1932	北海タイムス	昭和7年1月15日	14659	金属活字	6	8	81	15	13
1944	沖縄新報	昭和19年9月28日	1352	金属活字	7	8		14	16
1984	宮古毎日新聞	昭和59年1月8日	8833	金属活字	7	9		14	15
1984	八重山毎日新聞	昭和59年2月3日	10973	金属活字	7	8		14	15

備考　空白部分は未計測。活字体は初期のものについてのみ記載した。活字については号数とポイントで表示している。
　　　一面のにおける最大活字数及び全面数の活字数は、見出し等を含まない場合の計算値である。縦及び横の大きさは

Ⅲ．日本近代編

1面最大活字数	頁数総数	全面数全活字数	縦 cm	横 cm	重量 g	坪量 g/㎡	紙厚(最小) mm	紙厚(最大) mm	紙の種類	資料の所在場所	編綴方法
400							0.06	0.07	和紙	個人その他	冊子
0		0	0.00	0.0	0.0				和紙	新潟県公文書館	冊子
0		0	0.00	0.0	0.0				和紙	新潟県公文書館	冊子
0		0	22.30						洋紙	秋田県公文書館	冊子
1764	4	7056	31.60	47.70	7.80	51.75	0.09	0.11	洋紙	新潟県公文書館	
1764	4	7056	32.00	47.70	7.90	51.76	0.08	0.10	洋紙	新潟県公文書館	
1764	4	7056	32.30	47.70	7.90	51.28	0.09	0.10	洋紙	新潟県公文書館	
550	2	1100	19.80	28.40	1.50	26.68	0.21	0.11	和紙	個人その他	
682	2	1364	19.70	28.10	1.40	25.29	0.08	0.06	和紙	個人その他	
624	4	2496	20.00	28.60	1.40	24.48	0.06	0.08	和紙	個人その他	
572	4	2288	20.00	28.60	1.20	20.98	0.06	0.07	和紙	個人その他	
572	4	2288	20.00	28.40	1.60	28.17	0.08	0.10	和紙	個人その他	
2992	3	11968	28.60	19.90	1.50	26.36	0.07	0.09	和紙	個人その他	
400	4	1200	50.00	68.00	14.70	43.24	0.06	0.07	洋紙	個人その他	
198	3	396	22.30	30.40	1.12	16.52	0.06	0.07	和紙	個人その他	
2232	2	8928	28.10	19.00	1.50	28.10	0.07	0.07	和紙	個人その他	冊子
972	4	14580	32.40				0.08	0.08	洋紙	函館市立図書館	製本
1458	15	17496	23.30				0.09	0.10	洋紙	愛媛県立図書館	冊子
1296	12	0	23.30				0.10	0.10	洋紙	愛媛県立図書館	冊子
3900		15600	23.30				0.07	0.08	洋紙	愛媛県立図書館	冊子
3220	4	12880	41.70	59.00	12.70	51.62	0.08	0.09	洋紙	個人その他	
3588	4	14352	44.90	63.30	11.60	40.81	0.07	0.08	洋紙	個人その他	
4128	4	16512	41.10	58.20	11.00	45.99	0.07	0.08	洋紙	個人その他	
5880	4	23520	49.00	73.40	18.20	50.60	0.07	0.08	洋紙	個人その他	
5880	4	23520	49.30	72.70			0.06	0.08	洋紙	徳島県公文書館	
1664	4	13312	49.30	72.50			0.06	0.07	洋紙	徳島県公文書館	
0	8	0	30.40				0.08	0.08	洋紙	徳島県公文書館	
0		0	51.90	73.20	17.70	46.59	0.06	0.07	洋紙	福岡県立図書館	
6480		25920	51.50	74.50	19.90	51.87	0.07	0.08	洋紙	福岡県立図書館	
0	4	0	52.10	74.50			0.07	0.07		徳島県公文書館	
6480		25920	52.00	74.30	19.40	50.21	0.08	0.08		福岡県立図書館	
6480	4	25920	52.00				0.08	0.09	洋紙	徳島県公文書館	
6480	4	25920	52.00				0.08	0.09	洋紙	徳島県公文書館	
2800	4	11200	52.30				0.08	0.09	洋紙	徳島県公文書館	
2800	4	11200	35.00	50.10			0.06	0.07	洋紙	徳島県公文書館	
0	4	0	34.50	50.00			0.05	0.06	洋紙	徳島県公文書館	
0		0	24.30				0.09	0.09	洋紙	函館市立図書館	
5405		21620	39.40	54.70			0.07	0.08	洋紙	徳島県公文書館	
3696	4	14784	48.70				0.08	0.09	洋紙	函館市立図書館	
3696	4	14784	38.00	51.50			0.08	0.08	洋紙	徳島県公文書館	
3696	4	14784	38.20	51.50			0.07	0.08	洋紙	徳島県公文書館	
4320	4	17280		51.80			0.07	0.08	洋紙	徳島県公文書館	
4320	4	17280	43.30	62.00			0.07	0.08	洋紙	徳島県公文書館	
0	4	0	43.20	62.80			0.07	0.08	洋紙	徳島県公文書館	
			50.30	70.10	15.30	43.39	0.07	0.07		福岡県立図書館	
			55.00				0.08	0.09	洋紙	福島県歴史資料館	
7448		29792	18.95				0.05	0.06	洋紙	福島県歴史資料館	
7448	4	29792	55.20	80.20	21.00	47.44	0.09	0.10	洋紙	新潟県公文書館	
7448	4	29792	54.35	79.80	26.90	62.02	0.12	0.14	洋紙	新潟県公文書館	
7448	4	29792	54.75	79.30	22.80	52.51	0.10	0.11	洋紙	新潟県公文書館	
7448	4	29792	55.10	79.80	24.00	54.58	0.10	0.11	洋紙	新潟県公文書館	
9216	4	36864	54.95	79.00	22.20	51.14	0.10	0.11	洋紙	新潟県公文書館	
15795	4	126360	54.30	80.80	19.20	43.76	0.07	0.07	洋紙	個人その他	
0	8	0	54.80	81.75	22.50	50.22	0.10	0.10	洋紙	個人その他	
0		0	54.50	41.10	11.20	50.00	0.12	0.12	洋紙	名護郷土博物館	
0	4	0	54.40	81.10	21.80	49.41	0.09	0.09	洋紙	名護郷土博物館	
0	4	0	54.50	81.60	22.20	49.92	0.08	0.08	洋紙	名護郷土博物館	

行数、活字数は本文を中心とした数で計算している。（おおよその数になる。）見出し等の大型の文字については含めていない。
新聞を拡げた一頁から二頁までの二面分（一面から二面又は三面から四面分）の大きさである。重量についても二頁分となる。

「新聞総覧」などの統計類というのは全部新聞社の自己申告なので、少し不明な数字が多いのが実態です。ただ、その外の公的な記録や新聞社の内部資料を検討すると、明治30年代以降、地方の主要都市で約3000～１万部前後が発行されていたと考えられます。東京、大阪などの大都市になるとこれはもう、軽く10万を超える地域がありますので、印刷ということから言えば地域間の格差というのは非常にあったのではないでしょうか。

その他にも情報量を地方と大都市を比べますと（表参照）、明治20年代で、例えば朝日新聞で言うと、４ページ建てで約２万6000字の印字が可能なのですが、それが地方に行くと１万4000～１万5000字の印字ぐらいになる。ですから半分以下の活字の数で掲載されるため、情報量もかなり変わってきます。そのために、先ほど申しましたけれども、地方で1.3部新聞を取っている事を申し上げましたが、中央紙や、業界の専門紙を一緒に読むことで、中央並みの情報を得ていた人々が多くいたように思われます。

原山　ありがとうございました。新聞が大衆化していく、というようなことについてのお話を興味深く伺えたと思います。新聞の内容を紹介する芸能もありましたね。新聞と書いて「しんもん」と読ませて、「しんもん読み」というような、そういう芸能ジャンルがあった。つまり文字が読めない人のために、おもしろおかしく新聞で知った知識を人々に語り聞かせるという、そういう芸人がおりました。

新聞の役割がどんどん大衆化していくと同時に、雑誌なども多く発刊されるようになりました。明治20年代の中ごろになりますと、児童雑誌なども、欧米の影響もあって、高度な内容のものが何種類も刊行されます。『少国民』の石井研堂、『少年世界』の巖谷小波などはよく知られています。そういった広い裾野を持つ新聞や雑誌などに連載小説という、新しい形の表現方式が出てきます。夏目漱石の例はよく知られていますが、小説家以外にも歌人・俳人とか、新体詩などという新しい形式の詩歌も生まれてきて、非常に幅広いジャンルの作家たちが現れるわけです。新聞や雑誌は、そういう人々の活躍の場にもなっていく。今でも古書即売会などに行きますと、新聞連載小説を切り抜いて、自分で製本もして大切に保存された、いわば私製のスクラップブックみたいなものをよく見ますけれども、そういうようなことからも当時の人々の新聞に対する愛着みたいなものを偲ぶことができると思います。

III．日本近代編

　さて、20世紀の劈頭には、眠れる獅子といわれてきた清朝が非常に危うい状態になりまして、それをどうしていくのかという、非常に大きな政治問題、あるいは文化問題が中国では起こります。そういった状況での中国の文化人たちとの付き合いということで、多くの学者や作家、芸術家などの名前が出てきますが、中村不折という人はとても大きな役割を果たします。日本が海外へ進出していく、と同時に外国から日本が注目されるという、その双方の力学によりまして、中国から日本にやってきた官僚とか文人とか、あるいは留学生も、今申したような日本の人々の影響もありまして、場合によっては、日本の文化状況や出版に非常に大きな興味を持つことがあったようです。

　こういうような点につきまして、当時の清朝末期から民国初めぐらいにかけての人々は、日本の出版状況をどのように見ていたのでしょうか。陳捷さんがそのことを非常に丹念にご研究になっておりますので、話題提供をお願いいたします。

陳　古代においても、日本と中国の間で、あるいは朝鮮半島を仲介として、人の往来や物の流れ、あるいは情報の伝播がありましたが、明治時代になってからは、一般の民間人でも比較的自由に行き来することができるようになりました。そして一般の人々が初めて、昔のように書物や人からの言い伝えに頼って相手の国のことを想像するのではなくて、自分の目で相手の国を見ることができるようになったわけです。

　近代の日本と中国の民間交流、文化交流においては明治10年が非常に重要な年で、この年に清国の最初の駐日公使館が東京に設置されたのです。最初の公使館は増上寺にあったのですが、後に溜池に移りました。この頃の外交官は、今のわれわれが考えている外交官のイメージとはだいぶ異なっており、最初に日本に来た外交官たちは、ほとんど日本語を話すことができませんでした。彼らは中国の伝統的な古典の教養を持つ文人たちで、日常の外交業務の傍ら、漢詩文を書くことのできる日本人たちとさまざまな文化交流を行ったのです。また、彼らは特に、日本に残されていた中国の古典籍に注目するようになりました。

　明治初期においては、明治維新によって日本社会に大きな変動が起こっていました。本来の所有者たちの地位や経済状況の変化により、沢山の古典籍や美術品が市場に流れました。また、西洋化の風潮のなか、日本や中国の古典籍の価値もあまり評価されないようになっていたのです。

このような背景の中、明治13年に来日した公使館の随員である楊守敬という学者がいますが、この人はとても精力的にいろいろな古典籍を集め、あるいは蔵書家のところに行って見せてもらったり、譲ってもらえないときは写したりなど、さまざまな手段で古典籍を集めました。彼は帰国する際にたくさんの古典籍を持ち帰り、辛亥革命の時に、その中の一部が外部に流出したものの、彼が亡くなったときに残った分は中国政府が買い上げました。現在、台湾の故宮博物院図書館の蔵書の一番基本的な部分は、この楊守敬がもともと持っていた観海堂の蔵書だったわけです。

　楊守敬は日本にいる間に、当時の清国公使黎庶昌の支持のもとで、『古逸叢書』という、佚存書を中心とする古典籍の複製叢書を出版しました。つまり、中国では無くなってしまったが、日本にはまだ残っているような本を、いろいろと集め、日本の彫り師に彫ってもらって、日本で出版したわけです。

　先ほど原山先生が明治20年代中期のいろいろな印刷技術の面白さをおっしゃられたのですが、実は楊守敬も、写真術や石印技術などいろいろな新しい技術に注目していました。例えば入手できない貴重書の場合、以前なら謄写か臨写をするしかなかったわけですが、彼が日本にいる間に、写真術の進歩により、本の写真を撮ることができるようになったことが分かったのです。彼がこのことを大変喜んで、貴重書の書影を集める際に本の持主に、新しい写真術を使えば、本をまったく傷めずに複写できるので、ぜひ撮らせてくださいと説得した記録が残っております。

　また、楊守敬のような学者によるルートの他に、日本から中国に古典籍を輸出・販売する商業ルートもありました。このようにして中国に流入した古典籍は、中国の古典研究に刺激を与えることとなりました。なお、古典籍の販売と同時に、日本の印刷技術や出版と販売のノウハウを生かして中国へ進出しようという試みもあったのです。

　例えば、明治時代に、岸田吟香というとても有名なジャーナリストがいたのですけれども、彼は銀座で楽善堂という目薬屋を経営していましたが、明治13年に上海に支店をつくりました。薬の販売と同時に、当時、日本ではあまり需要がなくなっていた漢籍や日本人が漢文で記した書物などを集めて中国に輸出したり、また、日本で流行っていた銅版印刷技術を利用して工具書や科挙試験の受験参考書などを出版して中国で販売したりして、売れ行きはけっこう良かったようです。また、その時代においては、江戸時代に日本で刊行された漢籍――いわゆる和刻本漢籍――の版木がまだかなり残っていましたが、日本ではこの類の本に対する需要がもうなくなっていましたので、そ

うした版木を使って書物を印刷する必要性も失われていたわけです。岸田吟香が——まあ、同じようなことをやっていた日本人や中国人が他にもいましたが——これらの版木を集めて上海に運んで、中国人読者にとっては煩わしい（笑）カナやレ点などを削ってから、印刷して売り出したのです。

　日清戦争を境として、日本人の中国観は大きく変わりましたが、一方で中国人も日本の近代化を見習うために続々と来日するようになりました。日清戦争の後、中国では日本考察や留学のブームが起きたわけです。両国間の人の往来は増加し、文化交流の内容も大きく変化しました。

　日清戦争以前に日本から中国にもたらされた書物の主なものは、日本に舶来されていた中国の古典籍、漢籍の和刻本など、日本で刊行された中国の書物でしたが、日清戦争以後は、日本の書物が多く翻訳されるようになりまして、さらに、西洋の自然科学や人文社会科学の書物も、日本語訳を通してどんどん中国語に翻訳されるようになりました。つまり、日本は、中国人が西洋を勉強する際の重要な窓口となったのです。

　また、出版・印刷業界における日中間の交流も以前より活発となりました。例えば上海に商務印書館という、もともとは商業関係の帳簿や伝票、そういったものを印刷する、わりと小さな印刷所から出発した出版社がありますが、当時、日本の大手出版社の金港堂との合弁を通して、いろいろな人材と印刷技術や出版のノウハウを採り入れ、最後には出版と印刷を行う総合的な大出版社にまで発展し、20世紀の中国の出版史における最も重要な出版社の一つとなったのです。

原山　どうもありがとうございました。今のお話のように、非常に盛んに日本に清朝の中国から人がやってくる。そういう人たちの中には、いろいろなパターンがございます。ひとつは魯迅のように、国の将来を憂えて文筆で国民の意識を変えようと考えている人たち。いまひとつは羅振玉のように、清朝の滅亡を受けて、その復辟を図ろうとする人たち。全く正反対と言ってもいいのですが、そういういろいろな立場の人がいました。けれども、この人たちに共通していたのは、出版というものを利用して、自分の主張というものを世間にアピールしようというような強い意志です。

　鄭孝胥とか羅振玉、要するに清朝の遺臣たちが、宣統帝の復位を図ろうとするわけですけれども、悲劇的なことですが、それは満洲国建国というような形でしか実を結ばなかったということになります。

そうしますと、その建国にどのような意味をもたせるかということの表現のひとつとして、満洲国においては国家事業として、清朝の実録、『大清実録』でございますけれども、そういった清朝の根本史料を刊行するというようなことが行われました。岡村さん、そのへんのご事情をちょっとご紹介いただけますか。

　岡村　いまございました『大清実録』、清朝の実録というのは、先ほどちょっと私のほうで申し上げました日満文化協会、満洲国側から言えば満日文化協会ということになりますけれども、この協会が編纂し出版をいたしました出版物です。日満（満日）文化協会は満洲国の文化事業を振興する役割を担うため日満両国の学者や官吏が役員となり1933年10月に創設されたものです。この『大清実録』、出版物としては『大清歴朝実録』ですが、これは清朝歴代皇帝の事績を皇帝ごとに集めたもので、今のお話に関連して言えば、羅振玉ら清朝の遺臣たちにとっては清朝の事績を顕現するという性格もあって、彼らもその出版を希望していたわけで、協会創設以前に、のちに理事となる水野梅暁が、溥儀や鄭孝胥・羅振玉らを相手に下交渉に回って話をつけていったわけです。
　協会は、この『大清歴朝実録』刊行以外にも、熱河の避暑山荘の重修とか、奉天の湯玉麟私邸に収蔵されていた文物の整理保存などもその事業として実施していきます。この湯玉麟邸は建国後に満洲国立奉天博物館として創設されることになりますが、この創設準備も協会が担うことになります。
　日満（満日）文化協会の会長は鄭孝胥国務総理が就きますが、日本側の副会長が岡部長景、常任理事が内藤虎次郎です。それから理事には服部宇之吉や池内宏・白鳥庫吉・狩野直喜・羽田亨、そして先の満洲国で下交渉をした水野梅暁、さらに伊藤忠太や市村瓚次郎らも評議員になります。満洲国側は、副会長に宝熙、常任理事が羅振玉です。また満洲国において現地での文化事業を取り仕切ったのは杉村勇造で、かれは常務主事という役職でしたが、実務面で関わりながら大きな役割を果たしました。
　協会の創設期、その役員人事などはずいぶん難航したようです。たとえば協会の運営上大きな役割を担う常任理事の人事や、さらにまた満洲国の日本人官僚をどちらの陣営に入れて役員とするかといったことなどです。常任理事については、満洲国側の羅振玉に対抗できる人物として病軀をおして内藤虎次郎が就任することになり、また満洲国の日本人官僚は、最終的には内藤虎次郎などの意見もあって、満洲国側に入れ

ることとなって、満洲国官僚の西山政猪や宇佐美勝夫らは満洲国側の協会役員に入りました。

　ところで先ほどの『大清歴朝実録』ですけれども、関東軍は当初刊行に反対をしたといいます。これについては協会常務主事杉村勇造の回想があるのですが、関東軍は、先に原山先生からお話があった清朝遺臣による復辟ということにこだわって、当初は反対した、と。しかしながら杉村は、関東軍の森越第三課長や吉岡安直参謀を相手に、「過去の清朝の歴史を知らないで明日の大陸経営ができるか」と説得したといいます。そして昼間は激論を闘わせて、夜になると昔からの友達なので仲良く酒を飲んだ、などということも回想に出ています。

　また清朝遺臣の鄭孝胥や羅振玉らは、清朝の精神を発現するというか、顕現するためにそれを積極的に推進することになります。羅振玉は、この満日文化協会の性格について、なんとか「満洲国」という国の影響力を相対化するといいますか、そこから自立させるということで、できるだけ日満の国際的な機関として力を存分に発揮させるべくさまざまに意見表明をし、人事面でも時には激しく衝突をすることになります。

　日本の学者、たとえば先の内藤虎次郎らも実録刊行を推し進めていました。かれら研究者にとって満蒙研究というものは、人によっては国家的なひとつの、今で言うプロジェクトといいますか、そのような性格を持たせたいと考えるでしょうし、満蒙という研究領域を確保するとの志向もあるでしょう。もちろん研究者個々人の研究もありましょう。それから当時は、東方文化学院の東京と京都の両研究所とが並び立っていたわけですが、そのあたりの勢力関係というものもあったと思います。

　一方満洲国の日本人官僚にとってみれば、「清朝文化」ということになれば、その評価は相半ばするところでしょうけれども、満洲国というもののアイデンティティーといいますか、その建国の精神、民意の発揚といった面からも、この出版事業は推し進められることになります。そしてこれは、鄭孝胥国務総理の強い希望により満洲国の予算で刊行されるということになりました。

　この『大清歴朝実録』の刊行については、1934年9月の第三回日満文化協会評議員会議で概要が決まっています。予算は満洲国支弁です。当初満洲国側は1000部作ろうと提案しました。実際の希望は2000だったようですけれども、予算の関係で1000部という提案になりました。しかしながらこの評議員会の協議において、羽田亨から、1000部というのはちょっと多すぎるのではないか、印刷面からもよい出版物にしよう

との意見がだされて、最終的には300部と決定され出版にいたりました。日本の天皇や満洲国の皇帝には、献呈本として特装本が出版されたということであります。

　この印刷については、日本側にすべて任され、先の第三回評議員会でこの実録編集の担当者がきまります。この小委員会は池内宏・水野梅暁・羽田亨から構成され、撮影は小林写真製版所があたりました。満洲国側の委員は、羅振玉・栄厚・許汝棻・丁士源です。

　この『大清歴朝実録』は、日本にもいくつか寄贈されています。私は大阪府立図書館のものと岡山大学のものをみました。大阪府立のものは、宋・元・明・清の刺繡の写真版『纂組英華』とともに寄贈されたもので、そのように図書原簿に記載されています。岡山のものは戦後に入手されたものでした。

　これは満洲国にとっても記念的な出版物で大規模な出版事業であったのですけれども、杉村勇造の回想によれば、当時満洲国を承認しない国からもこの出版物については寄贈の要請があったというわけです。

　このようにひとつの出版物を例にとっても、満洲国の草創期、大変微妙な駆け引きといいますか、それぞれの意図や思惑が込められていたということです。

　この『大清歴朝実録』の場合はいささかイデオロギー的な性格もあるのですけれども、資料の刊行事業などは、文化事業という面から考えると、資料の複製とかその保存とか、さらに文物や遺跡の保存なども含めてそれらの活動は、一般に認知されやすい面もあったのだと思います。先の日満文化協会は終戦まで続いて終焉を迎えることになりました。大体以上でございます。

　原山　ありがとうございました。ただいまの実録編纂ということなのですけれども、第Ⅱ部のところで毛沢東の執務室の映像が紹介されましたが、その毛沢東の背後に古典籍が積まれておりまして、そういうことの意味合いが指摘されておりましたが、ここでもやはり同じようなことが言えるかと思います。つまり実録というものが、国家権力をオーソライズするのだというような、象徴的役割を強く意識する人々が中心になって、満洲国の正統性にちょっとでも支えにしようとしている、そういうような動き、考え方もあったのではないかと思います。

　清朝の復辟というような問題は、特に清の旧重臣たちの間においては非常に大きな問題でありまして、恭親王家がこのことにかかわって、伝来の家宝を売り立てしたと

いうようなことはよく知られております。中村不折が蒐集いたしました顔真卿の書も、恭王府の印があることで知られております。

　お待たせいたしましたが、鍋島さん、不折は清末、民国の文人とどのような交流を行っていたのか、お話しいただければと思います。

　鍋島　もちろん不折も文人でしたから、文人との交流もあったのですが、実は不折が蒐集した資料というのは、その文人たちとの交流とは全く別で、先ほど陳先生がおっしゃったように、いわゆる古典籍を扱う古美術商たちから購入していたというのが事実です。ですから、この恭親王旧蔵品も、ルートは古典籍を扱う人たちから得ているわけなのです。不折は文求堂さん、江藤長安荘さん、山中商会さんなどといった、当時の古美術商たちを通じて購入しております。

　なぜそういうことがわかるのかと申しますと、不折は領収書を取っているんですね。そこから何月何日にいくらで購入したということが判明するものもあるわけです。例えば恭王府が収蔵していた顔真卿の『自書告身帖』、これはかつて皇帝のコレクションだったのですが、それがなぜ中村不折のところにきたのか、みなさんも興味があると思いますので、その入手経路を簡単に説明したいと思います。

　この顔真卿『自書告身帖』の図版は、隣の部屋にパネルで飾ってありますので、後

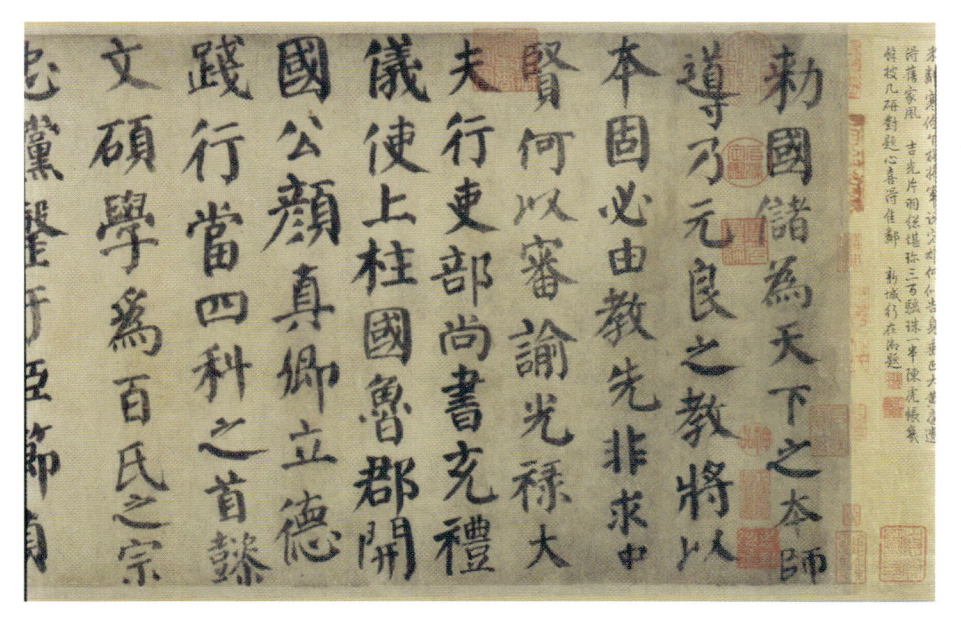

自書告身帖（冒頭の部分、台東区立書道博物館蔵）

でそれを見ていただければよいと思いますが、これは宋代に皇帝コレクションとして内府に収蔵されておりました。その後、民間に流れ、乾隆帝の時に再び清朝内府に入りました。清朝末期には恭王府に入り、恭親王の所蔵品になりました。

　この時代、先ほどから出ております「復辟運動」が盛んに行われておりまして、皇族や有力者たちがその資金作りのために数多くの貴重品を売っていくわけです。あるいは、売ってしまったらもう戻らないので、とりあえず質に入れようという方法もありました。後にお金が出来たらまた買い戻そうと考えていたようです。実は、この中村不折が手に入れた顔真卿の『自書告身帖』、一時的に質に入っていたものが流れてきたのです。恭王府も復辟運動のために収蔵品を手放すことを余儀なくされ、『自書告身帖』は北京にある三菱の質に入れられました。しかし、期限が来ても取り戻すだけの経済力はすでになかったようで、『自書告身帖』は日本へ運ばれます。当初は三菱の岩崎家が買い取ることになっていたのですが、あまりの高額に値段の折り合いがつかず、今度は大倉財閥が買うという話になります。しかしこれもまた交渉が決裂し、売れる見込みがなくなってしまうんですね。その後も売却については他の財閥とも話し合いを持ったのですが、結局うまくいかなかった。そこで、関係者がいろいろと考えた結果、根岸の中村不折という人がこういうものを集めているから、値段を下げて、そこにちょっと話を持っていこうじゃないかということで不折のところに行ったわけです。もちろん、値段を下げるといっても、とても一個人の買える値段ではありませんから、不折も「僕は貧乏画家だから、三菱や大倉が断ったものを僕に買えというのは無理な話だ」と、一度はお断りするのですけれども、何度か交渉を重ねていくうちに、値段を引き下げるから買ってくれ、月賦のようにしてもよいからなどと、不折にとってもだんだん好条件になってきまして、まあ買ってもいいかなということで話がまとまったのです。ところが、契約と同時に頭金5千円を入れろと。当時の5千円というのはかなりの金額なんですね。昭和初期は、千円で総檜の豪邸が建つような時代でしたから。5千円を頭金にということで、不折も自身の絵や書の作品を売ったり、あるいは方々から借り集めたりしてその資金づくりに奔走します。そして昭和5年の夏に頭金5千円がめでたく準備できまして、7月30日に不折はとうとう『自書告身帖』を手に入れることになったのです。残りの額は、また絵や書をかいて払っていくということになったそうです。

　これはほんの一例なのですけれども、このように恭王府の収蔵品が質に入れられ、

それが流出したもの、あるいは文求堂さんなどの古美術商たちが手に入れたもの、不折はそういうルートを介して多くの収蔵品を購入したのです。

　原山　ただいまは、大変生々しい（笑）実態をご紹介いただきまして、どうもありがとうございました。この話に限らず、清朝の秘宝である、要するに国の鎮めであるような、そういう漢籍というのはたくさんあるわけですけれども、そういうものも多く流出しています。今まではアロー戦争で圓明園焼き討ちがあって、それが中国の文化財の掠奪につながった代表例としてよく言われます。あるいは北清事変、いわゆる義和団戦争で、『北京の55日』という映画がありますけれども、あの事件で北京が戦場になったときに、『永楽大典』などが掠奪されたあげく、流れ流れて満鉄経由で岩崎財閥へ流出した、なんていうようないろいろなエピソードがございます。ちなみにこの『永楽大典』（複製）は、下の展覧会場にも展示されていますのでご覧頂きたいですが、非常に立派なものです。

　そういうようなことで、お家大変というようなことがございまして、非常に多くの清朝の宝物が売られるというような事態になってまいります。こうした大きな変化というのが、近代出版にも大きな影響を与えていると思いますが、陳捷さん、ちょっとそのへんについてコメントをお願いします。

　陳　先ほどの鍋島さんのお話にあったようなことが、中国社会の激しい変化の中で起きていたのですが、実は清末以降の中国において、こういう不安定な環境が長期にわたってずっと続いており、古典籍や古美術品のコレクションの維持は大変困難となっていたわけです。そのため、清末以降はコレクションの変動が大変激しく、とくに辛亥革命などの大きな社会の変化の中で、多くの古典籍や古美術品が市場に流れていきました。先ほどお話ししました楊守敬が日本に来た明治前期とは逆に、こんどは多くの古物が中国から日本に流れるようになったわけです。鍋島さんのお話の中に出てきた大倉、三菱や三井などは皆、この時期に中国から美術品や古典籍をたくさん買っていったわけです。

　このような古典籍の流出と同時に、西洋文化の大きな衝撃の中において、中国の伝統文化を保存することに対する切実な責任感が知識人たちの間でどんどん高まっていきます。またこの時期には、敦煌文書や甲骨文の発見などの、画期的な考古学上の発

見によって、新しい学問が誕生していったのです。なお、清朝末期に高まったナショナリズムと辛亥革命以後の国民国家の建設の中における文化的な需要、さらには清末の教育改革などによって成長してきた、伝統的な教育を受けて育った人たちとは異なる新しいタイプの知識人の誕生などのさまざまな要因を背景として、古典籍の出版が盛んとなったのです。

このような当時の中国社会のさまざまなニーズに応じて、たいへん豪華なものから、一般の読者、普通の市民でも簡単に手に入るようなものまで、さまざまなものが出版されるようになりました。古典籍はごく少数の人の秘蔵品ではなく、普通な人の目にも触れるような形で社会に出るようになったわけです。印刷技術においても、木版印刷からコロタイプ版、石印、鉛活字など、さまざまな技術が用いられるようになりました。

ちなみに、このような古典籍の復刻事業、出版事業においては、日本人の学者たちの協力を得たものもあります。先ほど商務印書館のことを申し上げましたけれども、実はこの商務印書館は、中国の古典籍の復刻や出版にも大きく貢献した出版社なのです。楊守敬が日本で編集・出版しました『古逸叢書』のことに触れましたが、その延長として、商務印書館はその責任者である張元済の努力によって、いろいろな古典籍の貴重書を集めた叢書である『四部叢刊』、『百衲本二十四史』などを出版しました。これらの資料は今日においても中国古典研究のもっとも基本的な資料として利用されていますが、これらの書物の出版過程においても日本人の協力を得ているわけです。

原山　ありがとうございました。各パネリストの先生方には、周到に準備していただいておりましたのに司会の進め方がまずくて申し訳ありませんでした。

さて、さまざまな話題が出ました。この科研では一貫して、鍋島さんお勤めの書道博物館のご協力をずっと受けて展開してまいったわけでございます。で、珍しいお話を聞かせていただいたり、品物を見せていただいたりする機会がございました。最後に鍋島さんにそういうような格好でこのパネルを締めていただきたいと思います。

近代学問の形成ということを考えてみますと、幕末、維新、明治という大激動期、廃藩置県というようなことによって、各藩が秘蔵していた漢籍というものが放出されるという、それまでは考えられないような事態が起こりました。お隣では清朝の崩壊によって、天下の孤本というようなものがどんどん流出してくるという状況もありま

した。日本には当時、財閥がありまして、例えば大蔵書家でありました陸心源のコレクションが静嘉堂文庫、つまり三菱の岩崎家を通じて、買い上げになるというような、非常に大きな出来事もございました。こうして、さまざまな大小取りまぜての古文献売り立てがございます。こういう点をめぐりまして、最後まとめとして、鍋島さんのほうからお言葉をいただきたく思います。書道博物館の宣伝も兼ねまして、よろしくお願いいたします。（笑）

　鍋島　今回3年間のプロジェクトを通しまして、当館に所蔵されている古写経類を全て網羅した3巻セットの超豪華本が刊行されました。隣の部屋に展示されていますので、後ほどご覧になっていただければと思います。

　不折がこれらの古写経類を蒐集しはじめたのは、大正の初期です。イギリスのスタインやフランスのペリオなどの中央アジア探検隊たちが、敦煌や吐魯蕃（トルファン）で古写経を発掘した時期からあまり時間をおかないで不折はそういうものに着目して集めているんですね。この大正の初めから亡くなる昭和18年までの30年あまりの間で、約800件という膨大な古写経類を蒐集したわけでございます。

　不折が蒐集した古写経は、例えば新疆布政使といった、現地のいわゆる知事さんのような偉い方なのですが、そういう人たちによって集められたものが多くを占めています。彼らは諸事情によって古写経類を手放すことになります。生活に困り、資金を得るためということもありますが、先ほど陳先生のお話にもありましたように、個人的な趣味が変わったということもあったようで、こうした理由で古写経が売りに出されたのです。その売買ルートは、先ほども申しました文求堂の田中慶太郎さんですとか、江藤長安荘の江藤濤雄さんですとか、それから勝山岳陽さんという名前もでてきますが、そうした古典籍を扱っている人たちが仲介者となるわけです。不折はこのルートを通じて集めておりますから、王樹枏や梁素文が迪化府時代に収得したものや、甘粛布政使であった何孝聡が得たものを手に入れることができたのです。他には、陸軍大佐の日野強が遠征中に得たものを購入したり、とにかく自分が中国へ行かずに、人を介して、あるいは古書店を通じて、膨大な古写経類を蒐集したのです。

　不折は蒐集しただけでなく、それを展示する場所として博物館をつくるのですが、そのほかに敦煌や吐魯蕃出土の重要な肉筆文書を中心として年代順に紹介し、その書法について意見を述べた書論なども昭和の初期に出版しております。図版は一部分の

みの掲載なのでわかりづらいのですが、とにかく自分の集めた貴重な資料を、はじめてまとまった形で公開しました。『禹域出土墨宝書法源流考』という、昭和2年に出版されたものです。不折は書家でもありましたから、自らのコレクションを学術的な視点からとらえて図版を織りまぜながら紹介したということは、日本の書道界での書法研究という分野において特に功績が大きかったのではないかと思います。また、こうした書の古典に対する新たな見方を、出版という形でわが国の書道界に提示したことで、書家たちが依拠する書の古典資料に広がりを持たせることになったことの意義も大きかったと思います。

しかし、この『禹域出土墨宝書法源流考』の図版はモノクロで、その図版も写経を1、2行ぐらいしか収録しておりませんので、実際のところよくわからないんです。今回この3年間のプロジェクトでその全貌を明らかにしようということで、これをベースとし、『禹域』という名前も同じように使いまして、オールカラーの豪華本をつくりました。中村不折が所蔵していた1万点以上あるコレクションのうちの、ごくわずかな800件という数ですが、今回公開に至ったのです。

ですから明治、大正、昭和における印刷・メディアの活動の延長上に、今回3年間の出版プロジェクトが成立しているわけでありまして、こうしてひとつ大きな形として公表できたことは非常に意義深いことだと思っております。明治期から蒐集しはじめたこの博物館の収蔵品を公開する機会を得ることができ、本当に感謝している次第です。

原山　ありがとうございました。無事出版にこぎつけられて、ほんとにご同慶の至りです。パネリストの先生方、会場の皆さん、長らくどうもありがとうございました。このパネルでは、明治・大正・昭和に及ぶさまざまな問題のほんの一端を、ご専門の立場から問題提起していただき、皆さんにお示しできたかと思います。

それではこのパネル、これで閉じさせていただきます。本日はどうもありがとうございました。

（拍　手）

〈了〉

総　　括

金　文　京（京都大学人文科学研究所）

　帰心矢の如しのところ、また最後に余計な者が出てきてさらに遅くなりますが、あと５分ぐらいで終えますので、もうしばらくお付き合いください。午前中から大変盛りだくさんなお話で、とても総括ということは出来ませんので、思いつくままに感想を述べさせていただきます。

　今日のシンポジウムは科学研究費特定領域「東アジア出版文化の研究」のひとつの成果なわけですが、言うまでもなく、人間の文化は文字、そして書物の発展と不可分の関係にあります。そういう意味で紙の発明、そして印刷術の発明によって続いてきた人間の文化が、コンピューターの出現によって大きな変化を遂げようとしているこの時期に、紙と印刷術を発明した東アジアの出版文化を考えてみるというのは、非常に現代的な意味があると思います。この科研の意義は、東アジアの出版文化の現代的意味をもう一度問うということで、そこからいろいろな発見があったと思います。

　たとえば、東アジアの出版文化はもちろん中国が中心で、これは紙も印刷術も中国人が発明したわけですから当然ですが、中国における書物の研究には長い歴史があります。午前中に高橋さんがその一端をお話されましたが、いわゆる中国の版本学、書誌学には膨大な蓄積があり、かつ専門的な知識が必要な分野であります。ただ一つ問題は、この版本学、書誌学というのは、古いテキストを復元することを大前提として、それに関わる版式の問題や紙の問題、あるいは所蔵者などを研究する学問で、若尾さんから最初にお話があった、出版と社会との関わりという視点が、実はそこにはあまりありません。

　書物というのは社会の中で生み出され、社会に還元されていくわけですが、そういう視点が中国の伝統的な版本学には薄い。全く無いとは言いませんが、そういう問題意識とあまり関係のない学問なのです。ある意味で非常に閉ざされた、極端な場合は、

いわゆる骨董趣味のようなものになってしまう学問で、そこから出版と社会との関わりはあまり見えてこない。今回の科研では、伝統的な中国の書物に対する研究を踏まえながら、その現代的な意味を考えるということで、社会との関わりということを大きなテーマにいたしました。そこから新しい問題が発見され、そういう問題があるということを自覚するようになったことは、私個人にとっては大きな収穫でありました。

今日の2番目のセッションは文革時代、つまり現代中国についてのお話でした。また3番目の先ほどのセッションは、日本の近代がテーマでした。中国の伝統的な版本学では、先ほどのお話で、宋元版が横綱、大関だとあったように、古いものほど良いということにどうしてもなりますので、近代や現代のものを含めて考える視点が薄くなりがちです。そういう意味で、近現代をあつかったこの二つのセッションは、画期的であったと思います。

このように伝統的な版本学の方法と現代のわれわれの問題意識との間には相当距離がありますが、この二つが出会うことによって新しい発見が生まれます。東アジアの近現代における書物の状況も、伝統的な版本学とは関係ないようで、実はそうではありません。歴史的にみると、一見伝統とは無関係な現象もやはりそうではないことに気づかされます。

いくつか例を申し上げますと、2番目のセッションでは文革時の出版物についていろいろ興味深い話がありました。私もその頃はちょうど大学生でしたので、思い出深いものがあります。今日のお話にはありませんでしたが、文革のときは、実は中国からほとんど本が輸入されなかった。というか、そもそも中国で思想統制のせいであまり本が出版されなかったのです。それで当時は、中国から来た本は何でも珍しいので買っていました。その中にはむろん今日お話にあった『毛沢東語録』などもあるのですが、その他に農業関係の書物が、かなりありました。農業関係の本は思想に関係がなく、かつ実用書としての需要があったので、例外的に続けて出版されたのだと思われます。植物に関する本とか、あるいは獣医の、牛や馬の病気を治すための本、そういうものは結構ずっと出ているのです。私は今でもその時に買った農業関係の本をかなり持っています。もっともちゃんと読んだことはありませんが。文革時のそういう状況は秦の始皇帝の焚書坑儒の時とよく似ています。始皇帝は思想関係の儒教やその他の諸子の著作は禁書にしましたが、技術書は例外でした。あまり注目はされませんが、科学技術書の伝統というのが東アジアにはずっとその後もあります。思想や文学、

歴史の書物よりも医学や技術関係、あるいは占いの本の方が実はずっと多く出版されていると思います。

　最後のセッションは、明治以降に新しく西洋から輸入された印刷術についてのお話でした。私は明治以降の講談の速記本に少し興味を持っておりますが、それまで講談で語られていたものが、明治以降、新しい印刷術のおかげで速記本が大量に流布して、それがある意味で明治以降の新しい文学の一つの源流にもなったと考えられます。速記本というのは講釈師が話したとおりに書くのが原則ですが、実際にはそうではなくて速記者が文字にするときに、変えてしまうということがあります。ところで中国の古い小説、たとえば『三国志』や『水滸伝』なども、もとは講釈師の種本からできたといわれていますが、それが文字に定着する時点で当然、もとの講釈師の話とはちがうものになります。この両者の間に影響関係はないのですが、時代を超えて共通した現象がみられるわけです。

　これまで東アジアの書物についての研究は、どうしても中国が中心で、日本など周辺の国が問題になるのは、陳捷さんの話にもあったように、中国にない本がこれら周辺諸国に残っていた場合にほぼ限られます。とくに中国人の関心は、その点に注がれがちです。しかしそうではなく、もっと多元的な問題が東アジアの出版文化にはあるはずで、そのことが今回の共同研究の中で明らかになってきたのではないかと思います。

　また日本と中国の違いについて、最初に若尾さんが日本では文書の研究はするけれども、蔵書はないことにしてしまうというお話をされましたが、これはわれわれ中国研究者にとっては驚くべきことです。中国では逆で、蔵書の調査はしますが、文書は重んじない。ないことにしているかどうかは知りませんが。中国はあれだけ書物が残っているのに、古文書はそれに比べると微々たる量しか残っていない。これは非常に興味深い問題です。今後は東アジア全体、韓国やベトナムも含めて、文書と書籍の問題を総合的、多角的に考える必要があると思います。

　この間、この「東アジア出版文化の研究」を通じて、さまざまな問題についていろいろな新しい事実が明らかになり、問題点が明らかになったと思いますが、それでも今後のことを考えると、これは一つの出発点にすぎないのであって、今後さらにこの方面の研究を進めていかなければならないと思います。

　最後にこの科研をずっと主宰され、今日のシンポジウム、展示会もすべて企画され

た上に、講演までされた磯部先生から、私たちは本当に大きな恵みを受け、かつ実物でも今日は持ち帰れないほどのお土産をいただいて帰るわけですが、この間の磯部さんのご苦労に対して、皆さんといっしょに大きな拍手を送りたいと思います。ほんとうにありがとうございました。

〔拍 手〕

パネル報告

図書館・文書館等における東洋書籍の保存状況
―― 予防的保存という見地から ――

吉川也志保[1]

1. はじめに

　今日まで伝世されてきた様々な史料を人文科学的研究に資することができるのも、先人たちの的確な知識と日々の努力があったからこそだろう。

　「保存（conservation）」という語の定義について、国際図書館連盟は、「資料を劣化、損傷、消失から守るための政策と実務で、技術系職員が考案した技術と方法を含む」[2]と定めている。そして、図書館員が資料を保存するために実行しなければならないのは「適切な環境管理、書庫管理、取り扱い」[3]であるとしている。したがって、ここでは、専門家による保存修復という狭義の活動だけでなく、図書館員や文書館員、そして利用者も実践できる方針や管理を含めたより広義な意味合いを指すこととする。

　書籍が消失あるいは劣化してしまう要因は、枚挙にいとまがない。火事・水害・地震・津波などによる災害、焚書や戦争などによる人災、破損を引き起こすような不適切な扱い、鼠・害虫・カビなどによる生物的な被害、不適切な保存環境、酸性紙に代表される材質的な問題などが挙げられる。このような状況を踏まえて、書籍を保存するための対策について近年注目されている予防的保存という見地から考察したい。

2. 史料の伝承と保存の手段

　文字資料を伝承するには、大きく分けて二種類の方法がある。文書や書籍の物理的原型を利用可能な状態で保存する方法と、文字資料が含む知的内容を書写・転写ある

---

[1] 一橋大学大学院言語社会研究科博士後期課程
[2] Jean-Marie Dureau, *Principles for the preservation and conservation of the library material*, The Hague, 1986, p.2
[3] Edward P. Adcok, *IFLA Principles for the Care and Handling of Library Material*, Paris, 1998, p.7

パネル報告

図1　虫損のある史料の修復
（東京大学史料編纂所）

いは再版や全く別の媒体に移し変えて保存する方法である[4]。

　前者の方法で代表的なものには、伝統的な修復技術などが挙げられる。そのままでは判読できない状態や放置しておくと劣化が進んでしまうような状態の書籍や文書を研究や写真撮影が可能な状態に修復するという作業の過程では、原形が途中で変更されていたといった書誌学的発見など、史料の研究にとっても極めて重要な意味を持っている（図1）。

　後者の方法にあたる、史料のマイクロフィルム化・デジタル化といった活動によって、直接、原本を出納しなくとも、その内容を閲覧することができるようになり、多くの研究機関がこういったプロジェクトを積極的に進めているのは周知のとおりである。しかし、このような媒体技術も長期永続性の保証がない点、機材の旧式化の危険性、より高性能の情報媒体の出現に応じてデータを交換せねばならない必要性など数々の問題を抱えている。

　その中で、近年、図書館における資料保存や保存科学といった分野から注目されているのは、予防的保存という方針である。これは、書籍を人体に例えるなら、予防医学のようなものである。保存の分野では、書籍の虫損を修復する技術を扱う一方で、IPM（Integrated Pest Management 総合的有害生物管理）と呼ばれる方針を推奨しながら、保存環境の整備を呼びかけている。この風潮は、一見すると新しい流れのようだが、日本でも、蔵書の管理を行うにあたって、曝涼という方法で蔵書の風通しをするとともに、保存状況の定期的な点検をすることで虫害の防除などを実践していたことは広く知られている。つまり、IPMを含めた予防的保存という見地は、むしろ

4　Jean-Marie Dureau, 前掲書

温故知新の立場から、書籍の保管のあり方を捉えなおすものだといえるだろう。

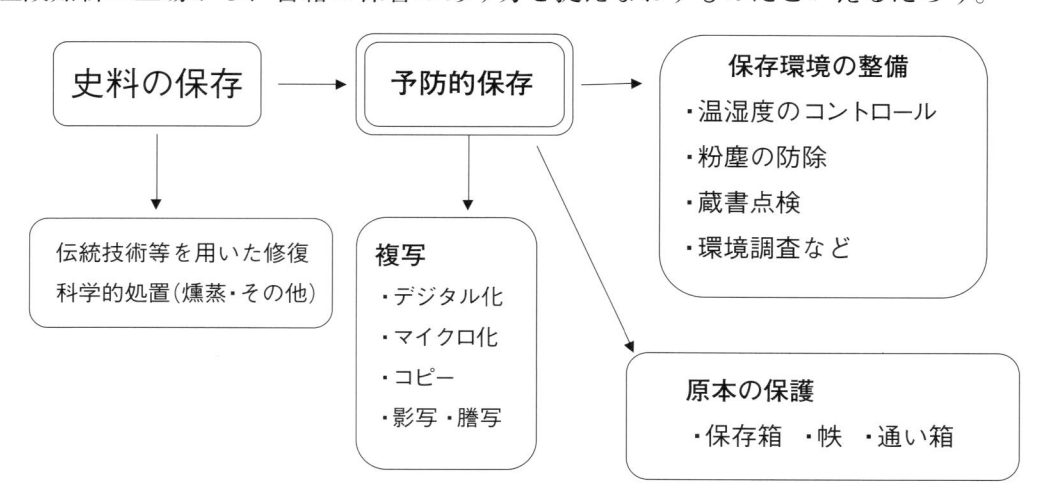

```
史料の保存 ──→ 予防的保存 ──→ 保存環境の整備
    │              │          ・温湿度のコントロール
    │              │          ・粉塵の防除
    ↓              ↓          ・蔵書点検
伝統技術等を用いた修復   複写        ・環境調査など
科学的処置(燻蒸・その他) ・デジタル化
              ・マイクロ化
              ・コピー        原本の保護
              ・影写・謄写    ・保存箱 ・帙 ・通い箱
```

3．予防的保存の実践例

① 複　　写

　複写という作業によって、知的内容を別の媒体に移して、研究に供することができる状態にすることは、原本の保護につながる。原本が劣化してコピー機の使用に適さない状態であるときは、原本の状態に適した複写方法を検討して、作業中には細心の注意を払うべきである。マイクロフィルム・マイクロフィッシュ、あるいは電子媒体として複製が作成される場合は、質感的な要素は復元されないが、その内容を多くの利用者に向けて提供することに貢献する。一方で、影写という技術は、量産には不向きであるが、原本の輪郭や欠損部、筆勢・墨の濃淡、にじみなども忠実に再現された複本を作成することができる（図２）。

② 原本の保護

　貴重な文献を箱に入れることは、物理的な損傷や、紫外線、空気中の汚染物質から保護するのに有効である。さらに、出納・閲覧時にも原本に触れるのは必要最小限に留めるという配慮も重要である。（図３・４）

パネル報告

図2　影写の様子（東京大学史料編纂所）

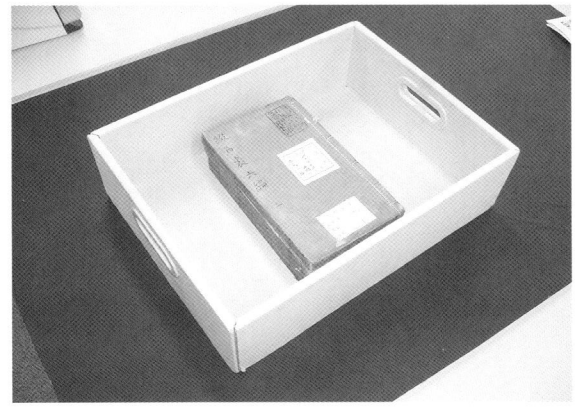

図3　出納用に中性紙で作られた通い箱（国立公文書館）

図4　貴重書収蔵室（早稲田大学図書館）帙は書籍を保護する伝統的な装丁である。物理的圧迫を避けて通気を保つために、入れる資料は箱の8割程度が望ましい。

③　保存環境の整備

・　温湿度条件

　下図は、生物被害の発生しうる気候条件をグラフに示したものである（グラフ1・三浦定俊・木川りか・佐野千絵『文化財保存環境学』朝倉書店2004年p.24より）。

　このグラフから東京の夏季は特に虫害が発生しやすい気候であるということが認め

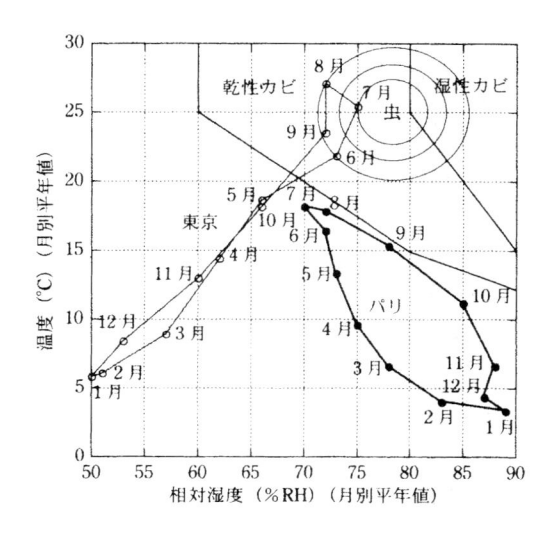

グラフ1　東京とパリのクライモグラフ
（東京は温度・相対湿度ともに1971〜2000年の平均値、パリの気温は1951〜80年の平均値、相対湿度は1961〜67年の平均値）

られる。しかし、実際に書籍が保管されるのは屋外ではなく室内であるため、夏季でなくとも温湿度条件が加害生物にとって快適な環境になる場合もある。特に、収納率が高い地下の集密書架では、カビなどの被害が発生する事例が多い。また、台風の後の漏水などが生物的劣化被害の原因となる場合もあり、注意が必要である。

・　書庫環境

　生物被害は、発生してしまった後に対処するよりも、まず粉塵（カビの胞子を含む）・害虫等が侵入しにくい環境をつくり、定期的な点検をすることが不可欠である。そのためにも、書庫では履物をかえるのが望ましい。施設によっては、書庫の入り口に、除塵マットを設置するところもある（図5）。これは、手術室の入り口等に設置されるものであり、粉塵の防除に有効である。

図5　除塵マット

パネル報告

・　蔵書点検および環境調査

　書籍害虫の中には、シバンムシのように、帙や表紙にはあまり痕跡を残さずに料紙を食い荒らすものもいるので、本棚を見回るだけでなく、時々は本を開いて確認をするのが望ましい。定期的に害虫用トラップや浮遊菌測定器等を活用するモニタリングは、あらかじめ被害を予測するのに役立つ。浮遊菌調査を実施するには、専門機関や専門家へ依頼する必要があるが、トラップを用いた害虫のモニタリングは比較的実践しやすい。

４．おわりに

　「書籍の保存」は、知的遺産を後世へ継承する活動であり、修復技術者や保存科学者だけではなく、普段から文献に触れる機会の多い研究者や、図書館・文書館あるいは文庫などの職員にとっても、重要な課題である。また、保存のための点検は蔵書をより深く知る手掛かりにもなり得る。

謝辞

　今回の発表に際して、調査にご協力をいただき、写真掲載を許可して下さいました東京大学宮崎勝美先生ならびに史料編纂所のみなさま、早稲田大学図書館松下眞也氏、国立公文書館有友至氏に深く感謝いたします。

東アジア出版展覧会　展示説明

磯部　彰（東北大学東北アジア研究センター）
磯部祐子（富山大学人文学部）

目　次

1）展示のあらまし
2）パネルによる中国における印刷と出版の歴史
　〔1〕初期の印刷
　〔2〕宋代の印刷出版
　〔3〕遼・西夏・金帝国の印刷出版
　〔4〕元代の印刷出版
　〔5〕明代の印刷出版
　〔6〕清代の印刷出版
3）展覧会場の風景
　第1部　中国の木版印刷史と本の形
　第2部　中国の絵巻・ものがたり世界
　第3部　東アジア地域の出版と文化交流－ベトナム・朝鮮・チベット・
　　　　モンゴル・満洲そして日本・ヨーロッパ
　第4部　視覚による情報伝達

1）展示のあらまし

①展覧会場の案内

　東アジアの国々では、人々の考え方や気持ち、行動の記録を中国で発明した漢字を用いて次の時代に伝えて来ました。やがて、中国の文明を利用していたまわりの国々の人々は、日本ではかな文字、韓国ではハングル文字、ベトナムではベトナム漢字、モンゴルではモンゴル文字などというように、独自の文字を作り、自国の文化をより伝えやすくする工夫をしました。

　東アジアの文明の発祥地となった中国では、人々がはじめに文字を記したものは、動物の骨とか青銅で作ったうつわでしたが、やがて紙の発明があり、紙や絹の布に書いた本が登場しました。これは、写本と呼ばれ、人の手で一つ一つ作るため、大変高価なもので、また数も少ないものでした。

　10世紀になると、木版印刷という版画のように印刷する技術の導入があり、写本は印刷された大量の本に取って代わられます。

　それから約千年の長い間、中国はもちろん、韓国や日本などのアジアの国々では、木版印刷によって先人の知恵を伝えて来ました。本は、時代を反映する鏡のような面を持っています。本は、時代や国によって同じ書物でありながら、内容が変わったり、綴じ方や表紙、使う用紙などが変わったりするなど、色々な特色が生まれています。アジア1000年の長い本の歴史を、実物の展示によって見てわかるようにするのが、今回、パシフィコ横浜会議場内に設ける展覧会です。アジアの本のふるさとである中国の宋・元・明・清・民国の各時代の様々な分野の本のほか、日本の写本（巻きもの）や五山で印刷された室町時代の本、また、本のさし絵と関係する絵巻なども展示しています。韓国で出された古い印刷の地図、大きな本などもありますし、チベット文字などの横長の本もあります。東アジアの印刷文明と比較するために、時代的には後になったヨーロッパの古い印刷物も併せて展示します。

　なお、参考資料として、本を読み、また本を作ったかつての中国文明の担い手であった皇族や高級官吏のイメージ作りのため、その制服である龍袍（ロンパオ）、明清時代に印刷された紙幣、日本最初の切手や版木なども併せて展示します。研究のための資料ですので、ビックリするお宝ではありませんが、珍しいもの、あやしげなものなど

東アジア出版展覧会　展示説明

あります。

　一般に、博物館などの展示品は触れることが出来ませんが、今回の展示会では、一部の原物を手に取って見ることも出来ます。

　展示会場では、東アジアの本の歴史が一目でわかるように、特色をつけて実物を展示しています。また、東アジアの出版の歴史が理解しやすいようにパネルを作りました。パネルには、ここには持参できなかった唐宋以来の名品の写真を入れています。じっくりご鑑賞下さい。

　②むかしの本の歴史

　いま、みなさんが読む本のご先祖は、いったいどのような姿や顔を持っていたのでしょうか。中国の宋代から元、明、清、そして中華民国までのちょっと「くたびれた」本をならべ、1000年の歴史を示します。中国の王朝名をとって、宋代に出版された本を宋版などと呼び、以下、元版、明版などと出された時期を書名のあたまにつけて、本の特徴とする場合もあります。展示品は、書名の前に時代タイトルをつけて出版時代の区別をしています。

　パネルでは、中国と周辺の国々がどのように本を印刷し出版したのかについて、読んで理解できるようにしています。宋版の仏教の経典、元版の儒教の詩経、明の小説三国志演義や西遊記の原本などが出ます。例えば三国志演義などは、同じ本でも出版社や時代によって話が異なる部分があります。

　むかし出された本には、お父さんやお母さん、兄さん姉さん、妹弟たちといったまるでわたしたちの家の家族のような、大小さまざまの本、美しい本、可愛い本など、工夫がこらされた色々な本があります。また、木版印刷のほか、石版印刷や活字印刷など印刷方法、技術から区別される本もあります。そのような千差万別のアジアむかし本も陳列しています。

　③むかしの本が示すアジア友好

　中国の漢字文化を受け容れたアジア諸国は、活発に文化交流を行なって来ました。人々は中国で出版された本を輸入したり、その翻訳を行なったりして先端の情報を得ようと努めていました。日本の五山の出版本、韓国で出された本、モンゴル仏教のお経、ベトナムの本など。16・17世紀頃ヨーロッパ人が見た中国風景の本もあります。

もっとも、本の世界でも、国際交流という友好の中にも、競争、パクリなどもあり、生々とした商人魂がうかがえます。

　中国の龍袍（りゅうほう）という皇族・高官の礼服、ベトナムの衣服なども展示します。どなたでも見学が自由にできますが、静かに本を見ましょう。

　　展示会場　　パシフィコ横浜会議センター　　４階411・412室（無料）
　　展示時間　　2006年8月6日　午前10：00～午後16：30
　　　　　　　　8月7日　午前10：00～午後16：30

　＊会場の都合等により、展示品の一部に変更がある場合があります。ご了承下さい。

東アジア出版のための簡単な歴史年表

	900	1000	1200	1300	1600	1900	1945
中国（王朝名）	唐（とう）～907	五代十国／北宋（ほくそう）960～1127／遼（りょう）916～1125	南宋 1127～1279／金 ～1234	元／北元 1368～	明（みん）	清（しん）～1911	中華民国／中華人民共和国
日　本	平安時代		鎌倉時代 1192～1333／南北朝 ～1392	室町 ～1573／安土桃山	江戸時代 1603～1867	明治大正昭和	
韓　国	新羅王国（しらぎ）～935	高麗王国（こうらい）936～		朝鮮王国（ちょうせん）1392～1910	大韓帝国／日本占領	南北	
ベトナム		李朝 1010～1224	陳朝 1225～1413（1400～1407 胡朝）	後黎朝 1428～1793	西山朝／阮朝 1802～1945	ベトナム民主共和国／南北	

　展覧会場では、中国の宋元から明清そして民国に到る印刷出版の歴史についてパネル展示説明を行っています。説明にあわせた展示品は、宋元から民国まで実物を時代順に排列しています。

　また、中国以外のアジア諸国、日本・韓国・チベット・モンゴル・満洲・ベトナムについても資料を展示して説明を添えています。

東アジア出版展覧会　展示説明

2）パネルによる中国における印刷と出版の歴史

〔1〕　初期の印刷——唐代後期・五代十国期（？〜959）

　中国において、印刷体の書籍以前、書物は、竹簡や木簡に書かれた簡冊に始まった。やがて、春秋戦国時代に絹織物の上に書く帛書となり、紙の発明は写本の世界を拡大して行った。しかし、写本である以上、その書物の数量には一定の限界があった。その限界を超越させたものが印刷術であった。

　中国を中心とする東アジア社会において、印刷がいつ頃に開始されたかについては、諸説があって、なお決着には到っていない。

　現存する資料から見ると、日本の法隆寺に伝わった百万塔陀羅尼、或は、8世紀と言われる韓国慶州仏国寺発見の『無垢浄光大陀羅尼経』、中国の辺境敦煌で発見された『金剛般若波羅蜜経』（咸通九年868）などから、唐後半期には木版印刷が宗教書、実用書の印刷に利用されていたことが判明する。とりわけ、蜀の成都では出版元や書店が軒を連ね、その印刷物は長安に持ち込まれ、日本の入唐僧もその本を利用していたと言われる。

　唐滅亡後、五代十国の戦乱時代、中原地方でも国家による、いわゆる官版の経書類が印刷出版されたらしい。しかし、現存する資料の多くは、辺境敦煌方面で発見された仏教関係の一枚摺もの、或は、江南の呉越国銭俶刊刻の宝篋印陀羅尼経（顕徳2年、955他）などといったものがほとんどである。

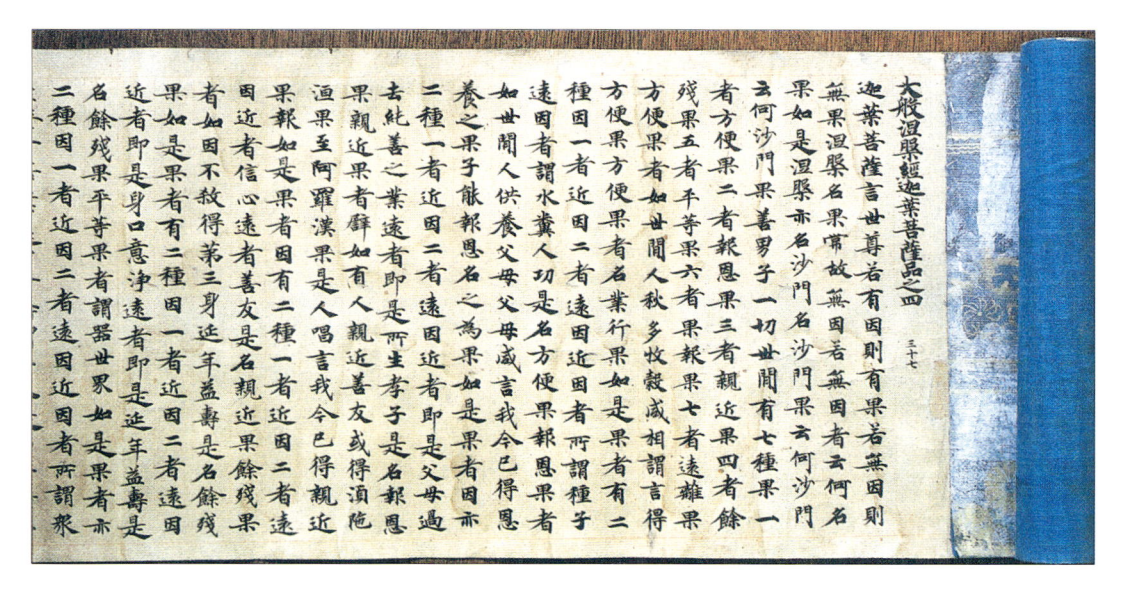

2）パネルによる中国における印刷と出版の歴史

唐鈔大般涅槃経（東北大学蔵）

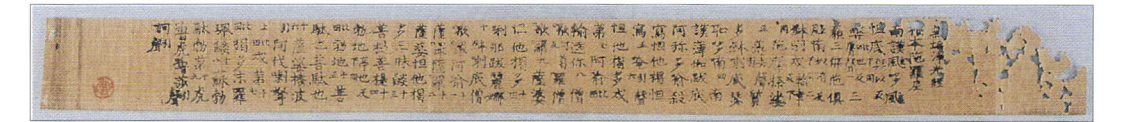

百万塔・根本陀羅尼　1巻（東北大学蔵）

百万塔　奈良時代に称徳天皇の発願で法隆寺など十の寺に木製の塔を百万基作って納め、国家の安泰を願った。小塔内には、印刷された根本陀羅尼などが収められた。年代の明確な最古の印刷物として知られる。

東アジア出版展覧会　展示説明

〔2〕　宋代の印刷出版（北宋960〜1126、南宋1127〜1279）

　唐後半期から五代にかけて勃興しつつあった印刷出版は、宋の建国によって大いに発展して行った。北宋に入って印刷出版が活発化したのは、宋代に入って製紙業と製墨業が質・量とも高い水準に達したこと、或は、刻版及び印刷方面の工人が十分確保されたことが主な原因であるが、同時に次のような社会背景があったからである。

　北宋王朝が科挙体制を国家運営の中心に据えたことによって、前代に比して相対的に書籍の需要を大幅に呼びおこし、国家による出版とは別に、民間にあって出版事業が利益に結びつく新しい産業として確立し、結果として多数の知識人が生まれ、更なる書籍の販路が開かれた、という社会状況が現出していた。

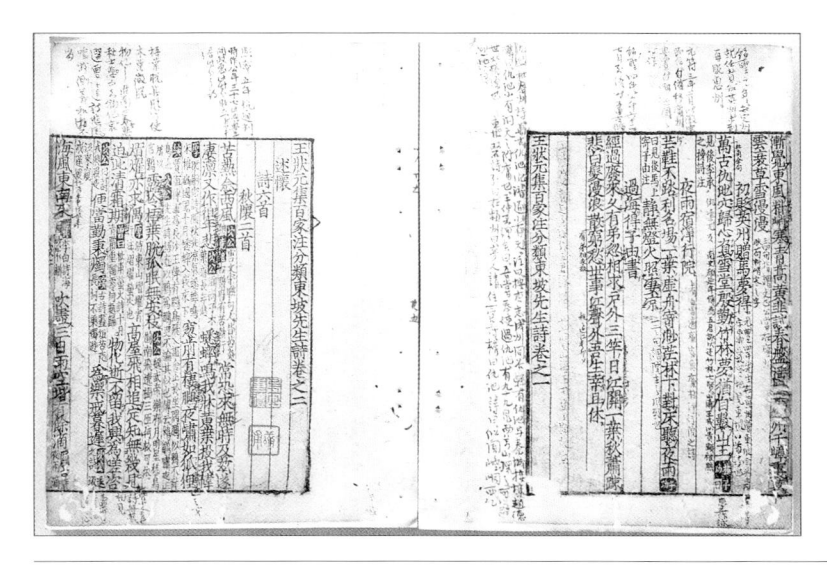

＊宋刊王状元百家注分類東坡先生詩
（東北大学蔵）

王状元集百家注分類東坡先生詩　25巻1帙10冊
　　北宋の文人官僚であった蘇軾（1036〜1101）の詩集。蘇軾、号東坡の作品集は、東坡全集などがあり、木版本は古くは宋刊本以下が伝わる。本書は南宋の王十朋（科挙の首席合格者、状元であった）がテーマ別に配列して諸家の注釈を付けた本というふれこみで、南宋時代に民間の本屋で出版された本のうちの一種である。
　　書物自体は、作品の分類が時にはいいかげんのところもあり、王十朋が編集したとは言いがたい書物であるが、蘇東坡の詩を鑑賞するには役に立つこともある、との清の人の評価もあるが、宋版という文化財的価値を別に持つ。
　　天理図書館には、三春秋田家旧蔵黄及甫刊『王状元集諸家註分類東坡先生詩』残21巻23冊がある。

2）パネルによる中国における印刷と出版の歴史

　宋代、中央の官刻本の代表は、国子監刊刻本で、経典・正史・医書を主として出版した。地方の官署や州学でも出版活動が盛んであった。

　一方、個人による私刻本も、官刻本と並んで多方面に互った分野の出版をしていた。岳飛の孫である岳珂の相台家塾では、教科書的な五経を刊刻した。また、企業としては、建陽の余氏（余仁仲・万巻堂）、臨安の陳氏・尹氏などの出版のもとがあるが、利益優先による誤刻も目立つ。南宋時代、臨安（いまの杭州）の張氏によって『大唐三蔵取経詩話』といった小説（『西遊記』の先祖）も出版されるようになった。

　宋代の出版で注目すべきは、大蔵経の刊刻である。北宋の太祖による開宝蔵を始めとして、福州（福建省）の東禅寺版、開元寺版、湖州の円覚禅院での思渓版、平江府磧砂延聖院における磧砂版は南宋・元両王朝に互るものであった。中国での大蔵経雕版は周辺国家にも影響を与え、高麗王国の初雕本・再雕本、遼朝の契丹蔵（遼蔵）、北宋・遼のあとを承けた金朝の広勝寺金蔵といった大蔵経も出された。大部の大蔵経を複数印刷するには、木版による印刷は極めて合理的なもので、一度、考訂を加えてその版木さえ作れば、正確な経典を短期間に多数作ることができた。写経に比べてみて、有用な手段であっただろう。

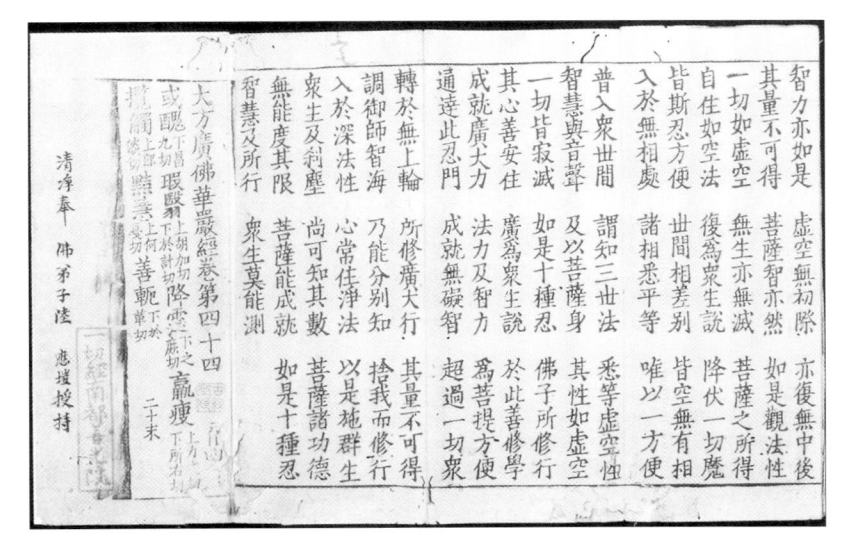

宋版『大方広仏華厳経』巻44（南都善光院一切経）巻尾

　宋刊本の書誌的特徴の一つは、大蔵経が巻子本もしくは帖装（折本）を主とするのを別とすれば、一般書は胡蝶装であったと言われる装丁にある。料紙は、白棉（綿）紙系の保存に耐えるもので、字体は欧陽詢風、もしくは棱角峻厲の字体である。古刊刻ゆえ「宋版」は骨董的な扱いを受けるが、誤字も見受けられるため、後世の清代に作られた校訂本を用いた方が良い場合もある。当時、書物の値段は、例えば『大易粋

言』12巻は、一部八貫文であった。

〔3〕 遼国・西夏・金帝国の印刷出版（北東・西北・東北アジアの諸民族）

　北宋・南宋時代、華北以北、もしくは以西に建国された遼（契丹族916〜1125）、西夏（チベット系タングート族1038〜1227）、そして金帝国（女真族完顔部1115〜1234）は、いずれも中国中原地方へその勢力をくり出し、中原文化や仏教文化などを吸収して、独自の印刷出版文化を構成した。遼国では、10世紀末には、既に仏典や字書の印刷出版が行なわれ、10世紀末には、民間の出版業に統制を加えるまでになっていた。その一方で、北宋新刊書も大量に輸入し、国家機密の漏洩を恐れる北宋との間で緊張関係を生み出していた。遼代の印刷物で代表的なものは、遼蔵（契丹蔵）で、高麗や日本にも影響を与えた。

＊遼・道宗皇帝哀冊拓本（左：契丹文、右：漢文、東北大学蔵）

遼・道宗仁聖大孝文皇帝哀冊碑漢文拓本、契丹文拓本　2幅
　　10世紀から12世紀、中国華北の北側を支配したキタイ族は、遼朝を建国し、南の宋帝国と対峙していた。当拓本は、第8代の孝文皇帝耶律洪基（廟号は道宗）の事跡を記した哀冊文（一般人は墓誌銘）の漢字哀冊と契丹文字哀冊の拓本である。もともとの原碑は、内蒙古のワール・イン・マンハにある遼三代帝王陵の慶陵の一つ、道宗陵である西陵（永福陵）に収められていた。

　西夏は建国期、北宋より多量の書籍を購入していたが、やがて太学・州学などの教育機関の整備により書籍の需要も増えたため、宋・遼の輸入書とは別に、都の興慶

（銀川）に官刻の機構を設けた。また、西夏文字による印刷も盛んで、仏教を重視して仏教経典の印刷をしたほか、実用書としての字書や兵書・天文暦書・医書、或は儒学書など多方面に及んでいる。

　金帝国での印刷出版は、占領した地区にあった遼や北宋の印刷業が基となっている。北宋滅亡後、金は北宋の国都開封の蔵書や印版を基礎としつつ、国子監や府学などを設けて経史の出版を行なった。民間の印刷業は、北京や開封など大都市のほか、平陽府（山西省）でも盛況を見せた。平陽府では白麻紙を産し、太原府には造墨場があったため、国の経籍所が設立されたばかりでなく、書肆も集まることとなった。その出版レベルの高さは、近代、広勝寺で発見された金蔵（趙城蔵）に見られる。金蔵は、12世紀中頃、30余年をかけて開版印刷され、その巻頭には仏画が雕印されている。金蔵の発見によって、当時、この地域の印刷・版画技術の水準が、一定の高さに達していたことが知られる。

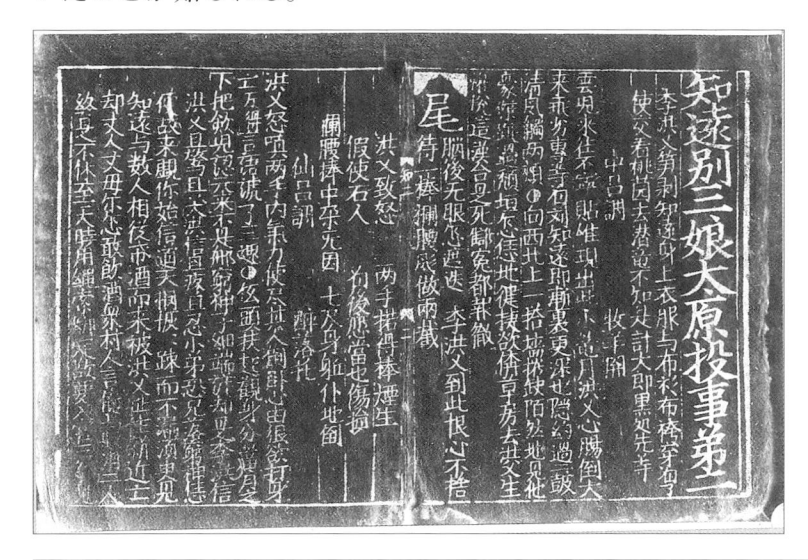

金・劉知遠諸宮調
（東北大学蔵景照）

劉知遠諸宮調
　　さまざまなメロディーを組みあわせ、五代の後漢を建国した劉知遠夫妻をめぐる話をうたいものにした作品。カラホトで発見された金代の出版物。

東アジア出版展覧会　展示説明

西夏碑（東北大学蔵）

〔4〕　元代の印刷出版（1280〜1367）

　元代、官刻本は中央の興文署、地方の各路儒学・書院で刊刻された。一方、私刻本も宋代を継承し、大都や平陽で老舗の書肆が医書や字典類を刊行していたが、とりわけ建寧路の崇化・麻沙二鎮がとりわけて有名で、余志安勤有堂などの書肆では、多くの刊行物を出した。元代では、戯曲・小説の出版も盛んであったと見え、今日、杭州刊元曲本や建安虞氏全相平話五種（『全相武王伐紂平話』・『楽毅図斉七国春秋』・『全相秦併六国平話』・『全相続前漢書平話』・『新全相三国志平話』）本など、わずかながらその原本も伝存している。印刷史の上で、宋金の紙幣の流れをくむ中統交鈔や至元

2）パネルによる中国における印刷と出版の歴史

通行宝鈔といった紙幣の印刷も、出版文化史においては忘れてはならない存在である。大蔵経も杭州大普寧寺で刊行され、普寧蔵と呼ばれた。元代の印刷で注目すべきは、現存本から判断すると、朱墨套印という二色刷の印刷が始まったこと、或は、封面という書名を記す専用のページがつけられたことである。この他、元刊本に見られる印

元統2年『韻府羣玉』（東北大学蔵）

韻府羣玉
　　科挙用に編集された類書の一つで、韻書の体裁にならい古典から引用した字句の末字の韻によって事項をならべた。最古の版本は元統刊本で、それに拠る日本・朝鮮の重刻本がある。

元刊
正法念処経
巻62

正法念処経
　　三界六道の業とその果報を説いた仏典で、八大地獄などが描かれる。七十巻、元普寧蔵では「篤」から「宜」字に収められる。北魏の般若流支訳。

刷用墨の色、料紙、字体にも、宋版や後代の明版等に見られぬ特徴を持つ。

〔5〕 明代の印刷出版（1368〜1644）

　明代の刊刻本は、主として後半期のものが多種多様に残るが、前半期の刊本類はそれ程多いとは言えない。官刻本については、萬暦年間の周弘祖による『古今書刻』という出版書名目録によって詳しく知られる。中央においては、南京国子監・北京国子監の南北両監本、都察院、司礼監などの省庁で十三経注疏・十七史及び二十一史から『三国志通俗演義』といった小説まで、様々なジャンルの出版が行なわれた。明代、紫禁城の宮廷で出された刊刻本は、司礼監が出した経廠本が中心で、包背装で藍色等の絹表紙、白棉紙を用いた大字本が多い。官刻印刷において、書籍ではないが戸部などで大量に印刷された紙幣「大明通行宝鈔」の存在も、元代と並んで注目すべき印刷資料である。なお、清代では、経廠本に該当する本は、武英殿本の略称から殿版（殿本）と呼ばれた。明朝でも、やはり官刻の大蔵経が出版され、南京の洪武南蔵、やはり南京の永楽南蔵、北京の永楽北蔵が出た。この他、チベット文の番蔵や英宗正統帝の正統道蔵と言った大部のものも出されている。

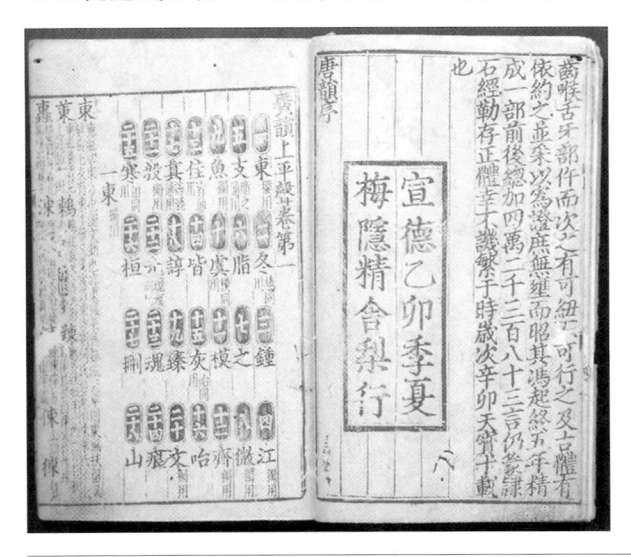

＊宣徳10年（1435、乙卯）刊『広韻』
（東北大学蔵）

広韻
　韻書と呼ばれる字書の一つで、詩文の押韻に用いられた。『広韻』諸本では、簡略本に属す。

2）パネルによる中国における印刷と出版の歴史

　他方、地方の官署でも布政司を主として刊刻を行なっていたが、とりわけ、皇族の藩府本が多い点も、明代印刷出版の一つの特徴であろう。

　一方、私刻本の出版も盛んで、金台の汪諒や呉郡の袁褧・嘉趣堂の出版物は、精刻の家刻本を出している。利益中心の坊刻本は、嘉靖以降、福建の建陽に書肆が林立し、科挙受験参考書、通俗類書、小説などを多数刊行した。建陽以外、蘇州、南京、杭州などにも書肆の活動拠点があった。江蘇常熟の毛晋による汲古閣刊本は、明末の混乱した時世にもかかわらず、依拠すべき旧版を吟味し、印刷紙にも心を注いで、上等な書物を刊行した点で注目すべきである。明代の出版物の特色をその形態に窺うならば、建陽本は元以来の上図下文形式の全相本に、南京・蘇州本は精刻図像を持つ版本に、それぞれ特色が見い出せる。明代、朱墨套印と呼ばれる二色刷、或は多色刷の版本も出されている。また、活字による印刷も会通館版から窺うことが出来る。弘治刊『錦繡萬花谷』が一つの好例である。

　明刻本の形式を残存本によって見ると、洪武から宣徳頃までの前期の版本は、料紙・墨・字体などとも元刊本に似るか、もしくはそれより劣る印刷である。中期の正徳刊本は細小字の字体で、別に古活字本も出されている。嘉靖に入ると白綿紙を用いた欧陽詢体の宋版に近い楷書体の刊本で、その体裁は宋刊本を思わせるものがある。萬暦刊本は嘉靖の楷書体を更に正楷に近づけて筆画にきれ味がうかがえる。天啓・崇禎本になると、文字は縦長の字体へ移って行く。萬暦期の建陽刻本の多くは、巻末に蓮牌木記を持ち、刊行年が比較的明瞭である。

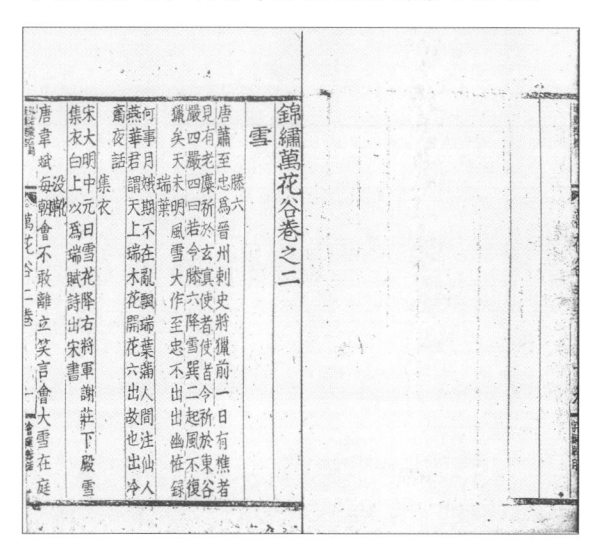

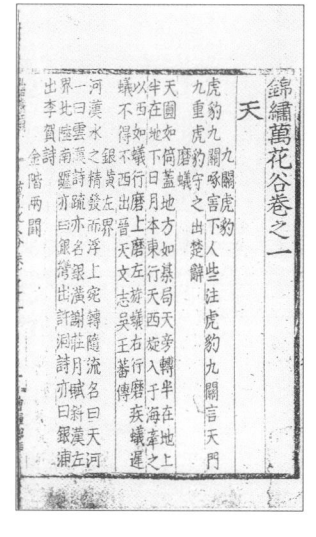

会通館刊銅活字本（国立公文書館蔵）

東アジア出版展覧会　展示説明

[正徳小字本]

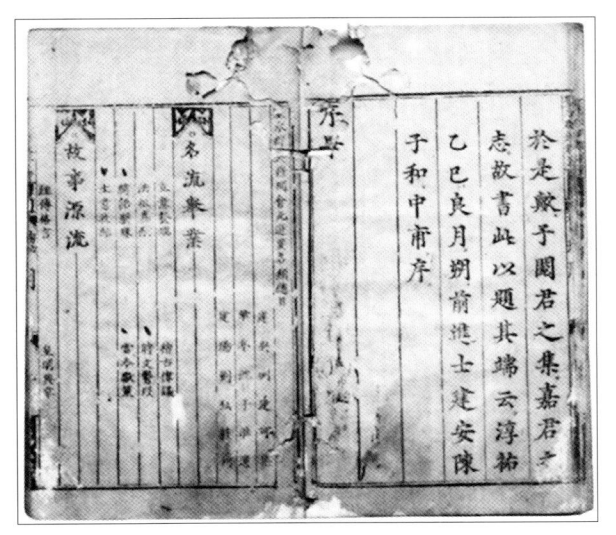

正徳刊本『璧水群英待問会元選要』十六門82巻（東北大学蔵）
宋・劉達可集、沈子淮選、建陽・劉弘毅刊

　科挙のために作られた百科参考全書の一つで、古代から宋代までの帝王、典章、文物などの源流を類書体にまとめた『古今源流至論』の流れをくむものである。事項を「萃新門」以下十六門に分け、各門といくつかの類に分け、類ごとに事例を挙げる。建陽の書肆劉弘毅（慎独斎）の出版である。

[嘉靖白棉紙本]

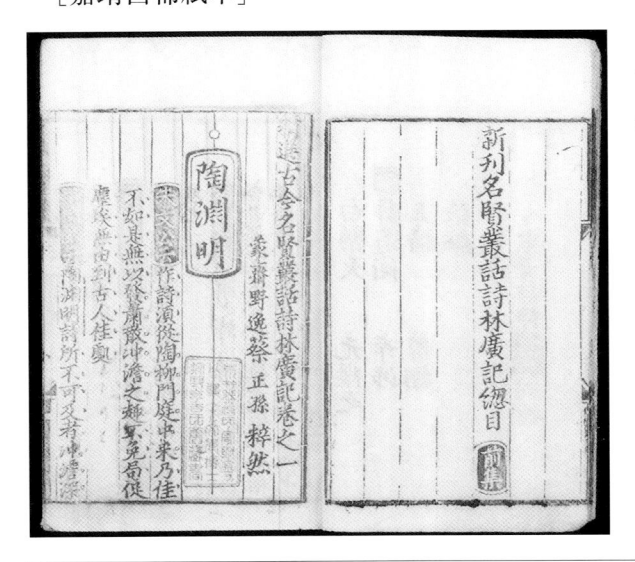

　嘉靖刊本は宋版などの旧刊本覆刻を多くするが、字体・用紙も優れていて、近世アジア出版文化の形成に多大な役割を果たした。

嘉靖刊本『精選古今名賢叢話詩林広記』（東北大学蔵）

詩林広記
　宋末の蔡正孫が六朝唐宋の名詩を選び、それに関する詩評や関連記事、詩話を付記する。前集は陶淵明、或は、杜工部などの唐詩人を主とし、後集は欧陽修から劉貢父までの宋詩人を扱う。

2）パネルによる中国における印刷と出版の歴史

［多色刷本］

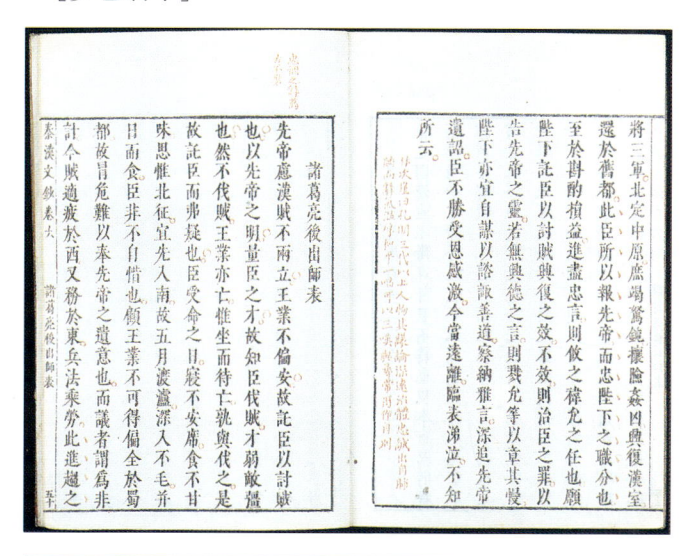

套印と呼ばれるカラー刷の書物も出まわり、文学評論世界に新風を吹き込んだ。

朱墨套印本『秦漢文鈔』（東北大学蔵）

秦漢文鈔
　秦代の「屈原卜居」から、東漢の「諸葛亮後出師表」まで百一篇を選び、批点と参評などを朱色で加えた名文集。批評文は短く、本文の注釈的機能はない。科挙用の模範文集といったところの本。臧懋循の萬暦序をもつ。

［さし絵入り本］

明の萬暦時代、南京や建陽などで出版される書物には、名人のさし絵が入れられた。さし絵は嘉靖時代に比べ、表現力が豊かになり、文字が示す意味を助ける役目を果たすようになって行く。

＊萬暦周氏大業堂刊『唐書志伝通俗演義題評』（東北大学蔵）

唐書志伝通俗演義
　明後期、南京の周氏が経営する大業堂という版元が出した演義小説の一つ。隋末から唐の建国ごろまで太宗李世民を主人公として描く。さし絵は「王少淮」の手になる。

東アジア出版展覧会　展示説明

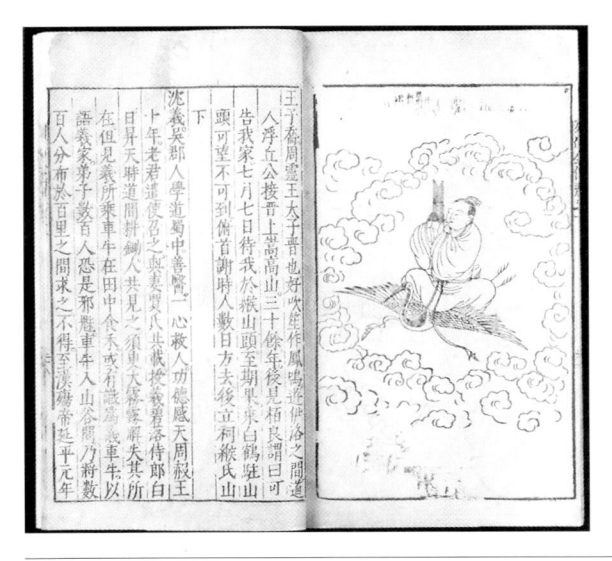

＊萬暦刊本『有象列仙全伝』
　（東北大学蔵）

有像列仙全伝
　　上古から明中ごろまでの神仙581名の伝記をさし絵を入れて紹介したもの。徽州の版元汪雲鵬が萬暦中頃に刊行した。日本での覆刻の和刻本がある。

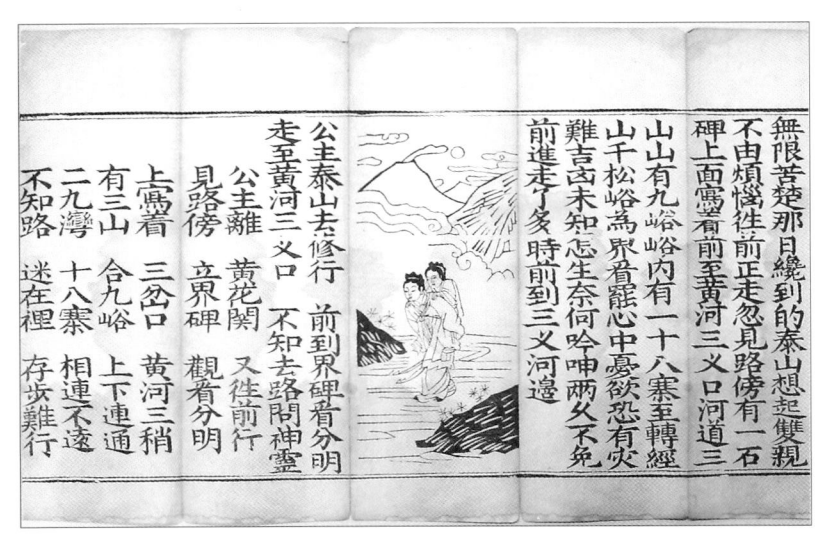

『天仙聖母源流泰山宝巻』（個人蔵）

明代宝巻『天仙聖母源流泰山宝巻』、泰山の女神聖母娘娘の由来を説く民間経典

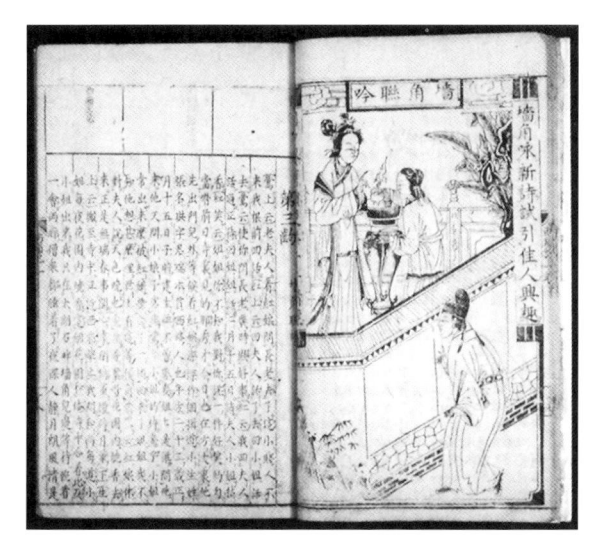

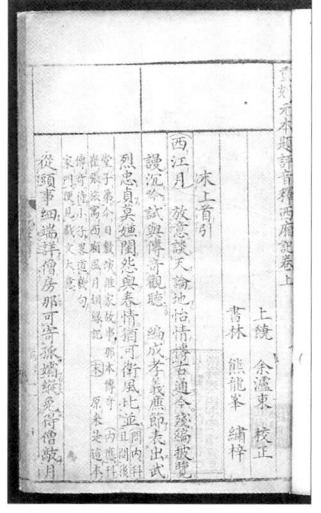

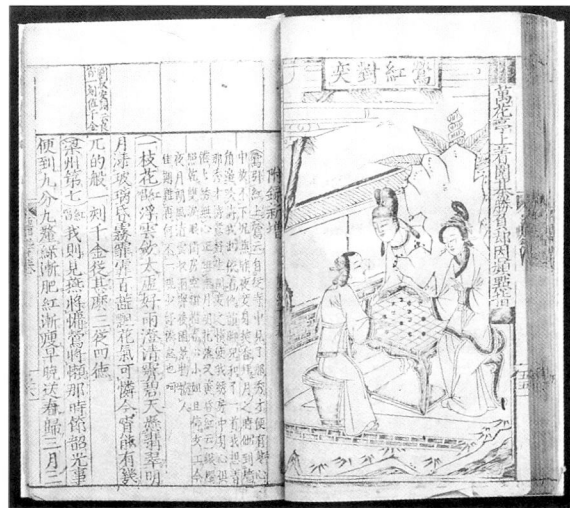

2）パネルによる中国における印刷と出版の歴史

重刻元本題評音釈西廂記
じゅうこくげんぽんだいひょうおんしゃくせいしょうき
（東北大学蔵）

『重刻元本題評音釈西廂記』元の王実甫・関漢卿作、明・萬暦20年（1592年）、上饒・余瀘東校正、書林・熊龍峰刊、上下2冊。本版本は徐士範刊本と同一版本と思われる。

　西廂記は、唐代の伝記小説、金代の語り物を経て元の大徳年間（1297～1307）に元曲として成立したといわれる。元代を代表する戯曲である。しかし、元版は存在せず、現存する版は、明代以降のもので、その種類は小説戯曲の類としては際立って多く100種にも及ぶ。明代のテキストはその体裁から三系統・六類型に大別できる。

（磯部祐子）

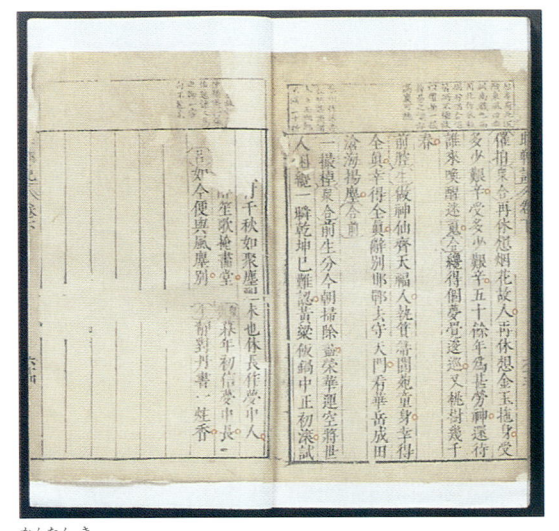

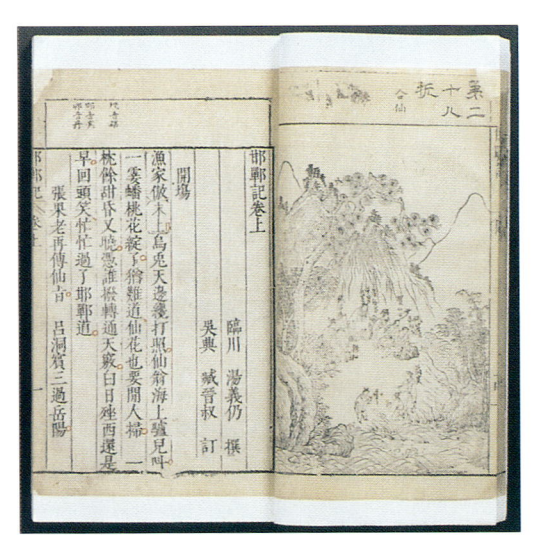

邯鄲記　1帙2冊（東北大学蔵）

　『邯鄲記』は、明の湯顕祖の作。唐の沈既済の伝奇小説『枕中記』に基づき戯曲に改編したもの。『邯鄲記』は、単独で出版されたほか、その内容が夢と関係あることから、『還魂記』『南柯記』『紫釵記』と併せて『玉茗堂四夢曲』としても出版された。

　本版本は上下2冊本。臧晋叔（臧懋循）が校訂したもの。　　　　　　　　　　（磯部祐子）

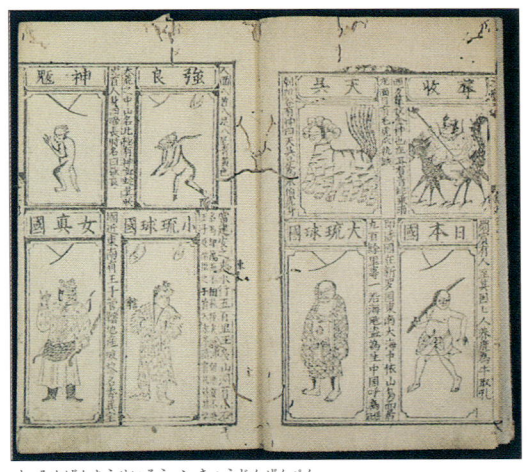

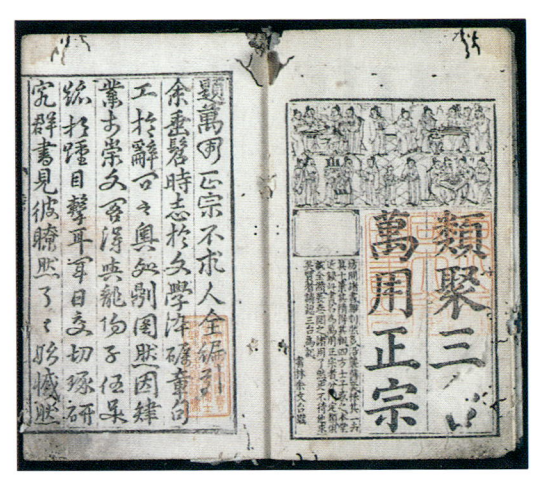

士民萬用正宗不求人全編　35巻　2帙11冊（東北大学蔵）

　明代萬暦37年（1609、序文）に刊行された日用類書の一種で、編者は龍陽子と号する人物。版元は、建陽の書肆、余文台（象斗）である。

　日用類書は、別に通俗類書などとも称し、子部類書になぞらえて呼ばれるものである。

　　　　　　　　　　　　　　　　　　　　　　　　　　　　　　　　　　　　（磯部祐子）

２）パネルによる中国における印刷と出版の歴史

［一枚刷—景観図］

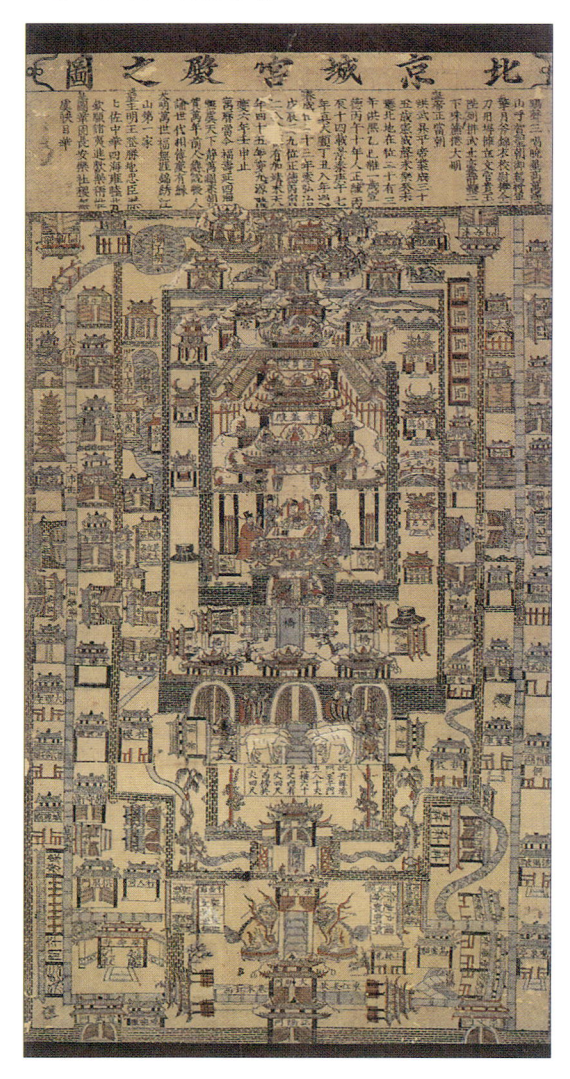

北京城宮殿之図（東北大学蔵）

　北京城の内城部分を図解した木版手彩図で、建築群の様相は嘉靖41年（1562）以前の状況とされる。印刻は、上段に当今萬暦帝の治世を称える文章が見えることから、萬暦年間に入ってからである。坊刻画である。

［本の刊記（奥付）］

　明後期、福建の建陽で出版された本には、蓮の葉と花を象った奥付が見られる。これを蓮牌木記という。まるで位牌のような姿をしているが、当時としてはナウな感覚であったようです。今日、単なる「ふる本」か、「お宝」かの区別は、この蓮牌木記の一葉があるかないかで決まるほどのチャームポイントです。

東アジア出版展覧会　展示説明

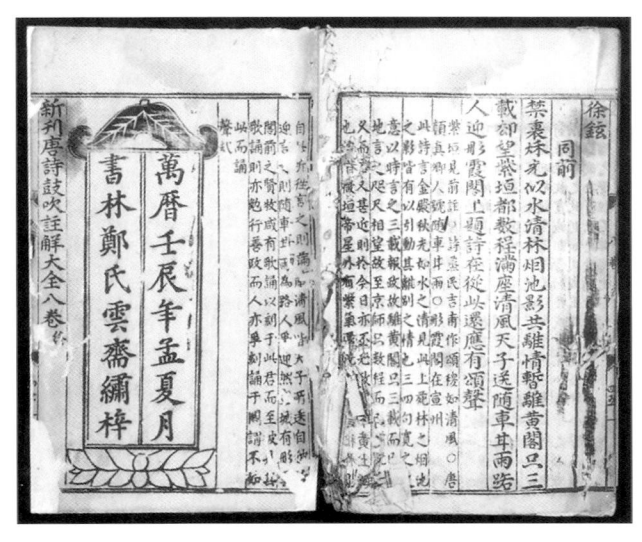

明・萬暦20年（壬辰　1592）鄭雲斎刊『新刊唐詩鼓吹註解大全』刊記（個人蔵）

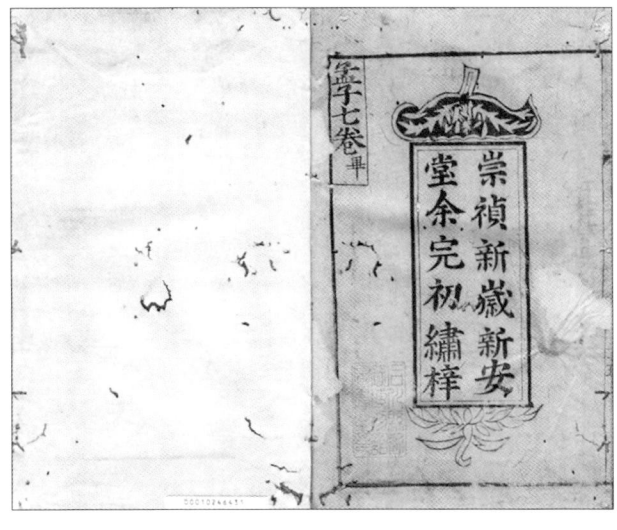

明・崇禎年間新安堂余完初刊『連科四書集註』刊記

〔6〕　清代の印刷出版（1644〜1911）

　清代、官刻本では、中央の武英殿本が代表的なものである。地方官庁でも出版が行なわれ、半官半民の官書局から出された局刻本もあった。清代で特筆すべき刊本は、蔵書家や学者が考証学の発展をとり入れて校訂を施した家刻本の存在にあり、例えば阮元の『十三経注疏』・『皇清経解』のごとき精校本には、内容的に見て宋元版本に優るものがある。

　清刊本で特徴的なのは、康熙刊本の封面や顔真卿の書を想わせる序文の太い楷書体、萬暦刊本を想わせる乾隆刊本の精字体と料紙、乾隆刊本の復活を想わせる光緒刊本に

ある。しかし、光緒刊本の表紙の中には、西洋紙の如きものを用いたために劣化が著しいものが時折見受けられる。小説などは、図像・字体とも稚拙で、明刊本の覆刻を意図したような版本には、図像が正体不明な姿にまで技術が落ちている版本もある。多色刷の套版印刷は字体こそ拙いが健在で、四色・五色刷などのものが伝わる。

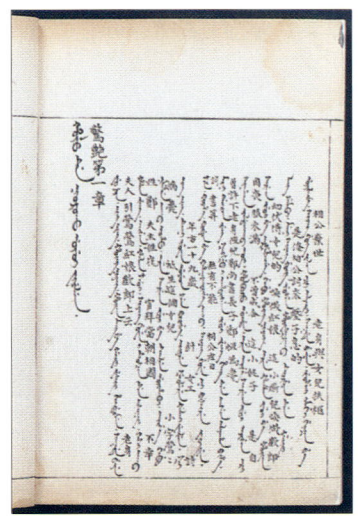

清鈔『満漢西廂記』（写本）
（東北大学蔵）

光緒12年（1886）刊『旧約聖書』（東北大学蔵）

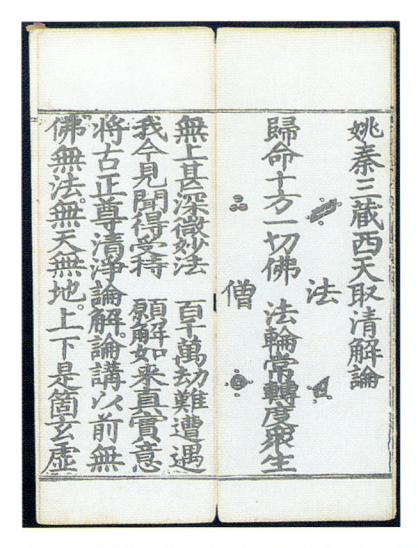

清初（順治2年）刊『姚秦三蔵西天取清解論』（個人蔵）

　清初、順治二年（1645）年重刊本。民間信仰の一つ、無為教系の教派宝巻であって、仏教の経典に似せるが、実際は異なる。下層社会の大衆に対する宗教経典と見なされがちであるが。書籍の体裁などから考えると、下層民というよりは富裕層の寄捨で作られた経本である。

一方、清代中期以降、洋式印刷術も導入され、木版本以外、石版印刷・活版（排印、鉛印）印刷も行なわれた。乾隆朝では、フランスに印刷を発注した印刷物もある。

[さし絵入り本]

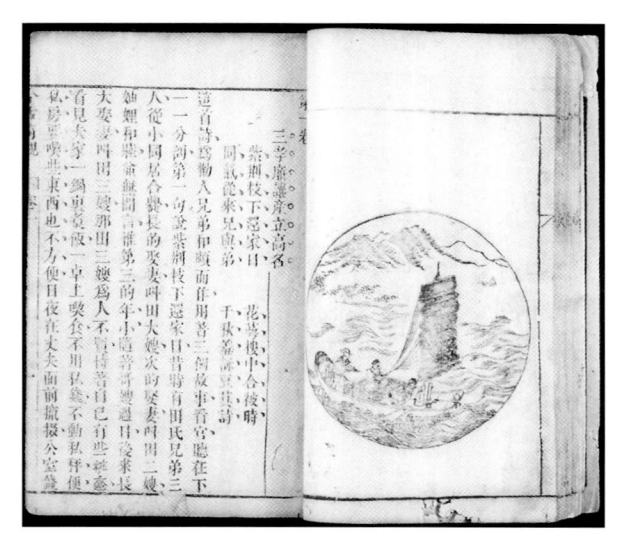

『今古奇観』
清初・本衙蔵版本巻1

同上
清初・本衙蔵版本・図像

清初刊本衙蔵版本　『今古奇観』　40巻
明末に出された馮夢龍の手になる三言（『喩世明言』・『警世通言』・『醒世恒言』）、及び凌濛初の手になる二拍（『初刻拍案驚奇』・『二刻拍案驚奇』）という短篇小説集から、代表的な物語40編を選抜した小説集で、編者は蘇州（姑蘇）の抱甕老人（本名？）である。フランス・パリのビブリオテーク・ナショナルにある宝翰楼刊本が残存本のうちでは最も早い刊本である。掲出の本衙蔵版は、日本国内の刊本ではもっとも古いと推測されるが、封面の有様、図版の印刷状況から、比較的早期の

版本であるものの、後印本らしい。なお、「本衙蔵版」という称呼は、清刊本の封面によく見られるものであるが、「本衙」は「本官庁」という文字通りの意味ではない。もともとは、郷紳的な人物が家刻本を出した時に使用したのではないか。『三才図絵』は王圻・王思義の編になるが、「王衙」（国立公文書館蔵本）と記す。一方、書肆安少渓が出した『増補四書微言』には巻末刊記に「晏衙」とあるし、『四書集註通考』の封面には「太倉王衙三刻」（書林詹霖宇刊、以上加賀市立中央図書館聖藩文庫本）とし、楊爾曾は『図絵宗彝』に「武林楊衙」と記していることから、「○○衙」は店舗を官庁になぞらえて仰々しく表現したものか、或は、場合によっては、書肆の主人もしくは家族が捐金で買官したか、府学・県学などの学生や生員の身分をもっていたことによるのかもしれない。つまり、「本衙」とは本局、お上公認の版元という意味でもちいたのであろう。清代では、更に拡大解釈されて、版木を売買する前提で版元という意味で使われていたのではないか。明の萬暦時代、「官板」を書名に冠した流れをくむ用法から始まったのであろう。

［書院本・家刻本］

　書院は、中国宋元以降、公私で設けられた講学所で、テキスト用などのために本を出版した。これを書院本と呼び、宋元代に多く出された。

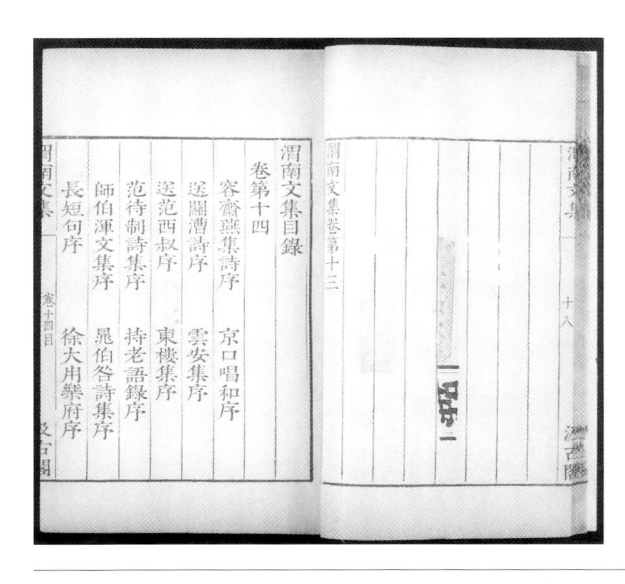

汲古閣刊本
陸游『渭南文集（いなんぶんしゅう）』（個人蔵）

　陸游（1125～1210）は宋代の文人で、字は務観、号は放翁と言う。本書の版心部分に、「汲古閣」という版元の文字がある。明末清初、蘇州常熟（じょうじゅく）の毛晉（もうしん）の出版物を汲古閣刊本（きゅうこかくかんぽん）と呼ぶ。汲古閣は毛晉の蔵書兼出版の建物の名前。所蔵の善本に拠りつつ、校訂して出版した。私刻本ではあるが、福建方面の商業スペースによるとは区別される信頼のおける印刷物である。

東アジア出版展覧会　展示説明

[満洲本]

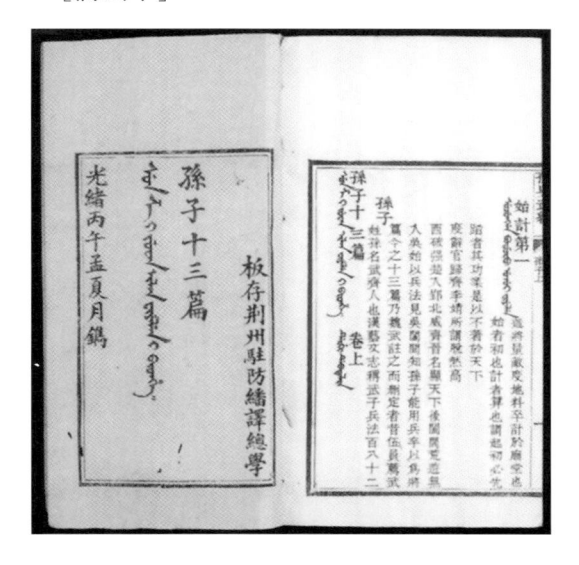

満漢文『孫子十三篇』（光緒32年刊、1906）（個人蔵）

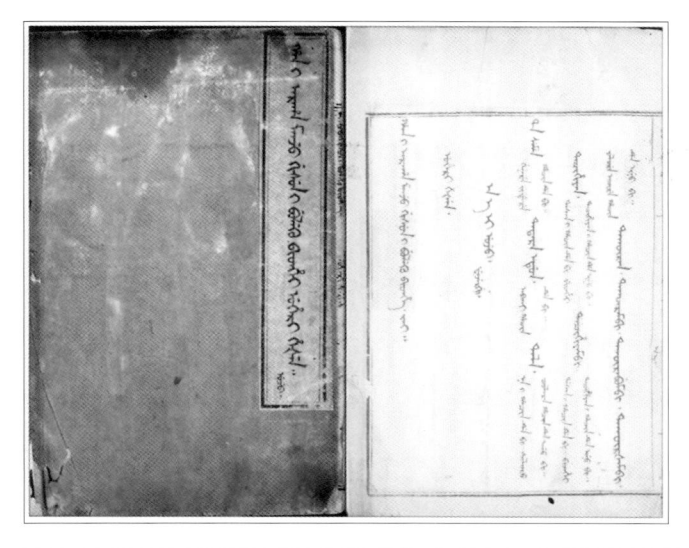

満文書『御製清文鑑』（個人蔵）

　清朝で作られた満洲語辞典。最初のものは、満洲語を満洲語で解釈したもので、康熙47年（1708）に刊行された。のち、漢語・蒙古語などを付けたものなどが出た。

2）パネルによる中国における印刷と出版の歴史

[清代官版銅版画]

乾隆年間銅版　乾隆帝平定西域図

同上

　　　清の乾隆帝が、平定した西域方面の戦塵を、乾隆29年にイタリア人郎世寧や耶蘇会士の王致誠らに描かせ、それをフランスで銅版印刷し、再輸入したもので、乾隆38年に完成した。平定西域得勝図は図が16幅、その16幅の画名は、①平定伊犂受降図、②格登鄂拉矴営図、③鄂壘扎拉図之戦図、④和落霍澌之捷図、⑤庫隴癸之戦図、⑥烏什酋長献城降図、⑦黒水解囲図、⑧呼爾満大捷図、⑨通古斯魯克之戦図、⑩霍斯庫魯克之戦図、⑪阿爾楚爾之戦図、⑫伊西洱庫爾淖之戦図、⑬抜達山汗納款図、⑭平定回部献俘図、⑮効労回部成功効諸将図、⑯凱宴成功諸将図、である。

東アジア出版展覧会　展示説明

[清内府鈔本]

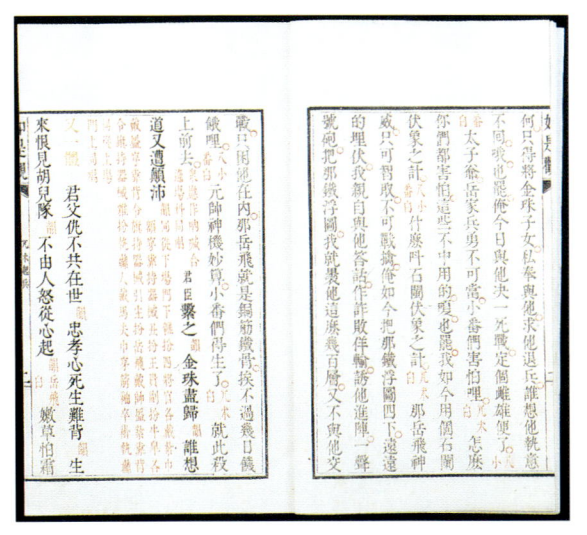

清代内府鈔本『如是観』他四種
（東北大学蔵）

　清代、書物は木版本などの印刷物が主流であったが、その一方で写本も行われていた。北京の紫禁城などの宮廷施設には大舞台が作られ、そこではしばしば宮中演劇、内府劇が演じられていた。その際、皇帝などの御覧用に四色、五色による写本が作られた。本書も、その演劇用に作られた鈔写本で、四種の作品の各一部分を書きぬいたものである。

（磯部祐子）

　1988年上海で行なわれた「全国戯曲名家研討滙演活動」での一場面。文革で中断した古典演劇を復興すべく、全国で活動を再開した名優などが、その芸術を更に向上させようと、改革開放後の上海でその芸を披露した。舞台は、楊家将関係の演目。

（磯部祐子）

（執筆者撮影）

3）展覧会場の風景

第一部　中国の木版印刷史と本の形
写本［巻子本］
 ① 宋代　金剛薩埵説頻那夜迦天成就儀軌経
 ② 華厳五十五所絵巻　断簡
刊本［折本］
 ③ 宋刊『大方広仏華厳経』
刊本［綫装本］
 ④ 元刊『詩集伝』
 ⑤ 元刻（明印）『北史』
［一枚刷］
 ⑥ 明刊『大明通行宝鈔』
刊本［折本］
 ⑦ 永楽北蔵版（仏説）一切如来金剛三業最上秘密大教王経
刊本［綫装本］
 ⑧ 明・丁覯刊『六家文選』
 ⑨ ［絵入本］春秋列国志伝
刊本［多色刷―套版］
 ⑩ 清『杜工部集』
［石印本―近代印刷］
 ⑪ 『順治皇帝出家鼓詞』『説唱九義十八俠』

第二部　中国の絵巻とものがたり世界
1）都市の風景
 ⑫ 倣仇英『清明景物図巻』
2）神仏世界
 ⑬ 伝王振鵬『神仙降臨図』
3）農村の産物
 ⑭ 伝銭選『虫果蔬菜図』
4）西遊記ものがたり
 ⑮ 清『西遊記図巻』
 ⑯ 清　西遊記年画
 ⑰ 明『李卓吾先生批評西遊記』
 ⑱ 通俗西遊記（2種）
5）三国志ものがたり
 ⑲ 明　誠徳堂刊『三国全伝』
 ⑳ 費守斎刊三国志伝
 ㉑ 清『第一才子書　三国志演義』
 ㉒ 江戸末　歌川国芳『通俗三国志』「関羽五関破図」

第三部　東アジア地域の出版と文化交流
1）ベトナム
 ㉓ 保大16年刊『関帝聖君経』
 ㉔ 『（欽定）越史通鑑綱目正編』
2）朝鮮国
 ㉕ 『輿地図』
 ㉖ 『攷事撮要』
 ㉗㉘ 大乗起信論（高麗大蔵経）
3）チベット・モンゴル
 ㉙ チベット経
 ㉚ 『蒙文晰義』（満漢蒙）
4）満洲
 ㉛ 満漢文『勧善要言』
 ㉜ 清文彙書
 ㉝ 清　奉天誥命（鈔写）
5）ナシ族
 ㉞ トンパ（東巴）文字書
6）日本
 ㉟ 鎌倉時代・春日版『大般若波羅蜜多経』
 ㊱ 五山版『仏果圜悟禅師碧巌録』
 ㊲ 慶長版『大広益会玉篇』（覆元版）
 ㊳ 歌麿『山姥と金太郎』（一枚刷）
 ㊴ 菊川英山『本を読む若い女』（一枚刷）
 ㊵ 風俗女西遊記
 ㊶ 明治　龍文切手（手雕切手）
 ㊷ 龍銭切手・鳥切手（手雕切手）
 ㊸ 『虞美人草』
 ㊹ ほととぎす
7）ヨーロッパとアジア
 ㊺ オルテリウス　アジア古図
 ㊻ ヨハン・ニューホフ『中国紀行』
 ㊼ キルヒャー『中国図説』

第四部　視覚による情報伝達
 ㊽ 龍袍（A）
 ㊾ 龍袍（B）
 ㊿ 龍袍（C）
 51 女性用龍・鳳凰紋上衣
 52 ベトナム（龍紋上衣）
 53 ベトナム（鳳凰紋上衣）
 54 漢代頃　踊る古代人　レリーフ
 55 金・元代　踊る外国人　レリーフ
 56 明　男女俑一対
 57 明　猪八戒像
 58 乾隆帝平定伊梨回部得勝図

◇印刷史資料◇
 59 板木　寿生経
 60 板木　古事記
 61 家紋図活字

◆見本品◆
中国　永楽大典（複製）
中国　四庫全書（複製）
日本　手鑑（うみのもくず）
ヨーロッパ　楽譜書
東アジア出版文化の研究・成果など

◆東アジア出版史パネル◆
東アジア出版パネル(1)～(7)
（研究協力）書道博物館紹介パネル(1)(2)など

東アジア出版展覧会　展示説明

第1部　中国の木版印刷史と本の形

写本［巻子本］

①宋代「金剛薩埵説頻那夜迦天成就儀軌経」

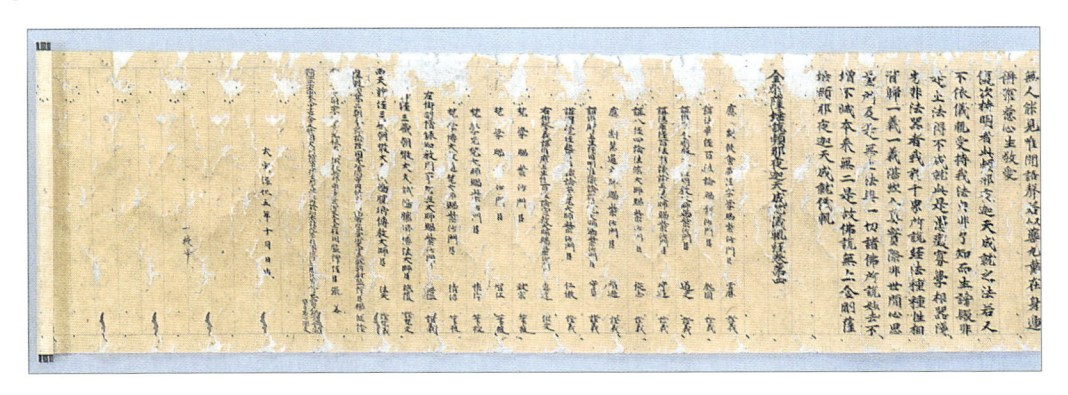

　北宋の法賢訳。巻末の訳場列位に記される年号から、原訳は北宋の淳化5年（994）に成り、それが日本にもたらされ、転写されたものが展示品と思われる。大正蔵21巻所収。毘那夜迦天の呪咀法が記され、これを行えば、息災・増益・敬愛・調伏などを得るという、オトクなお経。

②華厳五十五所絵巻　断簡（室町時代）

　華厳経に基づいて、善財童子が求道者として善知識をもつ尊者を五十三所もしくは五十五所訪ね、教えを乞う絵巻。中国の宋代には、木版本が出されているが、そのような輸入品に拠って描かれた絵巻の転写本が展示品である。

刊本［折本］

③宋刊「大方広仏華厳経」

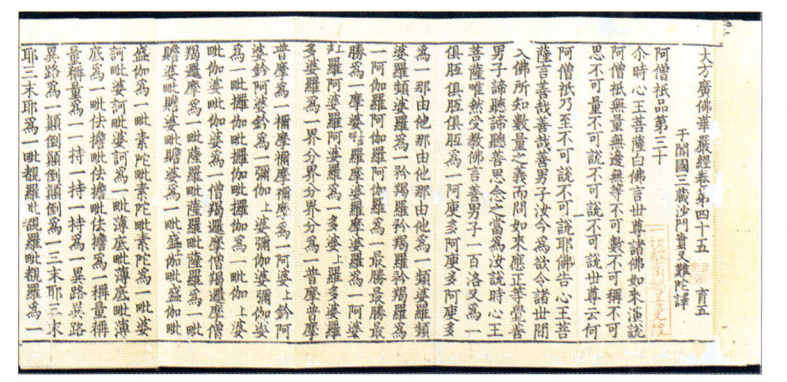

宋版大蔵経に収められた「大方広仏華厳経」の一帖。奈良の善光院に収蔵されていた。宋代の仏典は、初期のものを除き、巻物を折りたたみ、実用に便利な折本（帖本）とする形式が主流になった。

刊本［綫装本］

④元刊「詩集伝」

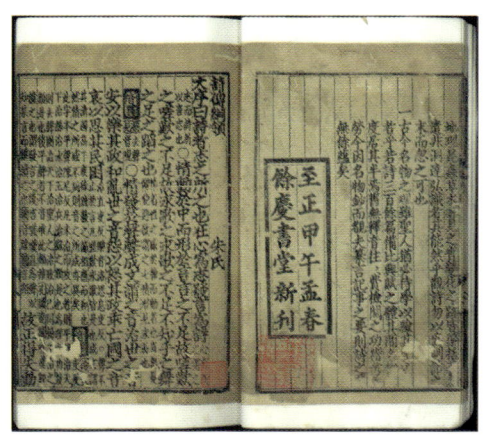

南宋の朱熹による『詩経』の注釈書。全8巻。展示品は元代の書肆餘慶書堂（けいしょどう）が至正14年（甲午、1354）に刊行したもの。元代の印刷物を窺う上での良い見本ではある。餘慶書堂（社長は陳さん）は、他に『続資治通鑑』などを刊行している。

⑤元刻（明印）『北史』

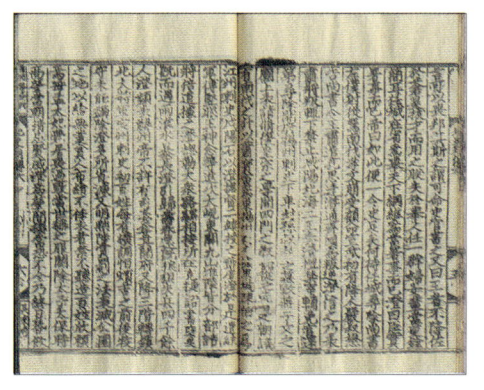

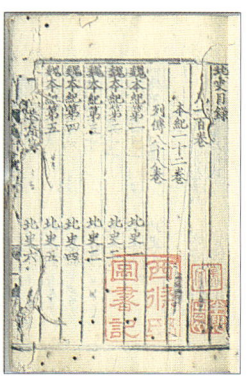

中国南北朝時代の北朝、魏・斉周・隋の歴史を記した正史の1つで、唐の李延寿撰。『北史』の元刊本は、九路本十史の大徳信州路儒学刊本があり、明に到っても補修されつつ印刷されていた。展示品は、補刻や紙料から見て明代の印刷で、嘉靖十年・十二年の補刻葉が入っている。西条藩旧蔵書を示す蔵書印が捺される。

東アジア出版展覧会　展示説明

[一枚刷]（明代印刷資料、本ではありません）

⑥明刊『大明通行宝鈔』

　一枚の紙に印刷されたもので、近世日本では摺り物とも呼ばれる。片面と両面のものがあり、表裏ともに印刷したものを両面刷りと言う。

[明の紙幣]

　明初、元代の紙幣制度を継承して、中書省より〈大明通行宝鈔〉を洪武8年（1375）より発行を始めた。宝鈔とは今日の紙幣のことで、青色の料紙を用い、額面は6種、一百文から一貫までで、のち洪武22年には少額の紙幣も発行された。一貫は銅銭一千文もしくは白銀一両に相当した。洪武13年（1380年）、中書省は廃止され、六部の一つ、戸部が紙幣を管轄することとなった。のちインフレとなって宝鈔の価値は下落し、弘治年間に到って通用停止となった。

刊本［折本］

⑦永楽北蔵版（仏説）一切如来金剛三業最上秘密大教王経　7巻7帖

　北宋の施護が訳した密教経典で、金剛三業経、秘密大教王経と略称することもある。大正蔵経18巻に収められる。

　明の永楽帝の勅命によって勅版大蔵経、いわゆる永楽北蔵の事業が始まったのは、永楽18年（1420）、その北蔵の完成は本帖が印刷された正統5年（1440）で、洪熙・宣徳・正統の4代に亙る国家事業であった。

　本帖は、北蔵「息」字の部分に収録されるもので、経帖の表紙には美しい綾絹が用いられている。

3）　第1部　中国の木版印刷史と本の形

刊本［綫装本］

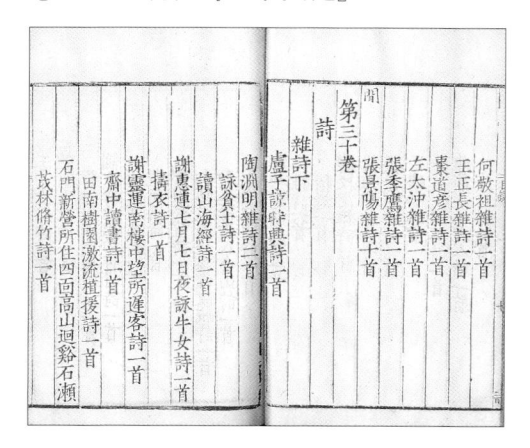

⑧明・丁觀刊『六家文選（りっかもんぜん）』

『文選』とは、中国六朝時代に編集された古代のすぐれた文学作品。作品がむずかしいので、唐代に六人の学者が注釈をつけた。そのため六臣注文選、六家文選などとも呼ばれる。本書は、明後期の丁觀が袁氏が出した本をもとに重刻して出版した版本。

⑨［絵入本］『新鐫陳眉公先生評点春秋列国志伝（しんせんちんびこう）』12巻（明・萬暦年間）

商（殷）・周・春秋列国の歴史を扱った小説で、紂（ちゅうおう）王が美女妲己（だっき）を得たことから秦の天下統一までを、『国語』や『左伝』、『史記』などの史書、『武王伐紂平話』などの宋元の物語や戯曲、民間伝説を吸収して作られていて、後の『封神演義』へ到る過渡的作品と言われる。

245

東アジア出版展覧会　展示説明

刊本［多色刷─套版］

２色以上の色を用いた重ね刷りの本のことで、２色套印本・３色套印本などがある。套印(とういん)

⑩清（五家評注）『杜工部集』

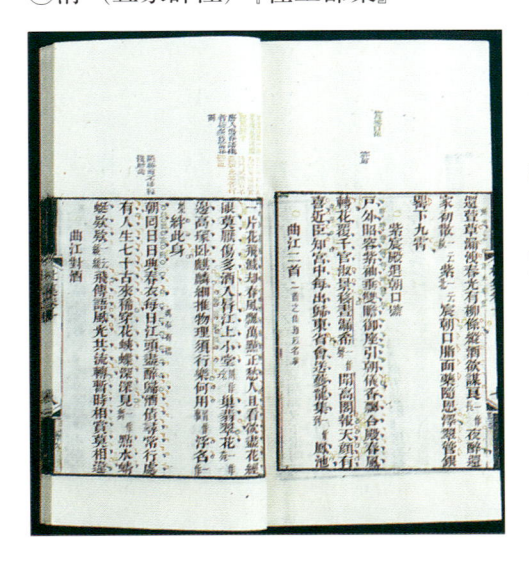

　杜甫の詩に付けられた五家の注を色別で本文に添えた清末の書物で、王弇洲の評を紫色、王遵巖の評を藍色、王阮亭の評を朱墨色、宋牧仲の評を黄色、邵子湘の評を緑色で区別している。古詩から近体詩まで18巻が六色印刷で、巻19・20の両巻は文章で評文はなく単色印刷である。

［石印本─近代印刷］

⑪（清末刊）『順治皇帝出家鼓詞』・（民国）『説唱九義十八侠』

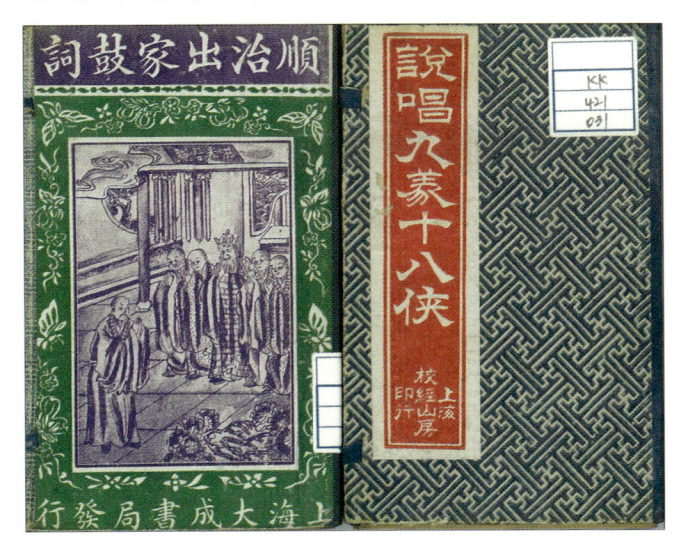

　清末民国初、中国では石印という方法で経書・史書から小説や宝巻に到るまで、多様なジャンルの書物が出版された。民間芸能・文学に属す鼓詞や説唱本も石印本によって流布し、今日に伝わることも多い。展示品は通俗文芸コレクション二百数十の内の一部で、巾箱本サイズの粗末な印刷物である。

第2部　中国の絵巻とものがたり世界

1）都市の風景
⑫倣仇英『清明景物図巻』（初公開、個人蔵）

（草台演劇図）

（街中書店図）

　春も中頃になると、新緑の芽吹きとともに暖かな気候となり、晴れた日には郊外や野山へ出かけたくなる。そのような時候が清明節であり、現在の四月上旬に相当する。北宋時代の人々も、冬の厳しさから解き放たれて、春の一日を喜び楽しもうとしたのであろう。そのありさまを、張択端は『清明上河図巻』として描き出した。都の汴京らしき大都市に流れる河、その河づたいでくりひろげられる人々の生活がひろがる。

　後世、『清明上河図巻』に倣った絵巻が多数描かれている。林原美術館には萬暦五年（1577）趙浙筆絵巻がある。展示の絵巻は仇英様式と言われているが、筆写の時代や画家名は不明である。宋代の絵巻を手本としているが、画家の眼に写るありさまは明後期の中国社会であろう。画中、草台と呼ばれる臨時の舞台で芝居が上演されたり、武芸の演習などが描かれる他、商店群の中に本を売る店なども細かく描かれる。

東アジア出版展覧会　展示説明

2）神仏世界

⑬伝　王振鵬『神仙降臨図』

　王振鵬（おうしんほう）　元代（14世紀前半）の宮廷画家で、浙江省永嘉の人。字は朋梅。仁宗皇帝より孤雲処士の号と賜わった。元代、楼閣画の第一人者といわれる。元画とされる『唐僧取経図冊』にも孤雲処士の印がある。展示品は、玉旨を奉じた神仙が降臨する様を描いた絵画で、後世の伝王振鵬画とすべきであろう。

3）農村の産物

⑭伝　銭選『虫果蔬菜図』

　銭選（せんせん）　元初の文人画家で、字は舜挙、号は玉潭など。浙江省呉興（湖州市）の人。趙孟頫（ちょうもうふ）ら八俊の１人であったが、仕官せず、白描人物画や花鳥にすぐれていた。伝銭選画は多数残るが、真筆と確認されるものはないと言われる。展示品は、その画風に倣った絵画とすべきであろう。賞味期限がきれたお野菜のあわれさが、良く描かれてはいますが……。

4）西遊記ものがたり

⑮清『西遊記図巻』

　小説西遊記の名場面を描いた絵を貼りあわせたものであるが、100回分の一部分が残る。猪八戒は黒ブタで描かれ、服装に乱れがないので、明代刊本のさし絵、もしくは清代前期の刊本に拠っていると思われる。表装時の乱れがあり、残存する12画は物語順序ではない。

⑯清　西遊記年画

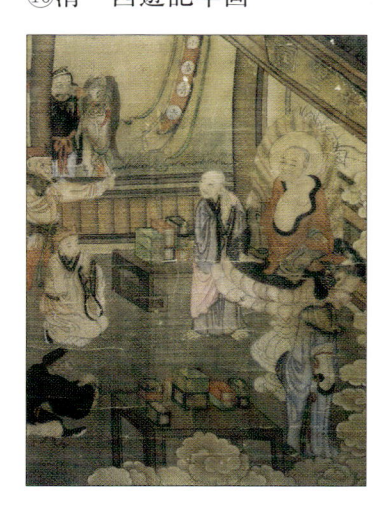

　西遊記の名場面を描いたもので、この年画シリーズは今日5枚ほどが残る。やはり、古い本に拠って描いたと思われる。年画とは、今では、民間絵画という意味で使うことが多い。

　本画は小雷音寺で黄眉大王が化けた如来を唐三蔵らが参拝する中、孫悟空がその正体を見破る場面で、やはり小説のさし絵を手本としているらしい。その一方で、服装などに演劇の影響も窺われる。

東アジア出版展覧会　展示説明

⑰明『李卓吾先生批評西遊記』

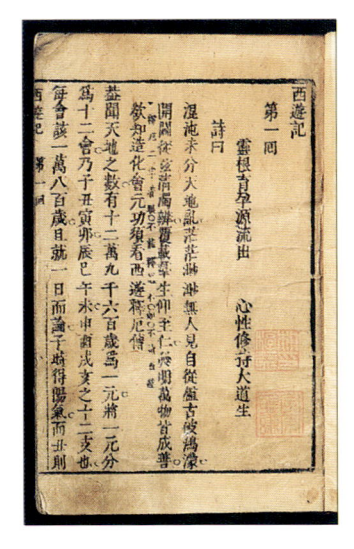

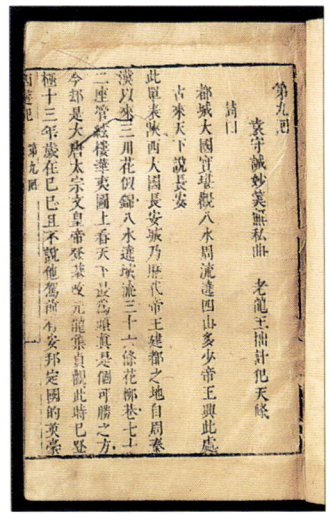

　小説『西遊記』は、明後期の萬暦20年、世徳堂という南京の書林が刊行した版本をもって大成した。その後、さし絵入りの省略本や世徳堂刊本系の修訂本が出された。李卓吾先生批評と題する『西遊記』もその一種。本来、明末のさし絵を伴うが、展示品は朝鮮朝の文人が旧蔵した時から、図・目録の1冊分を欠く。

　印刷から見て、明刻の版木を用いて、清初に重印された後印本らしい。

⑱通俗西遊記（2種）

　『通俗西遊記』とは、江戸時代中頃に日本で和訳された西遊記のこと。初編は宝暦8年（1758）に出され、五編（天保2年、1831）が刊行されるまで70年ぐらいかかった根性のある本。結局未完に終わったが。（図左）

　［版画・通俗西遊記］明治前期の浮世絵師である月岡芳年（大蘇芳年）が江戸末に出した版画「通俗西遊記」シリーズの一枚。芳年は『月百姿』にも孫悟空を描き入れた（ポスターに用いた版画）。（図右）

5）三国志ものがたり

⑲明　誠德堂刊『三国全伝』

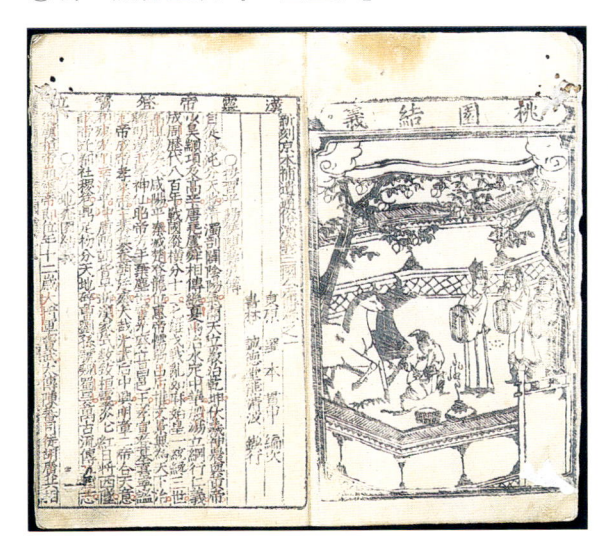

一般には『三国志演義』と呼ばれる、中国三国分立時代の小説。善玉の劉備に悪役の曹操、忠義な関羽に、無鉄砲な張飛、兵法の大先生である諸葛孔明など、にぎやかな配役が戦国絵巻を色どっている。正式名は、「新刻京本補遺通俗演義三国全伝」と言う。中国華南の福建省にあった出版社熊氏誠德堂による萬暦時代のダイジェスト版。

⑳費守斎刊三国志伝

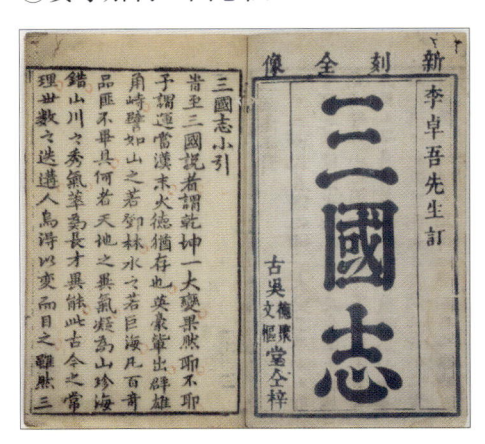

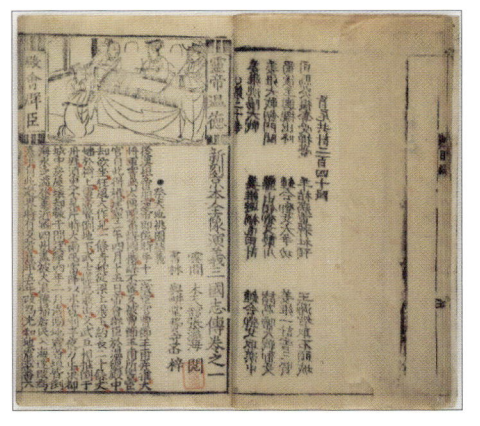

小説三国志演義のダイジェスト版で、正式名を「新刻京本全像演義三国志伝」という。明の萬暦48年（1620、泰昌元年？）に福建省の与畊堂費守斎という版元で出版された本の版木（もしくは版本）を用い、蘇州の德聚堂・文枢堂が明天啓以降、清初以前に出版したものと思われる。本書の目録では、関羽の息子の関索が巻九に登場するとあるが、実際に登場するのは巻十五で、二十巻簡本系統、「関索」系テキストに所属する。費守斎刊三国志伝は、本書のみが世に伝わる海内の孤本であるが、惜しいことに巻七から巻十までの１冊を欠く。多くの研究者が、立ち読みで調査したという因縁をもつ名物もの。

㉑清『第一才子書　三国志演義』

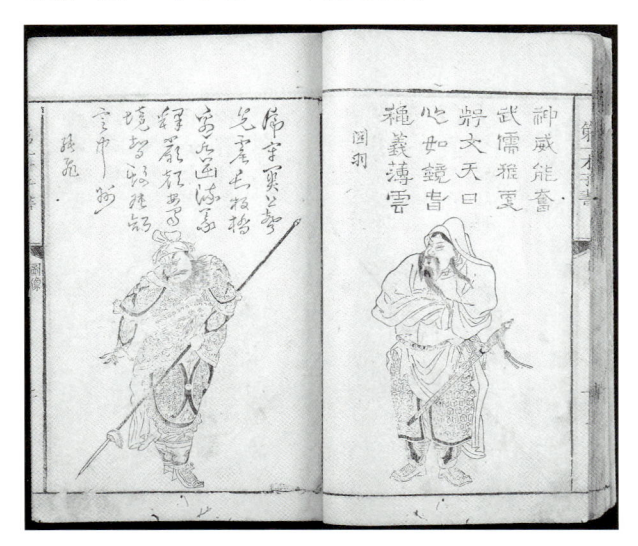

　清代、三国志演義は、最高にすばらしい本という意味で第一才子書と改名された。一般に、毛宗崗父子が120回本としたので、毛宗崗本と呼ばれ、清代の代表的な版本となった。さし絵も巻頭に英雄譜として置くようになり、時代とともに、下手な絵になって行く。「玄」字は欠筆がみられることから、康熙以降の清前期刊本である。

㉒江戸末　歌川国芳『通俗三国志』「関羽五関破図」

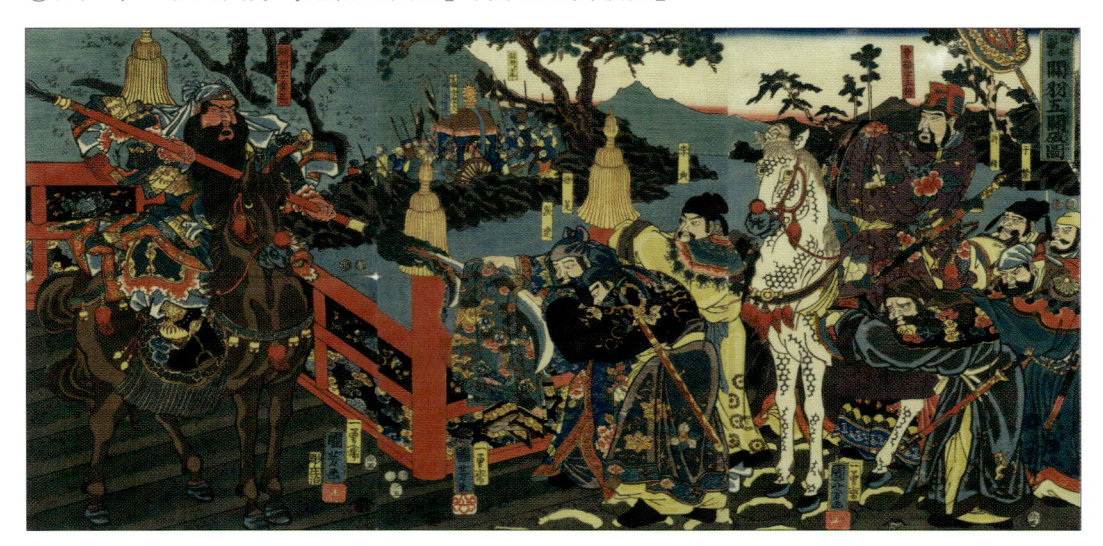

　三国志演義は浮世絵がにぎわった日本でも、版画として多く出された。

歌川国芳と武者絵

　歌川国芳は江戸後期の初代歌川豊国門下の浮世絵師で、井草氏、一勇斎と号し、俗称を孫三郎という。文久元年（1861）に65歳で没す。歌川派に所属しつつ、対抗した葛飾北斎にも学び、小説の主人公を錦絵の画題とし、「水滸伝豪傑百八人」画や風景画に手腕を発揮した。門人には、月岡芳年などがいる。「通俗三国志関羽五関破図」三連画も、『三国志演義』に題材を得ている。私淑した北斎も、『通俗三国志』天保再刻本にさし絵を提供している。

第3部　東アジア地域の出版と文化交流

1）ベトナム

㉓保大16年刊（辛巳、1941）『関帝聖君経』

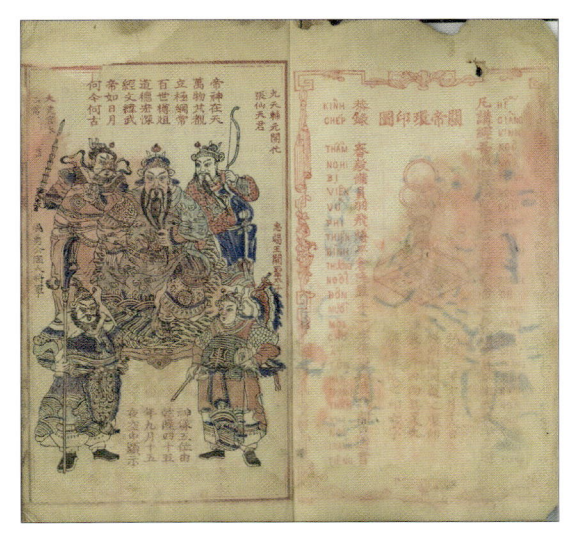

ベトナムでも木版印刷は盛んで、関帝信仰のもと、小説三国志演義の主人公関羽に関する本を多く出している。展示品は、ベトナム最後の王朝阮王朝のラストエンペラー保大帝の時に出された関羽の功徳を記す経典で、漢字に国語というローマ字のベトナム表記が付けられる。

㉔『（欽定）越史通鑑綱目正編』

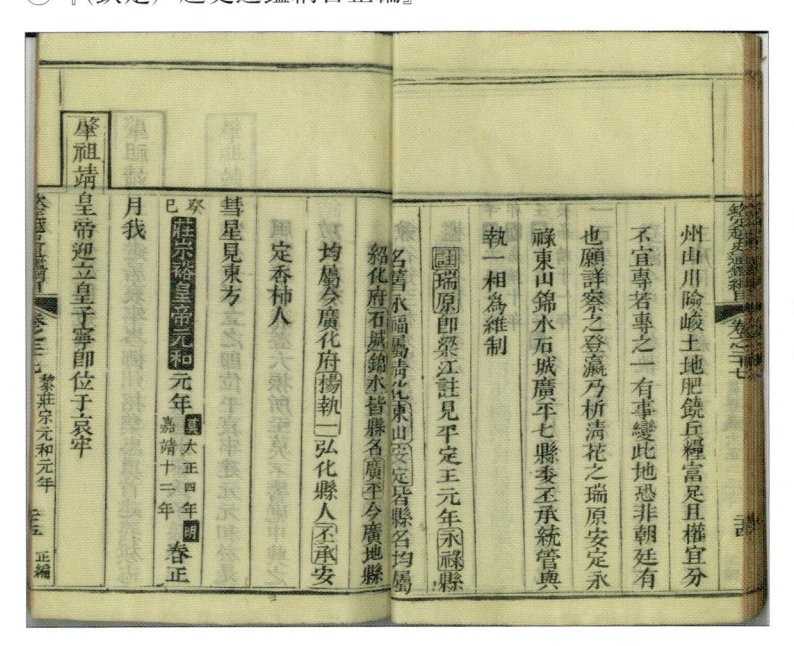

ベトナム最後の王朝である阮王朝の嗣徳帝の命によって編纂された編年体のベトナム史書。開国史の前編5巻及び丁朝から後黎朝までの正編47巻。展示品は後黎朝で起った莫氏による帝位簒奪事件前後の1冊である。

東アジア出版展覧会　展示説明

2）朝鮮国

㉕『輿地図』
よちず

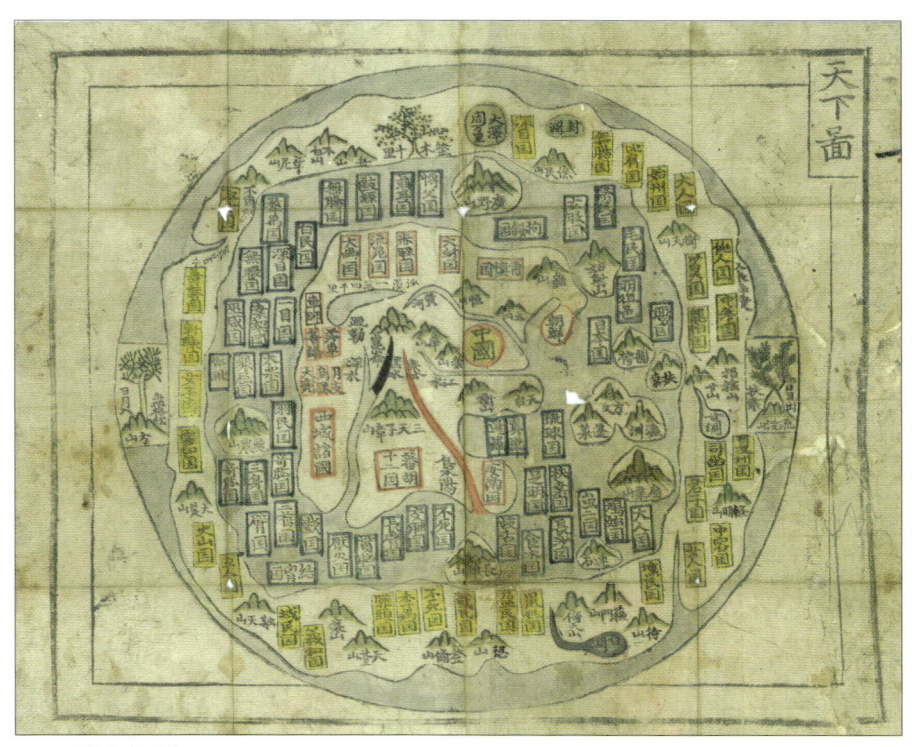

朝鮮朝（1392〜1910）の後期に出された朝鮮半島の地図。

㉖『攷事撮要』
こうじさつよう

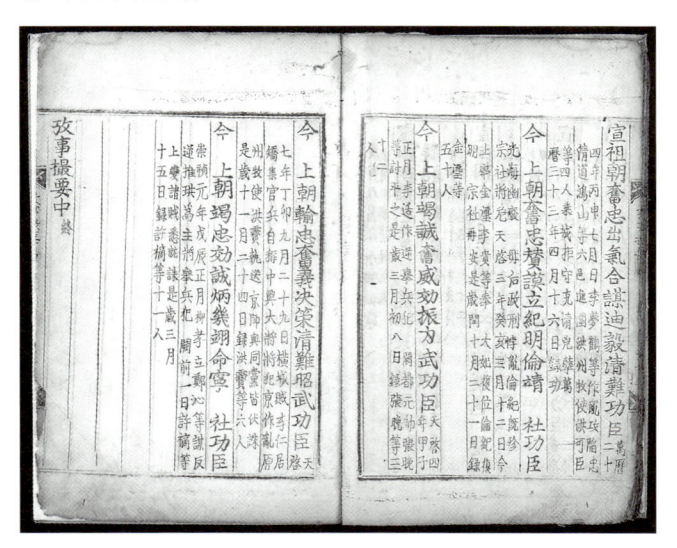

朝鮮朝の両班が、日常生活に必要とした年代記や事例を類別に集めた便覧の本。当時の書籍などの市価などが記され、東アジア出版文化研究の上でも有益な資料である。本書は、17世紀の訓錬都監字本であると言われる。

[折本]

㉗大乗起信論（高麗大蔵経）（個人蔵）

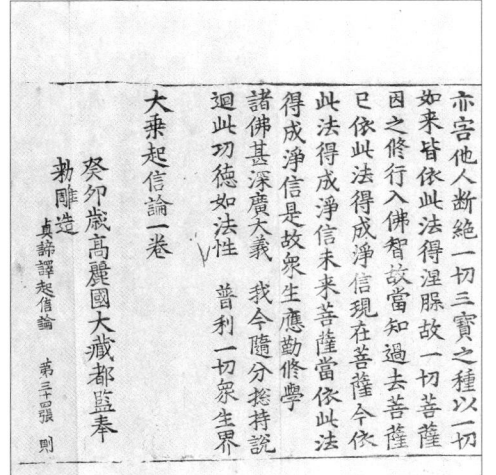

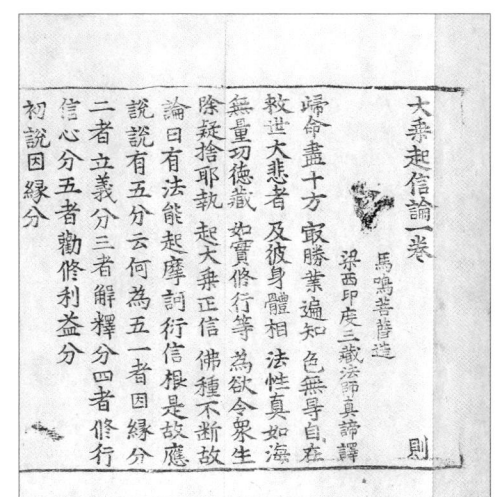

　大谷大学に所蔵される『法句経』二巻と同じ体裁の高麗大蔵経本で、薄青絹表紙の折帖で、中央に黄布題簽を貼付する。

[冊子本]

㉘大乗起信論（高麗大蔵経）

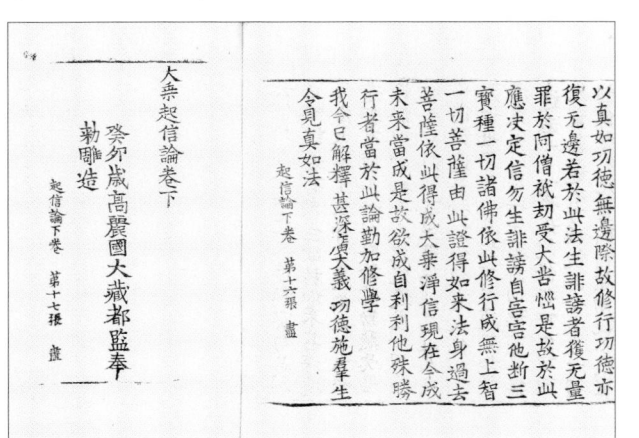

　高麗王朝の後期、朝鮮半島の平和を願って出された仏教の経典集を高麗大蔵経、八万大蔵経という。

　韓国海印寺にその版木が今に残されている。展示品はその版木で後世に印刷した経本で、冊子体になっている。

　大乗起信論

　一切の如来が、大乗の信根を起す法に涅槃を得ることから、この法こそが大乗仏教の綱要であると言われ、この法に信を起こし、法によってその信を完成することを説いた「経」が大乗起信論である。伝本系統には２種あり、梁代の真諦（パラマールタ）訳と唐周代の実叉難陀（シクシャーナンダ）訳が伝わる。（国際仏教学大学院大学刊『大乗起信論』参照）

　高麗蔵の他、宋代思渓版、元代普寧寺版など多くの写本・刊本がある。

3）チベット・モンゴル

㉙チベット経

チベット版（木版）仏典
（『仏説出生一切如来法眼遍照大力明王経』？）

チベット版紺紙銀泥経（写本）

　チベット仏教は別にラマ教とも呼ばれ、中国や日本の仏教とはそのルーツを異にし、インド仏教を継承している。経典の形も古い形式を受けている。経典名不詳。

㉚蒙文晰義（満漢蒙）（東北大学蔵）

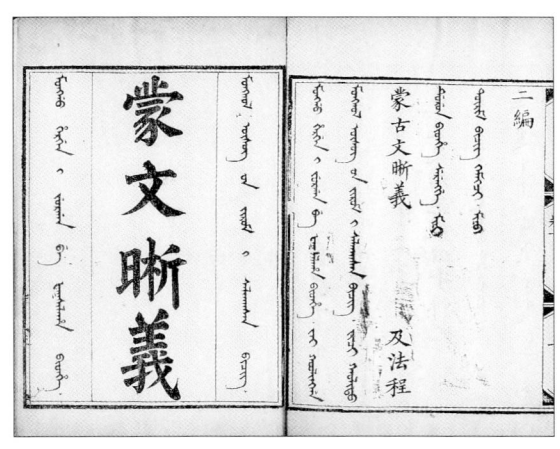

賽尚阿によって編集された満洲語・漢語・モンゴル語の対訳辞典。道光28年（1848）序刊。

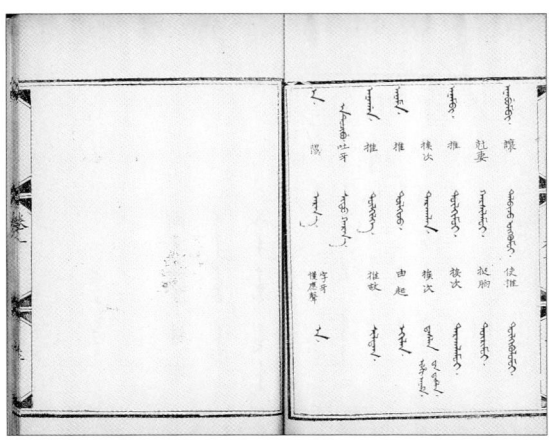

4）満　　洲

㉛満漢文『勧善要言』（個人蔵）

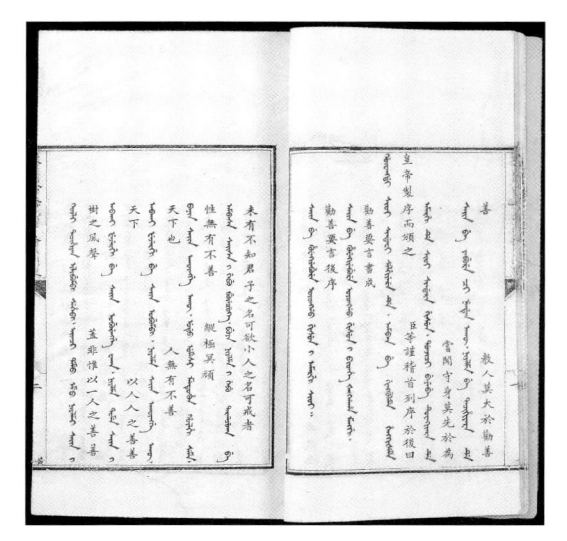

勧善要言

人倫のあるべき道について説く。善悪すべて天道の見通すところであるから、孝を全うし、君子になるように心がければ、富貴や長寿などが得られると説く。満洲文字と漢字を並べて印刷した本。

㉜清文彙書（東北大学蔵）

清代の満漢辞典で、日常で必要な言葉を取り上げ、満洲語彙の下に口語の漢語で双行の訳を付ける。左から右へ読む形式、12巻、乾隆16年初刊。

㉝清　奉天誥命（鈔写）

　明清時代、皇帝が臣下に命を下した時の文書を誥、もしくは、勅と言った。ただし、五品以上の官僚に対しては〈誥命〉、六品以下の下級官僚に対しては〈勅命〉と言い、厳密な区別があった。
　展示の「誥命」は、清の乾隆50年（1785）、満洲の正黄旗に属す世襲貴族である一等軽車都尉兼三等侍衛加一級合芬布夫妻に下されたもの。漢文・満文両様で記され、「制誥之宝」印が捺される。

5）ナシ族（中国少数民族）

㉞トンパ（東巴）文字書（書名不明）

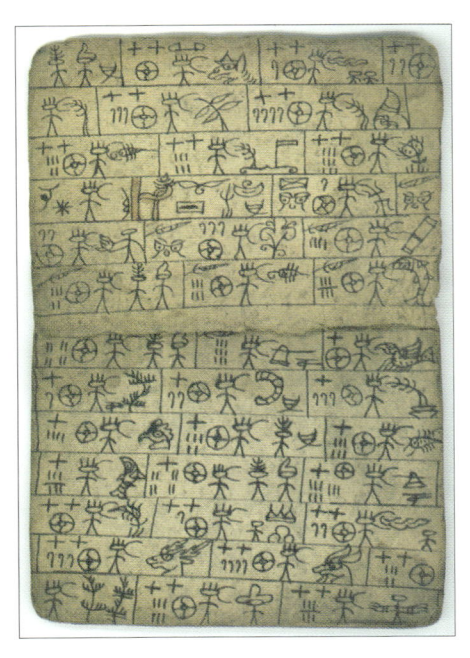

　中国少数民族の一つ、ナシ（納西）族によって使われた象形文字（トンパ文字）によって書かれたもので、トンパと呼ばれるシャーマン（巫師）が使う。一般の人には読めない。すべて手書きで、紙面を仕切った枠の中に書くものの、言葉の順序どおりには並べないという特徴を持つ。ナシ族は、雲南省麗江ナシ族自治県を中心に居住する。

6）日　本

㉟鎌倉時代・春日版『大般若波羅蜜多経』

　南都の奈良興福寺で平安末から江戸時代にかけて出版されたもの。藤原氏の氏寺である興福寺出版のものが、氏神である春日大社の威光に裏付けられている意味で用いられたらしい。展示品には願主の橘乙女の墨書はあるが、年号はない。他に橘乙女による同じ奉納経典の墨書に「弘安」年号がある。

㊱五山版『仏果圜悟禅師碧巌録』

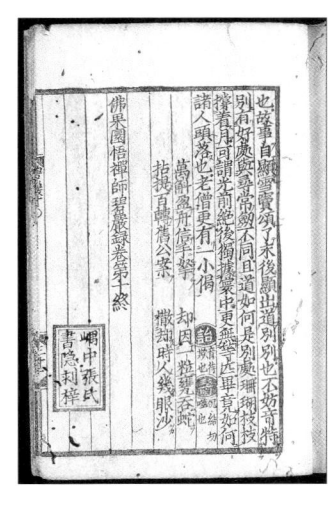

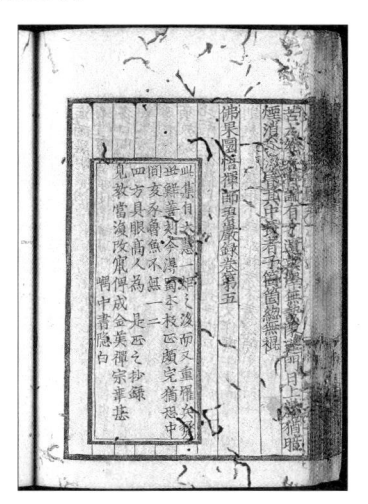

　日本の五山では禅宗関係の本を、中国（元朝など）から輸入した本によって重刻（リプリント）して出すことが多かった。今ならば海賊版であるが、昔は法律もきびしくなかったので、適当に行われた。

　本書は、北宋末の禅僧圜悟克勤の禅録で、碧巌録と簡略にいうことも多い。

　宋代の禅僧、雪竇重顕が歴代の公案を頌して「頌古百則」を作り、それに圜悟克勤が評唱などを付けたもので、現在最古の本は蜀の張明遠が元の大徳四年に刊行した。日本の五山版は、元の張明遠刊本の覆刻である。

㊲慶長版『大広益会玉篇』（覆元版）

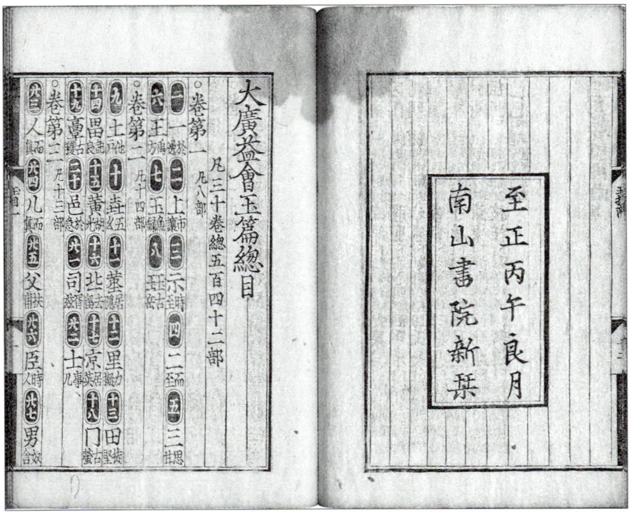

梁の顧野王の編集した字書『玉篇』に唐代の改訂後、北宋に入って更に重修したものが現行の『大広益会玉篇』である。宋元刊本のほか、朝鮮本・日本刊本がある。日本刊本には、五山版の他、巻末に慶長九年（1604）の刊語もつ覆元版がある。展示品は、元の至正丙午（26、1366）南山書院本に拠る慶長版である。

参考に欠冊部分である複製本の最後の冊（慶長年号）も展示する。

㊳歌麿『山姥と金太郎』（一枚刷）

浮世絵と言えば、広重・歌麿・写楽と連想される。その歌麿が、金太郎と山姥母子を描いた「山姥と金太郎」。伝説の恐ろしい山姥は優しい母親の姿に。さすがは、江戸の美人画の天才である歌麿の力。

金太郎の腕にある文字は、金太郎のいたずら落書きではなく、旧蔵者のサインらしい。

喜多川歌麿

本名、北川信美、天明元年ごろ歌麿と改め、鳥居清長につづいて二大美人絵師時代を興し、大首絵の美人画を発表した。蔦屋重三郎らの版元多数からの支援を受けて美人画に歌麿風という一大境地を開拓した。文化元年に幕府の禁令にふれたとして刑を受けた。文化３年に54歳で没した。喜多川派浮世絵の祖でもある。

㊴ 菊川英山『本を読む若い女』(一枚刷)

江戸後期の浮世絵師、菊川英山(1787－1867)の作。菊川英山は歌麿風の美人画を多く描いたが、良い作品は少ないと言われる。菊川派という流派の祖。

江戸時代、本や手紙を読む女性の姿がよく取り上げられた。文字が読めるということが、女性の魅力を更に倍増させたのでしょう。

㊵ 風俗女西遊記(個人蔵)

前篇　封面・序

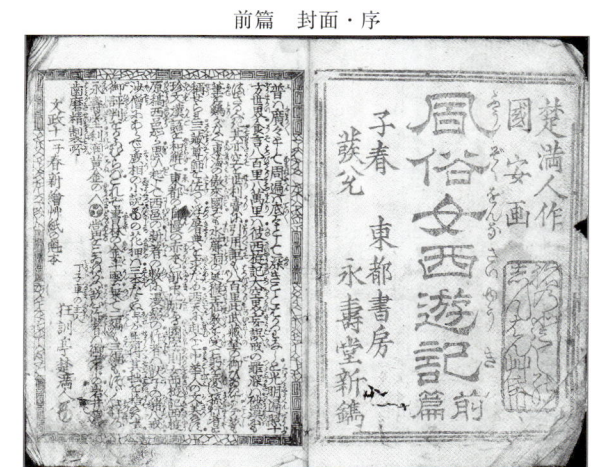

狂訓亭楚満人こと、為永春水の『風俗女西遊記』前篇・後篇全六巻は、『西遊記』の流布に言わば便乗した作品である。

唐三蔵、悟空、八戒、悟浄を四人の女性に見立てた草双紙(合巻)。恐らく『通俗西遊記』などに依拠したのであろう。二世楚満人を称した為永春水は、寛政2年(1790年)生まれ、書肆青林堂を営みつつ戯作者として活動、天保3年の『春色梅暦』で名高い。初世春水による『風俗女西遊記』は、文政十一年(1828)に出された。

第3葉

㊶明治　龍文切手（手雕切手）

　明治4（1871）年、前島密の「郵便創業」の提案を受けて、日本の郵便事業が開始された折、最初に発行された切手4種のことで、当時の貨幣単位の「文」を使った。

　　銭48文（薄楮、茶色に黒文字）
　　銭100文（青に黒字）
　　銭200文（赤に黒字）
　　銭500文（緑黄に黒字）

　腐蝕法による銅版（エッチング）による凹版印刷で、和唐紙と呼ばれた日本紙（無地と縞紙の2種あり）に、1シート40枚が印刷された。1シートの中にある40枚の図を1つずつ彫ったので、1シート内の図様に微妙な差違があると言われる。インクの色も、例えば200文切手には赤、朱、杏色などと言える差もあるらしい。印刷は、当時の紙幣である龍文様のある太政官札を手がけた銅版師松田敦朝が行ない、図案もその龍文を参考にしたと言われる。明治22年11月に使用停止となった（逓信総合博物館「日本最初の切手」及び「龍文切手」現品説明書より）。48文切手などの額面は、ちょっと前の7円切手、今日の62円切手と似ていて、中途半端な数字がおもしろい。

参考：「太政官札」金五両・十両（慶応4年［1868］刊）（個人蔵）

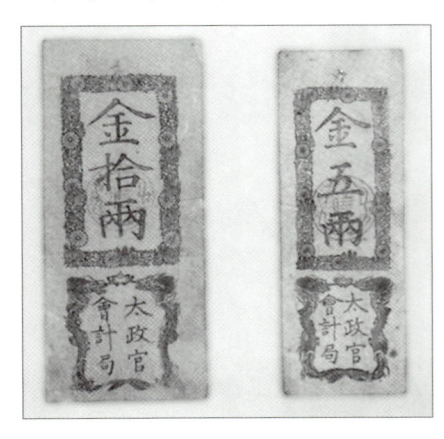

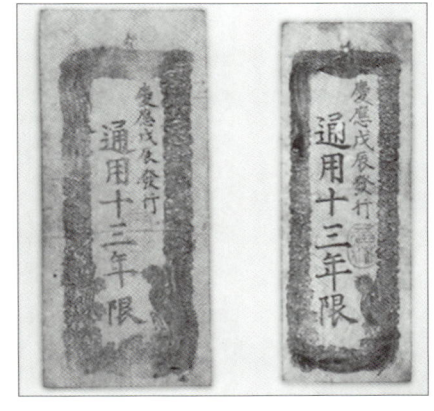

㊷龍銭切手（手雕切手）

明治5年（1872）、龍文切手に代わって、貨幣単位を改めた「銭」による切手4種が出された。図案は龍文切手にならい、目打と裏のりが初めて導入されている。

　　半銭（茶色に黒字）　×200枚＝1円
　　壹銭（青色に黒字）　×100枚＝1円
　　貳銭（朱色に黒字）　× 50枚＝1円
　　五銭（緑黄に黒字）　× 20枚＝1円

明治22年11月に通用停止となった（逓信総合博物館展示資料説明より）。

鳥切手（手雕切手）

日本とアメリカとの郵便条約（皇米郵便交換条約）による外国郵便用の切手で、3種類あり、いずれもカタカナで「イ」「ロ」「ハ」の文字1字が入る（逓信総合博物館展示資料説明より）。（展示品には、使用済の印が捺されている）

　　12銭（淡紅色）
　　15銭（淡紫色）
　　45銭（暗紅色）

㊸『虞美人草』

近代文学の大家、夏目漱石が大学をやめて朝日新聞社に入社した後、発表した小説で、明治40年、近代活字の単行本として春陽堂から出された。展示品は、第7版（明治44年）である。

㊹『ほととぎす』

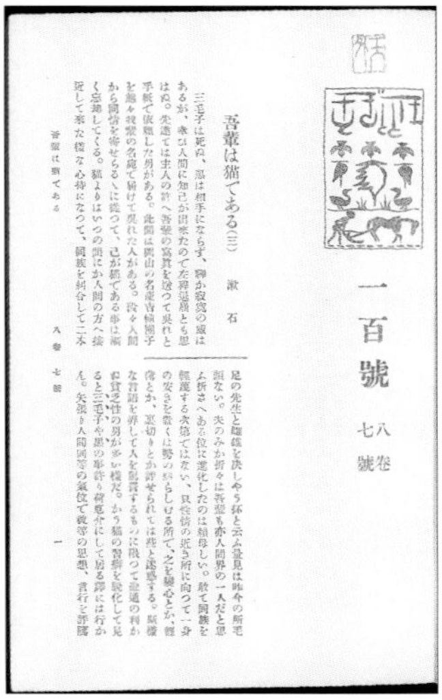

吾輩は猫である(三)　漱石

一百號

八巻
七號

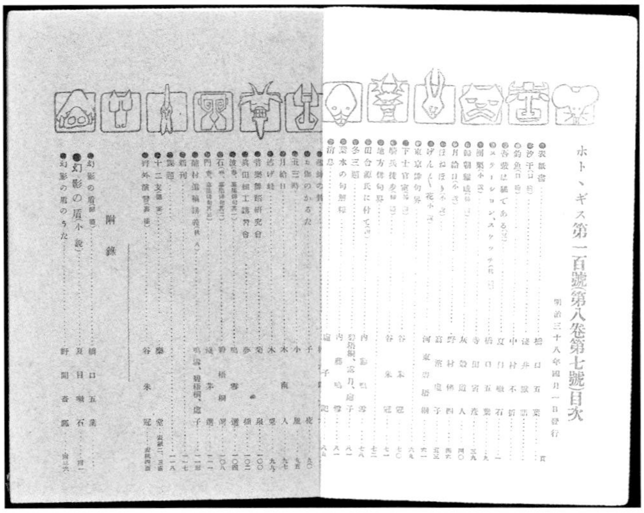

ホトヽギス第一百號(第八巻第七號)目次

明治30年に俳句の雑誌として出版されたが、のち東京で、文芸雑誌として俳句の他、小説なども掲載し、発行部数を拡大した。夏目漱石の「吾輩は猫である」を連載する一方、中村不折などの絵が表紙や挿入画として採用されている。展示品は第100号（明治38年４月発行）で、表紙の老人画は橋口五葉の画、口絵は浅井黙語と中村不折、夏目漱石の「吾輩は猫である㈢」など、明治後期の日本文芸を代表する人々が筆をふるって参加している。

7）ヨーロッパとアジア（ヨーロッパの印刷）

㊺オルテリウス　アジア古図

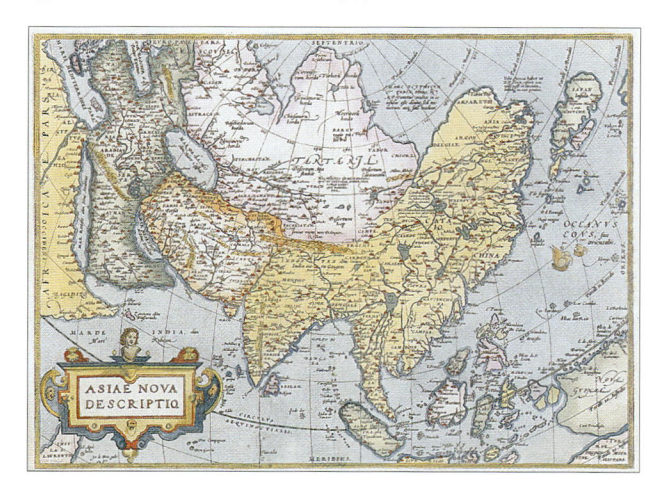

彩色・銅版画、1580年ごろ
オルテリウス刊、アントワープ

　オルテリウスは1570年に各地の地図集を出してより、再版と増補をくり返して1600年代に到った。本図も、もともとは地図集の中に収められていたものがバラされたと思われる。日本はどこにあるのでしょう？さがしてみて下さい。

㊻ヨハン・ニューホフ『中国紀行』

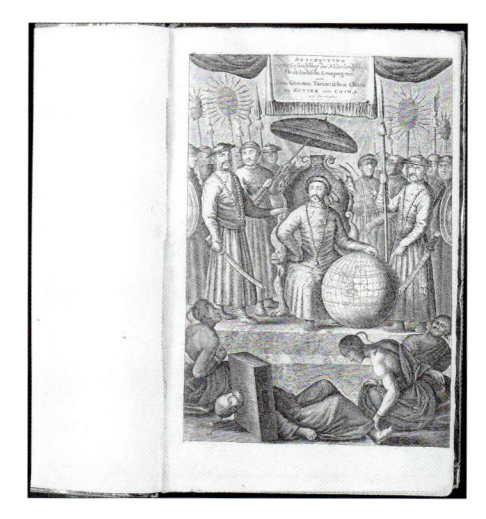

　1655年から1657年にかけて、オランダ東インド会社は成立間もない清朝に使節を派遣した。ニューホフは、この使節に同行し、新帝国の風物を詳細に記す一方、主要な都市の風景・神仏像・人々の姿などを図として著書に挿入している。初版は1665年オランダ語版で、展示品は1693年アムステルダムの刊行。イギリスやフランスでも、初版後、間もなく翻訳本が刊行された。

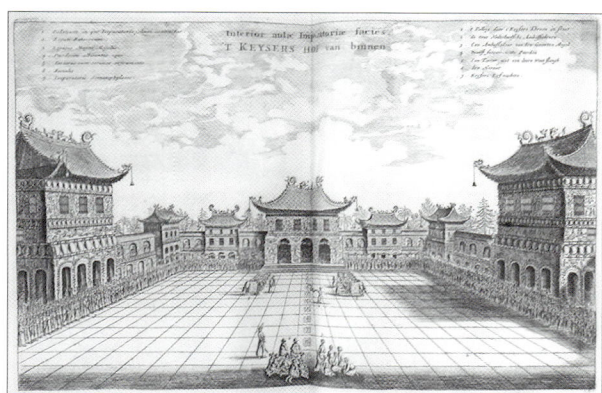

東アジア出版展覧会　展示説明

㊼キルヒャー『中国図説』

アタナシウス・キルヒャー（1601－1680）は、17世紀ドイツイエズス会司祭であり、学者。エジプト学や伝染病研究の他、中国研究も行なった。キルヒャーは中国へ行くことが出来ず、宣教師の報告に拠って、『中国図説』をまとめた。事実と空想が混在すると言われる。（1667年刊）

第4部　視覚による情報伝達

　知識や情報は、文字・書物以外でも伝えることが出来ました。ここでは、第1部～3部に関係した資料を展示します。

朝廷での品階―龍紋の朝服（清朝）

龍袍（蟒袍）

　清代、皇帝から百官に到る冠服については細かな規程があり、『皇朝礼器図式』に図が添えられて説明されている。

　蟒袍とは、明清の蟒衣に由来する。明代の蟒衣は、皇帝が功臣に下賜した賜服で、清代になると「蟒衣」は「吉服」となり、補掛の内側に着用した。蟒紋は龍紋に似るが、爪が一つ少なく、四爪龍を「蟒」といった。皇太子用は龍袍といい、黄色がベース、皇子用は蟒袍と言うが黄色地に五本爪の龍があしらわれている。親王用は蟒袍で藍色もしくは石青色地で、五本爪の龍紋が施される。

　展示品の龍紋の爪数に注意して見て下さい。

㊽龍袍（A）

㊾龍袍（B）

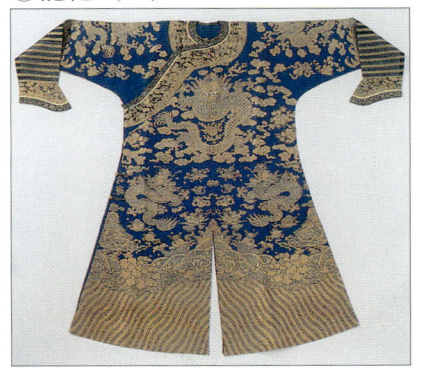

㊿龍袍（C）

51女性用龍・鳳凰紋上衣

東アジア出版展覧会　展示説明

㊾ベトナム（龍紋上衣）

㉝ベトナム（鳳凰紋上衣）

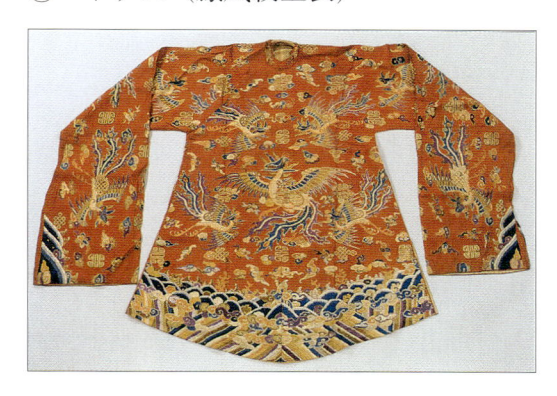

㊹漢代頃　踊る古代人　レリーフ

造形作品も人の気持ちを伝える役割を担ったのであろう。
漢代の作品と言われる。

㊺金・元代　踊る外国人　レリーフ

　中国の華北地方は金元時代、演劇が盛んで、地下の墓に装飾用にあしらったレリーフの題材となった。展示品は、出土品で、おそらく墓壁を飾った色目人と思われる人物を彫ったレリーフ。帽子の形に注目。

(56)明　男女俑一対

明代、世の金持ちが亡くなると、生前のように極楽でも楽をしたいと願い、下男・仕女の姿をした人物俑を墓域に収めた。この男女俑もその一つであろうと思われ、当時の服飾を知る手がかりになる。

(57)明　猪八戒像

『西遊記』の猪八戒をモデルにした寺廟の屋根かざりの一つ。おそらく、三蔵法師や孫悟空など1セットになっていたと思われる。

明代と言われるが、清代の可能性もある。肩に荷かつぎ棒を通す穴がある。服装みなりはキチンとした猪八戒で、古いイメージを伝える。

(58)乾隆帝平定伊犁回部得勝図

[印刷史資料]

書物を印刷する際、木版の版木や金属による活字などが準備されて、熟練した工人によって丹念に工程が進み、様々な知識が後代へ伝えられました。その一例を展示してみました。

(59)板木　寿生経

表面巻頭に、魚尾紋で囲まれた経名―『上師仸法説寿生経』―があり、「仸仸仸上世真経……」という文句で本文に入る。版心に双魚尾があって、中に「寿生経巻」とあることから、この版木が「寿生経」であることが知られる。板木は両面彫りで、反対側には寿生銭をあしらった宝塔が刻板される。

(60)板木　古事記

古事記の版木の一つで、明治初めごろの版木らしい。

(61)家紋図活字

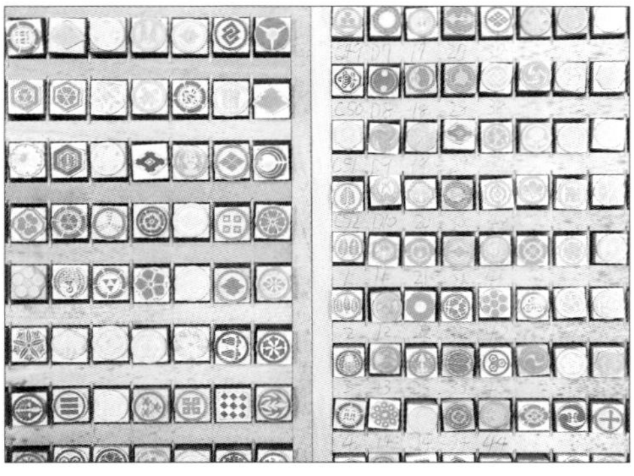

現代の活字印刷に用いられた図様の活字。皆様の家の家紋もきっとあるはず。

○見本品

　　中国　（明）永楽大典（複製）
　　中国　（清）四庫全書（複製）
　　日本　手鑑（うみのもくず）（江戸時代、原本）
　　ヨーロッパ　楽譜書（原写本）
　　東アジア出版文化の研究・成果など

○東アジア出版史パネル

　　東アジア出版史パネル(1)〜(7)
　　（研究協力）台東区立書道博物館紹介パネル(1)(2)
　　慶應義塾大学共同製作ビデオ番組「東アジア出版史」
　　ポスターセッション（元興寺文化財研究所他）

東アジア出版展覧会　展示説明

参考文献

長沢規矩也『長沢規矩也著作集』（汲古書院）

尾崎康『正史宋元版の研究』（汲古書院）

『中国の八大小説』（平凡社）

『アジア歴史辞典』（平凡社）

『仏書解説大辞典』（大東出版社）

『大蔵経全解説大辞典』（雄山閣出版株式会社）

『国史大辞典』（吉川弘文館）

『東北大学所蔵和漢書古典分類目録』（東北大学）

『国立国会図書館開館50周年記念貴重書展』（国立国会図書館）

張紹勛著・高津孝訳『中国の書物と印刷』（日本エディタースクール出版部）

柳存仁『倫敦所見中国小説書目提要』（鳳凰出版社）

沈津『美国哈佛大学哈佛燕京図書館中文善本書志』（上海辞書出版社）

王重民『中国善本書提要』（上海古籍出版社）

『中国歴代貨幣』（新華出版社）

華夫主編『中国古代名物大典』（済南出版社）

『中国歴代服飾』（学林出版社）

『江戸学辞典』（弘文堂）

『2007欧米古書稀覯書展示即売会目録』（丸善）

東北大学蔵：東北大学附属図書館所蔵

②〜㊿　東北大学・東北アジア研究センターなど所蔵

（①⑥⑧⑨⑫⑮〜⑱㉑㉒㉕〜㉗㉙㉛㊲㊵〜㊹㊽㊾㉛：個人蔵）

編集責任者　磯部　彰（東北大学東北アジア研究センター　教授）

> 本書掲載図版の無断
> 転載を禁じます。

東アジアの出版と地域文化
——むかしの本のものがたり——

平成20年3月26日発行

　　　編　者　　磯　部　　　彰
　　　発行者　　石　坂　叡　志
　　　印　刷　　富 士 リ プ ロ ㈱

　　　発行所　　汲　古　書　院
　　〒102-0072 東京都千代田区飯田橋2-5-4
　　電話03(3265)9764　FAX03(3222)1845

ISBN978-4-7629-2836-9　C3000
Akira ISOBE ©2008
KYUKO-SHOIN. Co., Ltd. Tokyo.